Schriftenreihe
der Juristischen Schulung

Band 173

Einführung in das US-amerikanische Strafrecht

von

Dr. Markus D. Dubber
o. Professor an der
University at Buffalo Law School,
State University of New York

Verlag C. H. Beck München 2005

S. 49, 50, 128

Verlag C. H. Beck im Internet:
beck.de

ISBN 3406530427

Wilhelmstraße 9, 80801 München
Druck und Bindung: Nomos Verlagsgesellschaft
In den Lissen 12, 76547 Sinzheim

Satz: Druckerei C. H. Beck Nördlingen

Gedruckt auf säurefreiem, alterungsbeständigem Papier
(hergestellt aus chlorfrei gebleichtem Zellstoff)

Meinen Eltern

Geleitwort

Warum das amerikanische Strafrecht den deutschen Juristen angeht

Bernd Schünemann

Das amerikanische Rechtsdenken hat im Zuge der Globalisierung weltweit eine Bedeutung erlangt, die lediglich vom Römischen Recht übertroffen, aber sonst von keiner nationalen Jurisprudenz je erreicht worden ist. Wer seine juristische Laufbahn nicht von vornherein in provinzieller Bescheidenheit beschreiten will, wird über kurz oder lang mit inhaltlichen oder Mentalitätsfragen des amerikanischen Rechts konfrontiert, spätestens in Gestalt der Produkte amerikanischer Kautelarjurisprudenz, deren Definitions- und Detailbesessenheit teils Respekt abverlangt, teils Belustigung hervorruft; oder wenn er auf neudeutsche Rechtsinstitute trifft, die ihre Herkunft aus dem amerikanischen Rechtsdenken schon durch die anglisierende Bezeichnung erkennen lassen wie etwa der „Corporate Governance Codex". Zwar hat sich in der deutschen Strafrechtswissenschaft länger als auf dem Gebiet des Zivilrechts eine Mischung aus Selbstgenügsamkeit und Herablassung gehalten, in deren Perspektive die deutsche Dogmatik den Gipfel der strafrechtswissenschaftlichen Evolution darstellte, während Beobachtungen der amerikanischen Strafrechtspflege eher wie Reiseberichte aus einer exotischen Fremde anmuteten. Das amerikanische Schwurgerichtsverfahren mit seinem ausgeklügelten Beweisrecht schien eine starke Affinität zu der in Deutschland ohne ausdrückliche Erlaubnis verbotenen Veranstaltung eines Glücksspiels aufzuweisen; vollends das plea bargaining als dominierende Erledigungsform, also die die Hauptverhandlung ersetzende Aushandlung des Verfahrensergebnisses zwischen Staatsanwaltschaft und Verteidigung mitsamt dem häufig einen rein fiktiven Sachverhalt anerkennenden „guilty plea" des Angeklagten mit seiner formellen Wahrheit als Basis einer möglicherweise hundertjährigen Freiheitsstrafe, schien das amerikanische Strafverfahren irgendwo zwischen orientalischem Kamelmarkt und juristischer Sportveranstaltung anzusiedeln. Und was die wissenschaftliche Durchdringung des materiellen Rechts anbetrifft, so erregte dessen Regelung in Titel 18 Teil I des U.S. Code mit ihren „Allgemeinen Vorschriften" (die außer der Definition der Verbrechenskategorien in § 1, des Einheitstäterbegriffs in § 2, einer drakonischen Regelung der Strafvereitelung in § 3 und einigen beiläufigen weiteren Definitionen nur noch die Überbürdung der Beweislast für die „Verteidigungseinrede der Geisteskrankheit“ auf den Angeklagten enthielt), mit seinem Aufbau im übrigen nach dem Alphabet (das die Ermordung des Präsidenten hinter der Behinderung des Postdienstes einordnen lässt) und mit seinen häufig betulichen Definitionen und Enumerationen (wie etwa „Brief, Postkarte, Paket, Sack oder Post“ in § 1703) bei den deutschen Dogmatikern nicht selten eine halb herablassende, halb mitleidsvolle Heiterkeit. Aber an die Stelle dieses teutonischen Hochmuts muss bei genauer Betrachtung Respekt und Bescheidenheit treten: Das amerikanische Rechtsdenken hat das Rom-Statut über den Internationalen Strafgerichtshof ganz entscheidend beeinflusst (was freilich die Verweigerung von dessen Ratifizierung durch die USA um so grotesker erscheinen lässt) und tritt damit im Völkerstrafrecht auch dem deutschen Juristen auf Schritt und Tritt gegenüber. Die amerikanische Ideenwelt des Strafverfahrens hat nicht nur in vielen Instituten des *fair trial* wie etwa den Beweisverboten, sondern auch in Gestalt der Urteilsabsprachen (hier sogar in einer Kamelmarkt und Sportereignis noch vergröbernden Form!) bei uns Eingang gefunden. Und das materielle Strafrecht besitzt in dem „Modellstrafgesetzbuch“ *(Model Penal Code)* seit 1962 einen Allgemeinen Teil, der in puncto systematischer und inhaltlicher Durcharbeitung dem StGB in mancherlei Hinsicht deutlich überlegen ist und der durch seine Mittlerstellung zwischen der Tradition des *common law* und einem rational durchkonstruierten modernen Strafrecht für den deutschen Juristen geradezu eine Fundgrube an kriminalpolitischen Konzepten und Systematisierungsmodellen bietet. Die vorliegende Darstellung durch *Markus D. Dubber*, Ordinarius und Direktor des Strafrechtszentrums an der Universität des Staates New York in Buffalo, bringt diese Fundgrube dem Leser in einer überaus anschaulichen und unterhaltsamen, aber niemals simplifizierenden Weise nahe, und gerade Studenten, die die Lehrsätze der deutschen Strafrechtsdogmatik häufig „wie die Antike starr“ herunterzubeten lernen, können sich hier wie *Hans Sachs* durch *Walter von Stolzing* in *Richard Wagners* „Meistersingern“ die Regeln im amerikanischen Spiegelbild neu erklären lassen. Auch dort, wo nicht schon (wie so oft) in dem Buch selbst der Vergleich der amerikanischen mit der deutschen Regelung angestellt wird, muss es (nur eine unter den zahlreichen didaktischen Qualitäten des Werkes) die Leser geradezu in den Fingerspitzen jucken, dies selbst zu tun. Fanget an!

Vorwort

Den folgenden Personen und Institutionen bin ich zu großem Dank verpflichtet: Allen voran Herrn Prof. *Dr. Bernd Schünemann,* sowie Herrn *Lutz Eidam,* LL.M. (Buffalo), Frau *Sara Faherty,* Frau *Judith Hauer,* Frau Prof. *Dr. Tatjana Hörnle,* Herrn Dekan *R. Nils Olsen, Jr.,* Frau *Marianne Varwig,* LL.M. (Buffalo), der Alexander-von-Humboldt Stiftung und meinen Eltern, Herrn *Carsten Th.* und Frau *Dr. Doris Dubber,* ohne deren Anregung und tatkräftige Unterstützung dieses Buch nicht zustande gekommen wäre.

Buffalo, September 2004 *Markus D. Dubber*

Inhaltsverzeichnis

3. Teil. Rechtfertigung

4. Teil. Entschuldigung

Abkürzungsverzeichnis

A.2d	Atlantic Reporter (Second Series)
Ak.	Alaska
Ala.	Alabama
Ala. Crim. App.	Alabama Court of Criminal Appeals
ALI	American Law Institute
Allen	Allen Reports (Massachusetts)
Am.	Amendment
Ark.	Arkansas Reports
art., Art.	Artikel
Aufl.	Auflage
Bd.	Band
BGHSt	Entscheidungen des Bundesgerichtshofes in Strafsachen
bspw.	beispielsweise
Buff. Crim. L. Rev.	Buffalo Criminal Law Review
Buff. L. Rev.	Buffalo Law Review
BYU L. Rev.	Brigham Young University Law Review
bzw.	beziehungsweise
C. & K.	Carrington & Kirwan Reports (England)
Cal. App. 3d	California Appellate Reports (Third Series)
Cal. Rptr. 2d	California Reporter (Second Series)
Calif. L. Rev.	California Law Review
C.C.R.I.	Circuit Court for Rhode Island
C.F.R.	Code of Federal Regulations
ch.	Chapter
Cir.	United States Court of Appeals
Colum. L. Rev.	Columbia Law Review
cmt.	Comment
Conn.	Connecticut Reports/Connecticut Supreme Court
Const.	Constitution
Cox Crim. Cas.	Cox Criminal Cases (England)
Ct. Crim. App. Okla.	Oklahoma Court of Criminal Appeals
D. C. Cir.	United States Court of Appeals for the District of Columbia
D.D.C.	District Court for the District of Columbia
Duke L. J.	Duke Law Journal
einschl.	einschließlich
El. & Bl.	Ellis & Blackburn Reports (England)
Eng. Rep.	English Reports
f.	folgender
ff.	folgende
F. 2d	Federal Reports (Second Series)
F. 3d	Federal Reports (Third Series)
F. Cas.	Federal Cases
Fn.	Fußnote
F. Supp.	Federal Supplement
GA	Goltdammer's Archiv (Band, Seite)

gem.	gemäß
ggfs.	gegebenenfalls
h. L.	herrschende Lehre
h. M.	herrschende Meinung
Harv. J. Legis.	Harvard Journal on Legislation
Harv. L. Rev.	Harvard Law Review
Hastings L. J.	Hastings Law Journal
Hrsg.	Herausgeber
J. Crim. L. & Criminology	Journal of Criminal Law and Criminology
Komm.	American Law Institute, Model Penal Code and Commentaries (Official Draft and Revised Comments 1980–85)
L. A.	Los Angeles
Law & Contemp. Probs.	Law and Contemporary Problems
Leach	Leach Reports (England)
Mass.	Massachusetts Reports
Mass. App.	Appeals Court of Massachusetts
Me.	Maine Reports
Misc. 2d	New York Miscellaneous Reports (Second Series)
Mo.	Missouri Supreme Court
Mo. App.	Missouri Appeals Reports
Mont.	Montana Supreme Court
MPC	American Law Institute, Model Penal Code
N. C.	North Carolina Reports
N. D.	North Dakota
Nev.	Nevada Reports
N. J.	New Jersey Reports
N. J. Super.	New Jersey Superior Court Reports
N. Y.	New York
N. Y. 2d	New York Reports (Second Series)
N. Y. S. 2d	New York Supplement (Second Series)
N. Y. Sup. Ct.	New York Supreme Court
N. W. 2d	Northwestern Reporter (Second Series)
Ohio St. 3d	Ohio State Reports (Third Series)
Ohio St. L. J.	Ohio State Law Journal
P. 2d	Pacific Reporter (Second Series)
Pa.	Pennsylvania State Reports
Pa. D. & C. 2d	Pennsylvania District and County Reports (Second Series)
Pa. Super.	Pennsylvania Superior Court Reports
Prop. New Fed. Crim. Code	Proposed New Federal Criminal Code
resp.	respektive
Restatement (Second) of Torts	American Law Institute, Restatement of Torts, Second
RGSt	Entscheidungen des Reichtsgerichtes in Strafsachen (Band, Seite)
Rutgers L. J.	Rutgers Law Journal
Q. B.	Queen's Bench
S.	Seite
S. D.	South Dakota
S. D. N. Y.	Southern District of New York

S. E.2d	Southeastern Reporter (Second Series)
s. o.	siehe oben
So.	Southern Reports
So. 2d	Southern Reports (Second Series)
Stan. L. Rev.	Stanford Law Review
StGB	Strafgesetzbuch
S. W.2d	Southwestern Reporter (Second Series)
s. u.	siehe unten
tit.	Title
Tröndle/Fischer	Tröndle/Fischer, Strafgesetzbuch und Nebengesetze (49. Aufl. München 1999)
u. a.	unter anderem
U. Chi. L. Rev.	University of Chicago Law Review
U. S.	United States Reports
U. S. C.	United States Code
U. S. C.M. A.	Decisions of the United States Court of Military Appeals
usw.	und so weiter
u. U.	unter Umständen
Va.	Virginia Supreme Court
Veh. & Traf.	Vehicle and Traffic
Verf.	Verfasser
vgl.	vergleiche
z. B.	zum Beispiel

Übersicht der amerikanischen Zitierweise

Die Entscheidungen amerikanischer Gerichte werden in Entscheidungssammlungen (sog. *Reporters* oder *Reports*) veröffentlicht und nach folgendem Muster zitiert: [Partei] [v.] [Partei], [Band] [Entscheidungssammlung] [Seite] [(Jahr)], also z.B. United States v. Lopez, 514 U. S. 549 (1995), wobei das „v." für „versus" (gegen) steht. Die Entscheidung United States v. Lopez erscheint somit auf Seite 549 des 1995 erschienenen 514. Bandes der *United States Reports* (abgekürzt „U. S."). Die *United States Reports* beinhalten nur Entscheidungen des Obersten Bundesgerichtshofs (*United States Supreme Court*), der alle Fragen des amerikanischen Bundesrechts, einschließlich des Bundesverfassungsrechts, in letzter Instanz entscheidet. (Staatenrechtliche Fragen werden abschließend von den obersten Gerichtshöfen der jeweiligen Staaten entschieden.) Entscheidungen unterer Bundesgerichte der ersten Instanz werden im *Federal Supplement* („F. Supp.") veröffentlicht und die der Bundesgerichte zweiter Instanz im *Federal Reporter* („F.").

Die größeren Staaten, wie z.B. Kalifornien („Cal.") und New York („N. Y.") haben ihre eigenen Entscheidungssammlungen. Die Entscheidungen von Gerichten anderer Staaten erscheinen in staatenübergreifenden Entscheidungssammlungen. So findet man im *Pacific Reporter* („P.") z.B. die Entscheidungen von Gerichten vieler Weststaaten einschl. Alaska, Arizona, Colorado, Hawaii, Idaho, Kansas, Montana, Nevada, New Mexico, Oklahoma, Oregon, Utah, Washington und Wyoming.

Im Bundesstrafrecht sind Ankläger stets die *United States*. Im Strafrecht der einzelnen Staaten treten *People* (das Volk, so z.B. in New York), *Commonwealth* (die Gemeinde, so z.B. in Massachusetts) oder *State* (der Staat, so z.B. in Kalifornien) als Ankläger auf. In einem außerordentlichen (formell zivilrechtlichen) Verfahren eines Gefängnisinsassen gegen seinen Gefängnisdirektor wegen unrechtmäßiger (insbes. verfassungswidriger) Inhaftierung (*habeas corpus*) erscheint ausnahmsweise der Gefängnisinsasse als Kläger und der Direktor als Beklagter (z.B. Mullaney v. Wilbur, 421 U. S. 684 (1975)).

Gesetzliche Bestimmungen werden nach Staat, Gesetz und Paragraphen zitiert. So verweist „N. Y. Penal Law § 70.00" auf Paragraph 70.00 des New York Penal Law (also des Strafgesetzbuches des Staates New York). Bundesrecht wird nach folgendem Muster zitiert: [Band] [United States Code] [Paragraph]. 18 U.S.C. § 922(q) bezieht sich somit auf Paragraph 922(q) des 18. Bandes des United States Code.

1. Teil. Einleitung

Dieses Buch bietet eine Einführung in das amerikanische Strafrecht anhand des Model Penal Code (MPC).[1] Der Model Penal Code wurde 1962 vom American Law Institute, einer Vereinigung renommierter amerikanischer Anwälte, Richter und Professoren, nach zehnjähriger Arbeit unter Leitung des großen amerikanischen Straf- und Verfassungsrechtlers Herbert Wechsler (1909–2000) veröffentlicht.

In erster Linie ist der Model Penal Code, wie der Name schon sagt, ein Musterstrafgesetzbuch, das eine umfassende Reform des amerikanischen Strafrechts in Gang gesetzt und maßgeblich bestimmt hat. Darüber hinaus bietet er aber auch die bei weitem einflussreichste systematische Darstellung des modernen amerikanischen Strafrechts. Der Model Penal Code ist also Gesetzbuch und Lehrbuch in einem.[2]

Gerade für deutsche Studenten empfiehlt sich der Zugang zum amerikanischen Strafrecht der Vereinigten Staaten über den MPC. Die umfassende Abhandlung der Grundlagen des Strafrechts in Gesetzesform ist aus deutscher Sicht vertrauter und leichter zugänglich als die oft verwirrende Regelvielfalt des *common law*, das sich aus Gerichtsentscheidungen aus aller Herren Länder zusammensetzt. Das *common law* dominiert nach wie vor das englische Strafrecht; in den Vereinigten Staaten wurde es erst vom Model Penal Code und den auf ihm basierenden modernen Strafgesetzbüchern weitgehend abgelöst.

---

[1] Der Originaltext des Model Penal Code und ein mehrbändiger Kommentar zum MPC sind beim American Law Institute (4025 Chestnut Street, Philadelphia, PA 19104, U.S.A.; <*www.ali.org*>), sowie bei <*www.westlaw.com*> und <*www.lexis.com*> erhältlich. Eine deutsche Übersetzung des MPC ist 1965 erschienen. *Honig* (Übers.), Entwurf eines amerikanischen Musterstrafgesetzbuches vom 4. Mai 1962 (Berlin 1965).

[2] In den Vereinigten Staaten bedient sich die Lehre des Strafrechts anders als in Deutschland in erster Linie sog. *casebooks* (Fall- und Materialsammlungen mit Anmerkungen). S. z.B. *Kadish/Schulhofer,* Criminal Law and Its Processes: Cases and Materials (7. Aufl. Gaithersburg 2001); *Dubber/Kelman*, American Criminal Law: Cases, Statutes, and Comments (New York 2004). Ein führendes Lehrbuch ist *LaFave*, Criminal Law (4. Aufl. New York 2003); siehe auch *Dressler,* Understanding Criminal Law (3. Aufl. New York 2001) (Kurzlehrbuch).

§ 1. Der Model Penal Code und das amerikanische Strafrecht

Der Model Penal Code ist heute die Hauptquelle der amerikanischen Strafrechtslehre[3] und gilt als Wendepunkt für die amerikanische Strafrechtswissenschaft.[4] Der Schlüssel zum Model Penal Code, und daher auch zum modernen amerikanischen Strafrecht, liegt in seiner Eigenschaft als systematisches Strafgesetzbuch. Sobald man die Systematik des MPC verstanden hat, liegen die Antworten zu einzelnen dogmatischen Fragen des amerikanischen Strafrechts auf der Hand.

1. Quellen und Erscheinungsformen des amerikanischen Strafrechts

Trotz der Schlüsselstellung des MPC muss man sich allerdings darüber im klaren sein, dass das moderne amerikanische Strafrecht in seiner ganzen Fülle und Breite weder im Model Penal Code, noch in sonst einem Gesetz oder Lehrbuch zu finden ist. Bevor wir uns der Dogmatik des MPC zuwenden ist es daher sinnvoll, sich ein umfassenderes Bild vom amerikanischen Strafrecht zu verschaffen.

Das amerikanische Strafrecht setzt sich heutzutage aus einer unübersehbaren Vielzahl von Normen zusammen, die über das Recht der fünfzig Staaten und des Bundes verstreut sind.[5] An dieser regen Normenproduktion beteiligt sich nicht nur die Legislative der verschiedenen Staaten und des Bundes, sondern auch die Exekutive, die eifrig Regeln und Verordnungen („*rules and regulations*") fabriziert, deren Verletzung in Blankettgesetzen unter Strafe gestellt wird.

Das amerikanische Strafrecht ist sowohl vertikal als auch horizontal schwer fassbar. In vertikaler Hinsicht finden sich Strafrechtsnormen auf jeder Ebene des amerikanischen Rechtssystems. Wenn wir ganz oben anfangen, dann sehen wir, dass die amerikanische Verfassung den Landesverrat definiert.[6] Analoge Bestimmungen über Staatsverrat erscheinen in

---

[3] *Kadish*, The Model Penal Code's Historical Antecedents, 19 Rutgers L. J. 521, 521 (1988).

[4] Ebenda; siehe auch Symposium on the Model Penal Code, 63 Colum. L. Rev. 589 (1963); The 25th Anniversary of the Model Penal Code, 19 Rutgers L. J. 519 (1988); The Model Penal Code Revisited, 4 Buff. Crim. L. Rev. 1 (2000).

[5] Dazu kommt noch der District of Columbia, der Regierungsbezirk der Hauptstadt Washington, der keinem Staat einverleibt ist und seinem eigenen Recht untersteht, und das Militärstrafrecht, das im *Uniform Code of Military Justice* geregelt ist.

[6] U. S. Constitution Art. III Abs. 3 („Treason against the United States shall consist ... in levying war against them, or in adhering to their enemies, giving them aid and comfort.").

den Verfassungen der einzelnen Staaten.[7] Dann haben alle fünfzig Staaten und der Bund selbstverständlich ein umfangreiches Kern- und Nebenstrafrecht. Aber auch innerhalb eines jeden Staates wird auf allen Regierungsebenen Strafrecht geschaffen. Bezirke (*counties*), Städte (*cities),* Kleinstädte (*towns*) und sogar Dörfer (*villages*) können minder schwere Delikte unter Strafe stellen, solange sie damit nicht mit dem Recht des jeweiligen Staates kollidieren.[8] So wird z.B. jede Zuwiderhandlung gegen eine Bestimmung des Umweltqualitätgesetzes (*environmental quality code)* des Bezirks Erie im Norden des Staats New York mit Freiheitsstrafe bis zu 15 Tagen bestraft.[9] Übertretungen der Satzung der Stadt Buffalo, der größten Stadt im Bezirk Erie, werden gar mit bis zu 6 Monaten Haft belegt.[10]

Auch horizontal ist das amerikanische Strafrecht nur schwer zu überblicken. Strafrechtsnormen finden sich nämlich nicht nur in den Strafgesetzbüchern der Staaten und des Bundes, sondern auch in anderen Gesetzestexten. Typischerweise enthalten Gesetzbücher zum Umweltrecht und Steuerrecht, um nur zwei Beispiele zu nennen, Bestimmungen, deren Übertretung regelmäßig mit zivilrechtlichen Sanktionen belegt ist. In einer Generalklausel wird dann bestimmt, dass die wiederholte oder auch die erste absichtliche (*willful*) Zuwiderhandlung unter Strafe gestellt ist.

Oft definiert der Gesetzgeber die Tatbestände nicht selbst, sondern delegiert diese Aufgabe an die Exekutive. Anstatt einzelne Zuwiderhandlungen unter Strafe zu stellen, beauftragt der Gesetzgeber die zuständige Behörde mit der Ausarbeitung von Bestimmungen, deren Übertretung er dann wiederum mit Strafe bedroht. Große Teile des Umwelt- und Steuerstrafrechts, um bei unseren Beispielen zu bleiben, befinden sich daher nicht in Gesetzestexten der Legislative, sondern in Verlautbarungen der Exekutive (also der *Environmental Protection Agency* und des *Internal Revenue Service*).

In vielen Fällen wird so aus einer bloßen Ordnungswidrigkeit ein Vergehen oder gar ein Verbrechen, das nicht selten mit empfindlichen Geldstrafen oder in besonders schweren Fällen sogar mit hohen Freiheitsstrafen belegt ist. So ist z.B. die absichtliche (*willful*) Nichtabgabe einer Steuererklärung ein Vergehen und wird mit bis zu einem Jahr Freiheitsentzug bestraft. In besonders schweren Fällen, die vom Finanzminister (*Secretary of Treasury*) durch Verordnung näher zu bestimmen sind, ist sie ein Verbrechen und wird mit bis zu fünf Jahren bestraft.[11]

---

[7] Indiana Constitution Art. 1 Abs. 28 („Treason against the State shall consist ... in levying war against it, and in giving aid and comfort to its enemies.").

[8] Siehe *Logan*, The Shadow Criminal Law of Municipal Governance, 62 Ohio St. L. J. 1409 (2001).

[9] Erie County Administrative Code § 9.06(b).

[10] Charter of the City of Buffalo § 37.

[11] 26 U. S. C. § 7203, 26 U.S.C. § 6050I; 26 C.F.R. § 6050I-1.

Eine Sammlung des amerikanischen Kern- und Nebenstrafrechts gibt es nicht, weder für die Vereinigten Staaten insgesamt, noch für einzelne Staaten oder für das Bundesrecht. Man schätzt, dass das Bundesrecht allein ca. 1700 Straftatbestände enthält. Dazu kommen noch über 10000 behördliche Verordnungen, deren Verletzung strafrechtlich sanktioniert wird.[12] Da das amerikanische Strafrecht überwiegend Staatenrecht ist, kann man davon ausgehen, dass der tatsächliche Umfang des amerikanischen Kern- und Nebenstrafrechts den des Bundesrechts um mehr als das Fünfzigfache überschreitet.

Das Bundesstrafrecht hat sehr bescheiden angefangen. Die Staaten waren zu Beginn der amerikanischen Republik sehr darauf bedacht, die Macht – und somit auch die Strafmacht – des Bundes einzuschränken. Erst seit Ende des 19. Jahrhunderts hat sich das Bundesstrafrecht immer weiter ausgebreitet. Heutzutage bietet das Bundesstrafrecht die volle Palette des modernen Strafrechts, von Übertretungen über Vergehen und Verbrechen bis hin zu Kapitalverbrechen.

Im Jahr 2002 überschritt die Anzahl der Insassen in Bundesgefängnissen (mit 161681) erstmals, wenn auch nur knapp, die der Gefangenen in jedem einzelnen Staat.[13] Kalifornien und Texas waren die zwei Staaten mit den meisten Gefängnisinsassen (mit jeweils 160315 und 158131). Im selben Jahr überstieg die Zahl der Gefängnisinsassen in den Vereinigten Staaten zum ersten Mal die zwei Millionen Grenze.[14] Darüber hinaus befinden sich über 4,5 Millionen Menschen im Strafvollzug ohne Freiheitsentzug, einschließlich völliger und teilweiser Aussetzung der Freiheitsstrafe auf Bewährung (*probation* und *parole*).[15]

Bei diesen Zahlen ist es kein Wunder, dass die Vereinigten Staaten im selben Jahr auch die höchste Gefangenenrate der Welt aufwiesen, ca. 700 pro 100000 Einwohner, gefolgt von Russland (mit 665). Die deutsche Rate lag bei 95, im europäischen Mittelfeld (England: 150, Italien: 95, Frankreich: 80).[16] Die Gefangenenrate bei der schwarzen Bevölkerung liegt besonders hoch. Zehn Prozent der afroamerikanischen Männer im

---

[12] *Gainer*, Federal Criminal Code Reform: Past and Future, 2 Buff. Crim. L. Rev. 45, 72–74 (1998).

[13] *Butterfield*, Prison Rates Among Blacks Reach a Peak, Report Finds, N. Y. Times, 7. 4. 2003, S. 12.

[14] Ebenda. Zu den geschichtlichen Hintergründen der gegenwärtigen Härte des amerikanischen Strafrecht, insbesondere im Vergleich mit Deutschland und Frankreich, s. *Whitman*, Harsh Justice: Criminal Punishment and the Widening Divide Between America and Europe (2003).

[15] U. S. Department of Justice, Office of Justice Programs, Bureau of Justice Statistics, Probation and Parole in the United States, 2001 (Aug. 2002, NCJ 195669).

[16] *Walmsley*, World Prison Population List (Third Edition) 1 (London, England, UK: Home Office Research, Development and Statistics Directorate, 2002), http://www.homeoffice.gov.uk/rds/pdfs/r166.pdf.

Alter von 25 bis 29 Jahren waren am 31. 12. 2001 in Haft, im Vergleich zu 1,2% weißer Männer in derselben Altersgruppe.[17] Wenn man den Strafvollzug ohne Freiheitsentzug hinzuzieht, befanden sich im Jahr 1995 ein Drittel der schwarzen Männer in diesem Alter im amerikanischen Strafvollzug.[18]

Das Strafrecht der Staaten beruht auf deren Polizeimacht (*police power*), die ihnen als souveränen Staaten notwendigerweise zusteht.[19] Polizei wird hier im alten Sinn von Wohlfahrt (oder „gute Policey") verstanden.[20] Jeder Staat ist somit als solcher befugt – und darüber hinaus verpflichtet – die Wohlfahrt seiner Untertanen zu sichern.

Der Bund genießt nur die Machtbefugnisse, die ihm die einzelnen Staaten ausdrücklich in der Bundesverfassung überlassen haben. Die Polizeimacht haben die Staaten ausdrücklich für sich behalten. Das bedeutet, dass das Strafrecht des Bundes aus anderen konstitutionellen Quellen schöpfen muss. Eine Hauptquelle des modernen Bundesstrafrechts ist die sog. Handelsklausel (*commerce clause*), die dem Bund die Befugnis erteilt, den inländischen (d.h. interstaatlichen) und internationalen Handel zu regulieren.

Das Bundesstrafrecht wimmelt daher von Straftatbeständen, die eine Störung des interstaatlichen und internationalen Handels unter Strafe stellen. Nachdem der *United States Supreme Court* der radikalen Ausbreitung des Bundesstrafrechts auf Grund der Handelsklausel jahrzehntelang keine Beachtung schenkte, erklärte er 1995 ein Bundesgesetz wegen mangelnder Kompetenz trotz der Handelsklausel für verfassungswidrig.[21] Es handelte sich um ein Gesetz, das den Waffenbesitz in Schulnähe mit Freiheitsstrafe bis zu 5 Jahren bedrohte.[22] Im Lopez-Fall zeigte sich eine knappe Mehrheit des *United States Supreme Court* (5–4) unbeeindruckt von Versuchen, den Waffenbesitz im Umkreis von 1000 Fuß (ca. 300 m) einer Schule als Störung des interstaatlichen oder internationalen Handels darzustellen (weil dieser z.B. die Qualität des Schulunterrichts beeinträchtige, was wiederum negative Auswirkungen auf die Produktivität der Schulabsolventen habe). Entscheidend war die Tatsache, dass der Gesetzgeber sich nicht die Mühe gemacht hatte,

[17] *Harrison/Beck*, U. S. Dept. of Justice, Bureau of Justice Statistics, Prisoners in 2001, S. 12 (Washington, DC: U. S. Dept. of Justice, July 2002).

[18] *Mauer/Huling*, Young Black Americans and the Criminal Justice System: Five Years Later (Washington DC: The Sentencing Project, 1995).

[19] Siehe *Dubber*, Policing Possession: The War on Crime and the End of Criminal Law, 91 J. Crim. L. & Criminology 829 (2002); *Dubber*, The Police Power: Patriarchy and the Foundations of American Government (2004).

[20] Siehe z.B. *Wüst*, Die „gute Policey" im Reichskreis: Zur frühmodernen Normensetzung in den Kernregionen des Alten Reiches (2001).

[21] United States v. Lopez, 514 U. S. 549 (1995).

[22] 18 U.S.C. §§ 922(q) & 924(a)(4).

den handelsschädlichen Effekt des Waffenbesitzes in Schulzonen näher zu bestimmen.[23]

Im Allgemeinen handelt es sich bei Straftaten des Nebenstrafrechts um leichtere Delikte, wie Vergehen *(misdemeanors)* und Übertretungen (*violations* und *infractions*). Die meisten Verbrechen findet man (noch!) im Kernstrafrecht, also in Strafgesetzbüchern. Vergehen werden generell mit Freiheitsstrafe bis zu einem Jahr, oft in einem lokalen Gefängnis (*jail*) oder mit Geldstrafe bedroht, Verbrechen dagegen mit Freiheitsstrafe von mindestens einem Jahr, normalerweise in einer zentralen Vollzugsanstalt des Staates (*prison*), mit Geldstrafe, oder – in der Mehrheit der Staaten und im Bundesrecht – mit der Todesstrafe. Übertretungen werden entweder mit Geldstrafe oder mit kurzer Inhaftierung, wiederum im *jail*, bestraft.

Das amerikanische Strafrecht unterteilt Verbrechen und Vergehen darüber hinaus in verschiedene Klassen oder Grade (*degrees*). So unterscheidet man in vielen Staaten zwischen schweren und leichten Vergehen (*gross* und *petty misdemeanors*). Im Staate New York gibt es nicht weniger als sechs Klassen von Verbrechen (A-I, A-II, und B bis E) und zwei Klassen von Vergehen (A und B). Diese Einteilung hat vor allem Bedeutung für den Strafrahmen. In New York z.B. werden die verschiedenen Deliktskategorien folgendermaßen mit Freiheitsstrafe belegt:[24]

Deliktskategorien (New York State)

	Minimum[25]	**Maximum**
Verbrechen A-I[26]	15–25 Jahre; lebenslänglich (Mord ersten Grades[27])	lebenslänglich; Todesstrafe (Mord ersten Grades)
Verbrechen A-II	3–8 1/3 Jahre	Lebenslänglich
Verbrechen B	1/3 des Maximums	6–25 Jahre
Verbrechen C	1 Jahr	15 Jahre

[23] Das hat der Kongress dann im Zuge des Lopez-Urteils auch gleich nachgeholt. 18 U.S.C. § 922(q)(1).

[24] Es handelt sich hier um eine stark vereinfachte Darstellung. Die Einzelheiten des New Yorker Strafzumessungsrechts findet man in N. Y. Penal Law Teil 2, Titel E.

[25] Das Gericht setzt ein Strafmaß fest, das sich aus einem Minimum und einem Maximum zusammensetzt. Über die vorzeitige Entlassung (*parole*) entscheidet ein Ausschuss (*parole board*) frühestens nach Verbüßung der Mindeststrafe.

[26] N. Y. Penal Law § 70.00.

[27] N. Y. Penal Law § 60.06. Nach New Yorker Recht ist Mord ersten Grades qualifizierter Mord, d.h. die vorsätzliche Tötung gewisser Opfer (Polizisten, Gefängniswärter, Zeugen, Richter), durch gewisse Täter (Gefängnisinsassen in lebenslanger Haft, Vorbestrafung wegen Mordes zweiten Grades), auf bestimme Art und Weise (besonders grausam, während eines anderen schweren Verbrechens, Doppelmord, oder Serienmord) oder zu einem gewissen Zweck (finanzielles Motiv, Förderung eines terroristischen Anschlags). N. Y. Penal Law § 125.27.

Deliktskategorien (New York State)		
	Minimum[25]	**Maximum**
Verbrechen D	1 Jahr	7 Jahre
Verbrechen E	1 Jahr	4 Jahre
Vergehen A[28]	0	1 Jahr
Vergehen B	0	3 Monate
Übertretung ***(violation)***[29]	0	15 Tage
Verkehrsübertretung ***(traffic infraction)***[30]	0	15 Tage

Geldstrafen werden hier nicht aufgeführt aus dem einfachen Grund, weil sie im amerikanischen Strafrecht eine ganz untergeordnete Rolle spielen. Geldstrafen gelten als ungerecht (weil sie gegen weniger gut betuchte Verurteilte diskriminieren) und unangemessen (weil nur Freiheitsstrafen, und selbstverständlich die Todesstrafe, mit der nötigen Härte auf die Straftat reagieren und eine entsprechende Abschreckungswirkung entfalten können). Geldstrafen gelten kurzum als keine echten Strafen. Sie sind höchstens ein Denkzettel und daher eher für den Kampf gegen das Falschparken als für den Krieg gegen das Verbrechen geeignet. Die Ausnahmen sind hier die sog. *white collar crimes*, insbesondere Delikte des Wirtschaftsstrafrechts, die im amerikanischen Recht sowohl von natürlichen Personen als auch von juristischen Personen begangen werden können. Im letzteren Fall kommt selbstverständlich eine Freiheitsstrafe von vornherein nicht in Frage. (Die „Todesstrafe" – oder Liquidierung – für Unternehmen, aber nicht für Unternehmer, wird dagegen lebhaft diskutiert und sogar gesetzlich angedroht, wenn auch selten vollstreckt.[31])

2. Das Strafrecht des *common law:* Der Fall Keller

Die amerikanische Judikative, der ursprüngliche Hauptproduzent strafrechtlicher Normen im *common law*, hat sich in letzter Zeit etwas zurückhalten müssen, ganz im Gegensatz zu den Vertretern der zwei anderen Staatsgewalten, der Legislative und der Exekutive. Das war nicht immer so. Bis in die zweite Hälfte des zwanzigsten Jahrhunderts war es durchaus üblich, dass amerikanische Richter sich der Definition

[28] N. Y. Penal Law § 70.15.

[29] N. Y. Penal Law § 70.15(4).

[30] N. Y. Vehicle & Traffic Law § 1800(b).

[31] *Eichenwald*, Enron's Many Strands: The Accounts; Miscues, Missteps and the Fall of Andersen, N. Y. Times, 8. 5. 2002, S. C1 („*corporate death penalty*" für Arthur Andersen im Enron-Skandal); United States Sentencing Guidelines § 8C1.1 (Strafzumessungsrichtlinien für „Organisationen mit krimineller Absicht" (*criminal purpose organizations*)).

neuer Straftatbestände widmeten. Erst im Zug der Veröffentlichung des MPC und der weitläufigen Reform des amerikanischen Strafrechts, die der MPC in Gang setzte, verlor die Judikative langsam ihre alte Macht der Straf"gesetz"gebung.

Bis dahin waren Richter nach der Theorie des *common law misdemeanors* (also des gemeinrechtlichen Vergehens) dazu ermächtigt, jedes Verhalten strafrechtlich zu erfassen und dann mit Strafe zu belegen, das gegen „öffentlichen Frieden, Anstand, Moral, und Ökonomie" (eben die gute Polizey) verstieß. Diese Strafmacht ergab sich zwangsläufig aus der Tatsache, dass das Strafrecht ein Ausdruck der Polizeimacht des Staates war. Die Richter sorgten also nur dafür, dass vom Gesetzgeber nicht vorhergesehene – oder gar vorhersehbare – Verstöße gegen das Wohlbefinden des Volkes geahndet wurden.

So wurde noch im Jahr 1964 eine Frau namens Violet Keller von einem Amtsrichter in Pennsylvania wegen „unanständiger Beseitigung eines toten Körpers" verurteilt.[32] Bezeichnenderweise fand sich ein derartiges Vergehen aber weder im pennsylvanischen Strafgesetzbuch noch in einem Präzedenzfall eines pennsylvanischen Gerichts. Der Richter, in der festen Überzeugung, dass ein derartiges Verhalten nicht straflos bleiben dürfe, sah sich daher gezwungen, die Angeklagte eines neuen Vergehens zu überführen.

Der Fall Keller verdient unsere Aufmerksamkeit nicht nur deshalb, weil er bestimmte Aspekte der amerikanischen Strafrechtspraxis, und zwar nicht nur das mittlerweile anachronistische Strafrecht der Judikative, plastisch darstellt. Denn gewisse Züge des *common law* finden sich auch heute noch im amerikanischen Strafrecht, auch wenn der amerikanische Gesetzgeber heutzutage ein kaum angefochtenes Strafrechtsmonopol genießt.

Der Ehemann der Angeklagten, Elton Ray Keller, war seit 1961 beim Militär. Im August desselben Jahres begann Frau Keller eine außereheliche Beziehung mit einem gewissen Roy Schaeffer. Im April des darauf folgenden Jahres gebar sie in ihrer Mietwohnung ein Kind, das laut der Angeklagten tot geboren wurde. Sie erzählte niemandem von der Geburt und legte den Leichnam in einen Karton, den sie dann im Keller ihres Hauses versteckte.

Im März 1963 gebar Frau Keller ein weiteres Kind unter ähnlichen Umständen. Da sie meinte, das Kind wäre lebend geboren, hielt sie seinen Kopf in die Toilette, um es zu töten. Sie legte das tote Kind dann in einen Karton und verstaute diesen in ihrem Badezimmer.

Eine Anklage wegen Mordes war deshalb nicht erfolgreich, da der „corpus delicti" nicht erwiesen werden konnte. Im ersten Fall war der

---

[32] Commonwealth v. Keller, 35 Pa. D. & C.2d 615 (Ct. Common Pleas 1964) („indecent disposition of a dead body").

Leichnam zum Zeitpunkt seiner Entdeckung fast zwei Jahre nach Eintritt des Todes so stark verwest, dass ein Pathologe weder die Todesursache feststellen konnte, noch erkennen konnte, ob das Kind lebendig oder tot geboren wurde. Im zweiten Fall konnte der Pathologe aufgrund der Autopsie ebenfalls nicht feststellen, ob das Kind lebend geboren wurde.

Die Anklage wegen Ehebruchs hatte dagegen Erfolg. Ehebruch (*adultery*) ist auch heute noch in vielen amerikanischen Staaten strafbar.[33] (Nicht dagegen im MPC.) Die einschlägigen Bestimmungen finden aber fast keine Anwendung. Wenn ihnen überhaupt Bedeutung zukommt, dann höchstens in zivilrechtlichen Angelegenheiten, und vor allem in Scheidungsverfahren. Ehebruch ist ein wichtiger Scheidungsgrund in Staaten, in denen Scheidung nach wie vor eine Schuldzuweisung voraussetzt.[34]

Dieses zwanglose Zusammenleben von gesetzlichem Verbot und praktischer Bedeutungslosigkeit widerspricht ganz offensichtlich dem Legalitätsprinzip. Ein Legalitätsprinzip im Sinne einer Strafverfolgungspflicht ist dem amerikanischen Rechtssystem allerdings fremd. (Es gibt tatsächlich, wie wir gleich sehen werden, ein sog. *principle of legality*, das aber nichts mit dem Legalitätsprinzip im engeren Sinne zu tun hat. Es handelt sich stattdessen um die amerikanische Version des *nulla poena* Prinzips.) Obwohl die Strafverfolgungsbehörden, einschließlich der Polizei und der Staatsanwaltschaft, allgemein verpflichtet sind, Straftaten zu verhindern, aufzudecken, und vor Gericht zu bringen, ist ihre Entscheidungsfreiheit praktisch unbegrenzt. Im Gegensatz zum deutschen Rechtsverständnis gilt nämlich nicht die Verfolgungspflicht, sondern im Gegenteil das *Nicht*verfolgungsrecht als Garantie der gerechten Anwendung strafrechtlicher Normen. Angesichts der großen und ständig wachsenden Anzahl strafrechtlicher Bestimmungen meint das amerikanische Strafrecht, nicht ohne Entscheidungsfreiheit der Strafverfolgungsbehörden auskommen zu können. Ein Legalitätsprinzip würde statt mehr Gleichheit weniger Freiheit zur Folge haben. Dass man dasselbe Ziel auch direkter durch größere Besonnenheit des Gesetzgebers erreichen könnte, wird dabei allerdings oft außer Acht gelassen.

Das Hauptinteresse des Richters im Keller-Prozess galt allerdings nicht dem Mord oder dem Ehebruch, sondern der Anklage wegen „unanständiger Beseitigung eines toten Körpers" (*indecent disposition of a dead body*). Leider gab es weder im pennsylvanischen Strafgesetzbuch noch im Nebenstrafrecht einen solchen Tatbestand. In einem *common law* Regime stellte die Abwesenheit eines einschlägigen Strafgesetzes aber eigentlich kein Problem dar. Denn das *common law* war seit seinen Anfängen im frühen englischen Recht Richterrecht.

---

[33] Siehe z.B. N. Y. Penal Law § 255.17 (Vergehen Klasse B, also strafbar mit Freiheitsentzug bis zu 3 Monaten).

[34] Siehe z.B. N. Y. Domestic Relations Law § 170(4).

Anstatt sich nach Gesetzen umzusehen, machte sich der Richter im Fall Keller also auf die Suche nach analogen Präzedenzfällen. Wie üblich überprüfte er zunächst die Entscheidungssammlungen der Gerichte in seinem Rechtsgebiet (*jurisdiction*), also der Gerichte des Staates Pennsylvania. Innerhalb eines Rechtsgebiets haben Entscheidungen des höchsten Gerichts (in Pennsylvania, der *Pennsylvania Supreme Court*) die größte Präzedenzwirkung, gefolgt von den Gerichten der mittleren Instanz (*intermediate appellate courts*) und so weiter bis herunter zu den verschiedenen Gerichten erster Instanz. Obwohl der Richter seine Suche, ebenfalls wie üblich im *common law*, über Jahrhunderte hinweg bis zu den ersten Entscheidungssammlungen pennsylvanischer Gerichte ausdehnen konnte, entdeckte er keinen einzigen Fall, in dem ein pennsylvanisches Gericht das Delikt der unanständigen Beseitigung eines toten Körpers erwähnte.

Da die pennsylvanischen Entscheidungssammlungen keine einschlägigen Fälle enthielten, breitete der Richter seine Suche auf andere Rechtsgebiete aus. Unter auswärtigen Entscheidungen besteht eine ähnliche informelle Rangordnung der Präzedenz. Die Gerichte bestimmter Staaten genießen einen besseren Ruf als andere. So werden Gerichtsentscheidungen aus New York, Kalifornien und Massachusetts, um nur einige Beispiele zu nennen, oft mehr Beachtung geschenkt als Entscheidungen aus South Dakota. Darüber hinaus werden den Entscheidungen von Gerichten in Nachbarstaaten manchmal größere Bedeutung beigemessen.

Aber auch hier wurde der Richter zunächst nicht fündig. Nur zwei Fälle konnte er finden, und keiner der beiden hatte nennenswerte Präzedenzkraft (*precedential value*) oder Überzeugungskraft (*persuasive value*). Der erste Fall kam aus Maine, der zweite aus Arkansas, also aus Staaten, deren Jurisprudenz eigentlich kaum beachtet wird. Dazu kam noch, dass diese Fälle sich mit Sachverhalten befassten, die mit dem Fall Keller nicht ohne Weiteres in Verbindung gebracht werden konnten, und sie daher wegen fehlender Analogie ihre fehlende Präzedenzkraft kaum mit faktischer Überzeugungskraft wettmachen konnten. Im Fall aus Maine aus dem Jahre 1939 war ein alter Mann namens Frank Bradbury, der seine verstorbene Schwester in seinem Kellerofen verbrannt und durch den hieraus entstehenden Gestank die Nachbarn gestört hatte, wegen des *common law* Vergehens der „unanständigen Beseitigung eines toten Körpers" (*indecent disposal of a dead body*) verurteilt worden.[35] Der Fall Baker aus Arkansas war etwas neueren Datums (1949).[36] Frau Baker hatte nach dem Ableben eines Mieters, Ed White, dessen Tod nicht rechtzeitig gemeldet, offensichtlich um noch dessen letzte

[35] State v. Bradbury, 136 Me. 347, 9 A.2d 657 (1939).

[36] Baker v. State, 215 Ark. 851, 223 S. W.2d 809 (1949).

Rentenzahlung in Empfang nehmen zu können. Als Teil ihres Plans hatte Frau Baker den bereits toten White vor sein Haus auf einen Schaukelstuhl gesetzt, um den Passanten den Eindruck zu verschaffen, er wäre noch gesund und munter. Baker wurde wegen des *common law* Vergehens der „unanständigen Behandlung eines toten Körpers" (*treating a dead body indecently*) verurteilt.

Zu guter Letzt erweiterte der Richter nochmals seinen Blickwinkel und berief sich auf eine englische Entscheidung aus der ersten Hälfte des neunzehnten Jahrhunderts, *Regina v. Stewart*. In dieser Entscheidung erwähnte das Gericht die „Pflicht, den toten Körper einer jeden Person, die so arm ist, dass sie für diesen Zweck keine Mittel hinterlassen hat, anständig bedeckt zum Grab zu tragen."[37] Ob das Urteil diese gemeinrechtliche Pflicht dann auch strafrechtlich absicherte, in dem er Zuwiderhandlung mit Strafe belegte, ließ der Richter im Keller Fall allerdings offen.

Das Zitat einer englischen Entscheidung in einem amerikanischen Fall ist nichts außergewöhnliches, entspringt doch das *common law*, egal wo und wann, aus derselben historischen, und zwar englischen, Quelle. Auch das Datum der zitierten Entscheidung ist irrelevant, da das *common law* nicht nur überall gleich ist, sondern auch *zu allen Zeiten* gilt. Das *common law* wird nicht neu gesetzt, sondern immer weiter entdeckt und verfeinert. Statt Recht zu setzen, findet der *common law* Richter es nur. Das *common law* ist so ständig im Fluss, ohne sich jemals zu ändern.

Das *common law* spiegelt also immer den *common sense* wider, der sich zwar weiterentwickelt, aber im Grunde immer gleich bleibt. Im Fall eines *common law* Vergehens gegen die gute Ordnung der Gemeinschaft muss der Richter ganz besonders genau das Rechtsbewusstsein und den gemeinschaftlichen Sinn für gute Sitten beobachten und reflektieren. Präzedenzfälle sind in dieser Hinsicht Indizien für das Rechtsgefühl der Gemeinschaft des *common law*.

Aber auch andere Indizien wollte der Richter im Fall Keller nicht unbeachtet lassen. Und so führte er sein Publikum noch durch eine ganze Reihe von Anekdoten der Weltgeschichte, die zeigen sollen, wie ernst die Gemeinschaft schon seit Jahrhunderten, ja Jahrtausenden, die anständige Beseitigung toter Körper genommen hat, woraus er dann den Schluss zog, dass die unanständige Beseitigung toter Körper strafbar sein müsse:[38]

---

[37] Regina v. Stewart, 113 Eng. Rep. 1007, 1009 (Q. B. 1840).

[38] Andere, nicht strafrechtliche, Ansätze zu dieser Frage zog er nicht in Betracht. Siehe z.B. §§ 3 & 16 Saarländische Polizeiverordnung über das Bestattungs- und Leichenwesen vom 18. 12. 1991 (ABl. S. 1414) (Bestattung ohne Bestattungserlaubnis ist eine Ordnungswidrigkeit).

> Seit den ersten Anfängen der Menschheit gibt es Anzeichen dafür, dass die Toten und deren Ruhestätten mit Anstand und Respekt behandelt wurden. Die Heilige Schrift lehrt uns, dass es eine Schande war, die Toten nicht zu beerdigen. Jeremias 16:4. Siehe auch Genesis 50:1–7. Archäologen haben Gräber prähistorischer Menschen gefunden, aus denen hervorgeht, dass diese Menschen Leichnamen und der Art und Weise ihrer Behandlung und Beerdigung eine religiöse oder zumindest ehrfurchtsvolle Achtsamkeit entgegenbrachten. Die berühmten Pyramiden in Ägypten sind nichts anderes als Ruhestätten und Gedenkstätten für die Toten. Die Mythen der amerikanischen Indianer lassen eine ganze Reihe von Bräuchen erkennen, die mit des Indianers Einstellung und Anstandsbegriff bezüglich Leichnamen und Beerdigungsstätten zu tun haben. Der Codex des Justitian bestimmte, dass „... sofort nach der Beerdigung des Körpers oder der Knochen eines Toten, ob Sklave oder Freier, der Boden, in dem sie begraben waren, heilig wurde." In den Grabstein von William Shakespeare geschnitten ist ein Gedanke, der die Einstellung der alten Engländer zur Heiligkeit des Grabes widerspiegelt. Dort steht geschrieben, „Verflucht sei, wer meine Knochen bewegt."

Die Keller Entscheidung stammt, wie gesagt, aus dem Jahre 1964. Seitdem hat sich in Pennsylvania, und im amerikanischen Strafrecht allgemein einiges geändert. Das pennsylvanische Strafgesetzbuch wurde mit Hilfe des MPC gründlich reformiert. Es enthält heute folgende Vorschrift, die ausdrücklich die mehrere jahrhundertlange Tradition des richterlichen Strafrechts in Pennsylvania beendigt:

> **Pennsylvania Crimes Code § 107(b).**
> *Common law crimes* abgeschafft. – Kein Verhalten ist eine Straftat, wenn es nicht eine Straftat gemäß diesem Gesetz oder einem anderen Gesetz dieses Staates darstellt.

Diese Bestimmung basiert auf § 1.05(1) MPC:

> **Model Penal Code § 1.05.**
> Kein Verhalten ist ein Delikt, es sei denn, es stellt eine Straftat oder eine Übertretung gemäß diesem Gesetz oder einem anderen Gesetz dieses Staates dar.

Darüber hinaus enthält das reformierte pennsylvanische Strafgesetzbuch, wie auch der Model Penal Code selbst, keinen Tatbestand der „unanständigen Beseitigung eines toten Körpers."

Obwohl amerikanische Gerichte heutzutage entweder nicht mehr das Recht genießen, Strafrecht zu schaffen (oder, laut der Theorie des *common law,* zu entdecken), entweder weil es ihnen der Gesetzgeber untersagt hat oder weil sie ihre Macht selbst eingeschränkt haben, so lebt das *common law*, und der Einfluss der Gerichte, im amerikanischen Strafrecht in vieler Hinsicht weiter. Es gibt nach wie vor Strafgesetze, in denen die Normen des allgemeinen Teils überhaupt nicht, oder zumindest ungenügend, bestimmt sind. Das Bundesstrafgesetzbuch z.B. hat so gut wie keinen allgemeinen Teil. Es bleibt also zwangsläufig den Gerichten überlassen, die allgemeinen Strafbarkeitsvoraussetzungen (wie z.B. den *actus reus* oder die *mens rea*) herauszuarbeiten. Dies geschieht dann auf Grund des Präzedenzsystems des *common law*, nach dem Muster der Entscheidung im Fall Keller.

Auch im besonderen Teil des amerikanischen Strafrechts spielt das *common law* immer noch eine große Rolle. So basiert das Recht des Diebstahls (*larceny*) nach wie vor auf einer immer wieder zitierten Kette von Entscheidungen des *common law*, in dem der Tatbestand über fast ein Jahrtausend englischer und amerikanischer Jurisprudenz verfeinert und in verschiedene Spielarten (z.B. *larceny by trick, embezzlement, larceny by extortion, larceny by false pretenses, larceny by false promises*) ausdifferenziert wurde.[39] Gleichzeitig sind moderne Delikte, wie z.B. das bekannte RICO[40] Gesetz, so vage formuliert, dass Gerichte zwangsläufig die Methode des *common law* anwenden, um die vom Gesetzgeber belassenen „Lücken“ mit Jurisprudenz und Präzedenz zu füllen.

3. Legalitätsprinzip (*nulla poena sine lege*)

Wie bereits erwähnt, kennt das amerikanische Strafrecht durchaus ein Legalitätsprinzip (*principle of legality; nulla poena sine lege*). Das Gesetzlichkeitsprinzip (*principle of legislativity*) ist allerdings kein Bestandteil des verfassungsrechtlichen Legalitätsprinzip. Nichtsdestotrotz hat der *United States Supreme Court* in einer frühen Entscheidung bestimmt, dass *Bundesgerichte* keine *common law crimes* bestimmen dürfen.[41] Dieses Urteil hat aber mit dem Gesetzlichkeitsprinzip nichts zu tun. Es basiert stattdessen auf rein föderalistischen Überlegungen. Die Übertragung der Strafmacht auf die Gerichte des Bundes hätte den Versuch der Staaten untergraben können, die Strafmacht des Bundesgesetzgebers einzugrenzen. Dass die Gerichte der Staaten zu diesem Zeitpunkt weiterhin das Recht hatten, *common law crimes* zu bestimmen, war unbestritten. Seitdem hat keine Entscheidung des *United States Supreme Court* dieses Recht auf täterbelastendes Gewohnheitsrecht in Zweifel gestellt. Das Ende der *common law crimes* brachten nicht verfassungsrechtliche Entwicklungen, sondern gesetzgeberische Reformen, insbesondere im Zuge des Model Penal Code.

Im Gegensatz zum Gesetzlichkeitsprinzip hat das Rückwirkungsverbot Verfassungsrang.[42] *Common law crimes* sollen allerdings deshalb nicht gegen das Rückwirkungsverbot verstoßen, weil sie nicht neues Recht schaffen, sondern nur bereits bestehendes Recht zur Geltung

---

[39] Siehe z.B. People v. Olivo, 52 N. Y.2d 309 (1981) (mit weiteren Zitaten).

[40] Racketeer Influenced and Corrupt Organizations Act, 18 U.S.C. §§ 1961ff.

[41] United States v. Hudson & Goodwin, 11 U. S. 32 (1812).

[42] U. S. Const. Art. I 9 & 10.

bringen. Es gehe bei *common law crimes* also nicht um die rückwirkende Anwendung einer neuen Strafnorm, sondern um die Anwendung einer alten, weiter differenzierten, gemeinrechtlichen Norm.[43] Im Übrigen finden sich die verfassungsrechtlichen Bestandteile des Rückwirkungsverbots bereits in einer berühmten und immer noch vielzitierten Entscheidung des *United States Supreme Court* von 1798.[44] Dieses Urteil unterscheidet zwischen vier Arten von *„ex post facto"* Gesetzen:

> 1. Jedes Gesetz, das eine vor seiner Verabschiedung begangene Handlung strafbar macht und diese Handlung bestraft. 2. Jedes Gesetz, das eine Straftat nach ihrer Begehung verschärft .... 3. Jedes Gesetz, das die Strafe ... über die bei der Begehung der Straftat gesetzlich festgelegte Strafe erhöht. 4. Jedes Gesetz, das die gesetzlichen Beweisregeln ändert und weniger, oder andere, Zeugenaussagen für die Verurteilung des Täters vorschreibt als das zur Begehung der Straftat geltende Recht.[45]

Im ersten Fall handelt es sich um den Kern des Rückwirkungsverbots. Eine Handlung darf nicht erst nachträglich strafbar gemacht werden. Im zweiten Fall geht es hauptsächlich um die nachträgliche Verwandlung eines Vergehens (*misdemeanor*) in ein Verbrechen (*felony*). Im alten *common law* spielte der Unterschied von Vergehen und Verbrechen sowohl für den Strafrahmen, als auch für den prozessrechtlichen Schutz des Angeklagten eine große Rolle. Verbrechen wurden in der Regel mit dem Tode bestraft,[46] während der Angeklagte in einem Verbrechensprozess kein Recht auf anwaltlichen Beistand hatte.[47] Heutzutage unterscheiden sich Verbrechen und Vergehen im Wesentlichen nur noch im Strafrahmen, so dass die zweite Fallgruppe mit der dritten weitgehend deckungsgleich ist. Auch Fall Nr. 4 ist kaum noch von praktischer Bedeutung. Hier dachte der *United States Supreme Court* an gewisse Delikte, die eine bestimme Mindestzahl von Zeugen vorschrieben. Beim Hochverrat waren es z.B. zwei.[48] In diesem Zusammenhang sollte man darauf hinweisen, dass prozessrechtliche Änderungen im Allgemeinen vom Rückwirkungsgebot ausgenommen sind. Darüber hinaus hat der

---

[43] Siehe aber Rogers v. Tennessee, 532 U. S. 451, 467 (2001) (Minderheitsvotum von Scalia).

[44] Calder v. Bull, 3 U. S. 386 (1798).

[45] „1st. Every law that makes an action, done before the passing of the law, and which was innocent when done, criminal; and punishes such action. 2nd. Every law that aggravates a crime, or makes it greater than it was, when committed. 3rd. Every law that changes the punishment, and inflicts a greater punishment, than the law annexed to the crime, when committed. 4th. Every law that alters the legal rules of evidence, and receives less, or different, testimony, than the law required at the time of the commission of the offence, in order to convict the offender."

[46] Tennessee v. Garner, 471 U. S. 1 (1985).

[47] Callanan v. United States, 364 U. S. 587 (1961).

[48] U. S. Const. Art. III § 3 („No person shall be convicted of treason unless on the testimony of two witnesses to the same overt act, or on confession in open court.").

United States Supreme Court entschieden, dass das Rückwirkungsgebot auf Richterrecht keine direkte Anwendung findet, da das verfassungsrechtliche Verbot eines *„ex post facto Law“* eben auf Gesetze, und daher auf den Gesetzgeber, abzielt.[49] Ein analoges und leicht abgeschwächtes Rückwirkungsgebot ergibt sich allerdings zumindest für *nicht vorhersehbare* täterbelastende Änderungen im *common law* aus der allgemeinen verfassungsrechtlichen Garantie eines *due process* (also eines fairen Verfahrens).[50]

Der in der Praxis wohl bedeutendste Aspekt des Legalitätsprinzip im amerikanischen Strafrecht ist der Bestimmtheitsgrundsatz (*void for vagueness principle*), der ebenfalls auf dem *due process* Gebot basiert. Ein Gesetz ist dann verfassungswidrig, wenn es so unbestimmt ist, dass eine durchschnittliche Person aus ihm nicht ersehen kann, welche Handlungen es verbietet, *oder* es seine „willkürliche und diskriminierende Anwendung genehmigt oder sogar fördert.“[51] Zu den mit dem Bestimmtheitsgrundsatz unvereinbaren Gesetzen zählen u.a. Gesetze gegen die Landstreicherei (*vagrancy*) und das Herumlungern (*loitering*), die im englischen Recht bis in 13. Jahrhundert zurückreichen und vor kurzem eine Renaissance im Kampf gegen die Bandenkriminalität in amerikanischen Großstädten erlebt haben.[52]

Der für die Legislative geltende Bestimmtheitsgrundsatz findet im Auslegungsgrundsatz *in dubio pro reo* (*lenity*) seine judikative Entsprechung. Dieser altbekannte Grundsatz hält Gerichte an, Strafgesetze im Zweifelsfall zu Gunsten des Angeklagten auszulegen. Er genießt allerdings keinen Verfassungsrang. Der MPC verwirft ihn sogar ausdrücklich. Laut dem MPC sollen Gerichte Strafgesetze nicht nach dem Prinzip *in dubio pro reo* interpretieren, sondern „im Hinblick auf die billige Bedeutung ihres Wortlauts.“ Im Zweifelsfall sind sie so auszulegen, dass sie „die allgemeinen Zwecke [des Strafgesetzbuchs] und die besonderen Zwecke der jeweiligen Bestimmung fördern.“[53] Diese Zurückweisung

---

[49] U. S. Const. Art. I § 9.

[50] Rogers v. Tennessee, 532 U. S. 451 (2001).

[51] City of Chicago v. Morales, 527 U. S. 41 (1999) („First, it may fail to provide the kind of notice that will enable ordinary people to understand what conduct it prohibits; second, it may authorize and even encourage arbitrary and discriminatory enforcement.“).

[52] Siehe z.B. Papachristou v. Jacksonville, 405 U. S. 156 (1972). Im oben zitierten Morales Urteil erklärte der *United States Supreme Court* eine Verfügung der Stadt Chicago über das Herumlungern von Banden (*gang loitering*) für verfassungswidrig.

[53] § 1.02. ... Principles of Construction.

(3) The provisions of the Code shall be construed according to the fair import of their terms but when the language is susceptible of differing constructions it shall be interpreted to further the general purposes stated in this Section and the special purposes of the particular provision involved.

Zu den Zwecken des Strafgesetzbuchs, siehe unten § 3.1.

des Prinzips *in dubio pro reo* hängt mit seinen Wurzeln im *common law* zusammen. Es wurde nämlich von Gerichten dazu benutzt, um die sich immer weiter ausbreitende gesetzgeberische Tätigkeit auf dem Gebiet des Strafrecht durch Auslegung einzudämmen. Da der MPC die Strafmacht der Legislative übergibt und somit den Kampf zwischen Gesetzes- und Richterrecht zugunsten des Gesetzgebers entscheidet, macht er auch mit dem *lenity principle* Schluss. Nichtsdestotrotz finden sich immer wieder Entscheidungen bis hoch zum *United States Supreme Court*, die sich auf dieses Prinzip berufen. Von einer konsistenten Anwendung dieses Auslegungsgrundsatzes kann allerdings kaum die Rede sein.[54]

Zu guter Letzt soll das Publizitätsprinzip noch erwähnt werden (*publicity*). Es ist allerdings heute von untergeordneter Bedeutung, da Gesetze und Vorschriften mittlerweile regelmäßig und unverzüglich veröffentlich werden. Gelegentliche Versuche, dem Publizitätsprinzip zeitgenössischen Biss zu geben, schlagen auch in anscheinend erfolgversprechenden Fällen fehl.[55] Insbesondere hat das Publizitätsprinzip bislang der explosionsartigen Ausweitung des behördlichen Nebenstrafrechts keinen Einhalt bieten können.

4. Der Einfluss des Model Penal Code

Wenn es heute nach dem Ende der *common law* Zeit des amerikanischen Strafrechts so etwas wie einen gemeinsamen Nenner im amerikanischen Strafrecht gibt, dann ist dies der Model Penal Code. Ein wichtiger Grund hierfür liegt darin, dass ein großer Teil des materiellen Strafrechts der Vereinigten Staaten entweder direkt oder indirekt auf den Model Penal Code zurückzuführen ist. Der Einfluss des Codes wird am besten an dem Umstand sichtbar, dass 40 der 50 Staaten ihr Strafrecht auf der Grundlage des Codes umgestaltet und reformiert haben. Zu den Staaten, die eine solche Umgestaltung vorgenommen haben zählen z.B. New York, Texas, Illinois, Pennsylvania und New Jersey[56]. Obwohl keiner dieser Staaten den Code in seiner Gesamtheit übernommen hat, wurden sie doch alle mehr oder weniger stark von ihm beeinflusst. Um zu zeigen, wie die Bestimmungen des Musterstrafgesetzbuchs in der Praxis auf konkrete Fälle anzuwenden sind, und um Alternativen zu bestimmten Regelungen im MPC aufzuzeigen, werden wir vor allem dem New Yorker Strafgesetzbuch (New York Penal Law) und der Rechtsprechung der New Yorker Gerichte, sowie dem vom American Law

[54] *Kahan*, Lenity and Federal Common Law Crimes, 1994 Sup. Ct. Rev. 345.

[55] Siehe z.B. United States v. Casson, 434 F. 2d 415 (D. C. Cir. 1970).

[56] *Singer*, The 25th Anniversary of the Model Penal Code: Foreword, 19 Rutgers L. J. 519, 519 (1988).

Institute veröffentlichten siebenbändigen Kommentar zum MPC Beachtung schenken.[57]

Der Model Penal Code beeinflusst auch die Rechtsprechung in den wenigen Staaten, deren Strafrecht nicht auf seiner Grundlage reformiert wurde. Hierzu gehören die beiden amerikanischen Rechtssysteme, bei denen der Versuch einer Strafrechtreform am kläglichsten gescheitert ist, Kalifornien und das Bundesstrafrecht.[58] Gerichte in diesen Staaten greifen bei kniffligen dogmatischen Fragen gern auf den Code zurück. So wurde der MPC seit seiner Veröffentlichung in über 100 kalifornischen und in über 500 bundesrechtlichen Urteilen (einschließlich über 100 Entscheidungen des *United States Supreme Court*) zitiert.[59]

§ 2. Ursprünge und Grundlagen des Model Penal Code

Obwohl der Model Penal Code von 1952 bis 1962 ausgearbeitet wurde, liegen seine Ursprünge in den 30er Jahren.[60] Damals beschloss nämlich das American Law Institute, das Strafrecht und das Strafprozessrecht in Angriff zu nehmen. Das ALI war kurz zuvor im Jahr 1923 gegründet worden, um „das Recht zu klären und zu vereinfachen und es sozialen Bedürfnissen besser anzupassen, das Rechtswesen zu verbessern und die Rechtswissenschaft zu fördern." Das ALI warf einen genaueren Blick auf das amerikanische Strafrecht und Strafprozessrecht der damaligen Zeit und war so erschrocken von dem, was es vorfand, dass ihm im Gegensatz zu anderen Rechtsgebieten wie dem Deliktsrecht oder dem Vertragsrecht mehr als eine bloße Wiedergabe (*Restatement*) des Rechtsstands erforderlich erschien. Ein kompletter Neuanfang in Form von Mustergesetzen (*Model Codes*) war angesagt. Der Model Code of Criminal Procedure wurde im Jahre 1930 fertig gestellt. Danach

---

[57] Siehe z. B. Komm. § 3.02, S. 18; Komm. § 3.06, S. 97.

[58] Zum gescheiterten Versuch einer großen Reform des Bundesstrafrechts, siehe *Gainer*, Federal Criminal Code Reform: Past and Future, 2 Buff. Crim. L. Rev. 45, 92–139 (1998). Zur kalifornischen Reform, siehe *Hager*, Fired Scholars Defend Penal Code Revisions, L. A. Times, Sept. 22, 1969, S. 3; 22 Stan. L. Rev. 160, 162 (1969) (Brief von Herbert L. Packer); vgl. *Kadish*, Fifty Years of Criminal Law: An Opinionated Review, 87 Calif. L. Rev. 943, 949 (1999).

[59] Siehe z. B. United States v. M. W., 890 F. 2d 239 (10th Cir. 1989); United States v. United States Gypsum Co., 438 U. S. 422, 443–44 (1978); People v. Carr, 97 Cal. Rptr. 2d 143 (Cal. App. 4th Dist 2000 (Brandstiftung).

[60] Vgl. grundlegend *Dubber*, Penal Panopticon: The Idea of a Modern Model Penal Code, 4 Buff. Crim. L. Rev. 53 (2000); vgl. ebenfalls *Kadish*, The Model Penal Code's Historical Antecedents, 19 Rutgers L. J. 521 (1988); *Leonard*, Towards a Legal History of American Criminal Theory: Culture and Doctrine from Blackstone to the Model Penal Code, 6 Buff. Crim. L. Rev. 691 (2003).

war der Model Penal Code an der Reihe. Seine Fertigstellung wurde jedoch auf die Zeit nach dem 2. Weltkrieg verschoben.[61]

Nach dem Krieg erhielt *Herbert Wechsler,* ein Professor von der Columbia Universität, der gerade von seiner Mitwirkung bei den Nürnberger Kriegsverbrecherprozessen zurückgekehrt war, die Verantwortung über das Model Penal Code Projekt. *Wechsler* hatte zuvor im Jahr 1937 seine Pläne für eine umfassende Reform des amerikanischen Strafrechts in einem großen Artikel dargelegt.[62] 1952 vereinte er dann seine Ideen in einem Programm für den Model Penal Code, das im *Harvard Law Review* veröffentlicht wurde.[63]

Diese beiden Artikel enthalten den Bauplan für den Model Penal Code. Sie sind Pflichtlektüre für jeden, der in die Tiefen des MPC und dessen grundlegende Methodik des Strafrechts eindringen will. Für unsere Zwecke genügt eine kurze Zusammenfassung. Wechsler war einer der Hauptvertreter einer rechtswissenschaftlichen Richtung der amerikanischen Nachkriegszeit, die später unter dem Namen *Legal Process School* bekannt werden sollte.[64] Die Hauptzüge des MPC ergeben sich aus den Grundeinstellungen der *Legal Process School.*

Erstens ist der Code ein **Gesetzbuch.** Sein Ziel war es, die Kompetenz, strafrechtliche Normen zu erlassen, von der judikativen Gewalt, die das *common law* formte, an die legislative Gewalt abzugeben. „Kein Verhalten ist ein Delikt, es sei denn es ist eine Straftat oder eine Übertretung gemäß diesem Gesetz oder einem anderen Gesetz dieses Staates."[65] *Common law crimes* gibt es nicht mehr.

Zweitens ist der Code **umfassend.** In seinen Bestrebungen, den Entscheidungsraum der Gerichte auf eine schlichte Anwendung des kodifizierten Rechts zurückzudrängen, lässt der Code den Richtern wenig Freiraum, die das Verbot der *common law* Vergehen zu umgehen versuchen. Das ist auch der Grund dafür, dass sich der Code wie ein strafrechtliches Lehrbuch liest und im Übrigen auch so aussieht.[66] Er sollte der Strafrechtszunft und insbesondere den Richtern das Strafrecht erklären.

---

[61] Ein Mustergesetz bzgl. strafverfahrensrechtlicher Vorschriften, die den Bereich vor der ersten Anklageerhebung im Strafverfahren regeln, folgte im Jahre 1975.

[62] *Michael/Wechsler,* A Rationale of the Law of Homicide (2 Teile), 37 Colum. L. Rev. 701, 1261 (1937).

[63] *Wechsler,* The Challenge of a Model Penal Code, 65 Harv. L. Rev. 1097 (1952).

[64] So genannt nach einem einflussreichen und jahrzehntelang unveröffentlichten Casebook von Henry Hart und Albert Sacks. *Hart/Sacks,* The Legal Process: Basic Problem in the Making and Application of Law (1994).

[65] § 1.05 (1).

[66] Diese Eigenschaft unterscheidet den Code von anderen einflussreichen modernen Strafrechtskodifikationen und führt dazu, dass es als ein sehr gutes Hilfsmittel zum Lehren und Erlernen von Strafrecht dienen kann. Das deutsche Strafgesetzbuch beispielsweise enthält keine Definitionen von Vorsatz, Handlung, Kausalität oder Einwilligung.

Drittens ist der Code ein **Code.** Er versucht, ein rationales System von Strafrecht anstelle eines Kompendiums bestehender Regeln zu konstruieren. Dieses System, und damit der Code selbst, dient bestimmten Zwecken, die zu Beginn ausdrücklich formuliert werden.[67] Diese „Zwecke" werden wiederum in jene „Prinzipien," „Vorschriften" und „Definitionen" umgemünzt, die das Rückgrat des Codes ausmachen.[68]

Viertens ist der Code **pragmatisch.** Die *Legal Process School* war in erster Linie eine Theorie der Gesetzgebung und erst in zweiter Linie eine Theorie des Rechts, und *Wechsler* sah den Model Penal Code demgemäß als ein Instrument der Kriminalpolitik und nicht als eine ausgefeilte Errungenschaft der Strafrechtswissenschaft. Ein pragmatisches Musterstrafgesetzbuch, das keine Chance auf Erfolg hat, macht keinen Sinn. Daraus ergibt sich die immer wieder festzustellende Bereitschaft, im Zweifelsfall Kompromisse einzugehen, die den Model Penal Code dem Gesetzgeber in einzelnen Staaten schmackhaft machen sollten, und angesichts des großen Erfolgs des Codes dies auch taten.

Für unsere Zwecke sind die beiden letztgenannten Qualitäten des MPC am wichtigsten, da sie den MPC in einen Schlüssel zum amerikanischen Strafrecht verwandelt haben. Sein „Pragmatismus mit Grundsätzen"[69] stellte sicher, dass der Code mehr als ein sorgfältig ausgearbeitetes theoretisches Konstrukt war. Er sollte vielmehr ein strafrechtliches Mustersystem sein, das Einfluss auf das konkrete Recht in den Gesetzbüchern und in den Gerichtssälen nehmen kann.

Wechsler war nicht nur ein Anhänger der Legal Process School. Er verschrieb sich auch einer anderen Maxime seiner Zeit: Dem Behandlungsgrundsatz für Straftäter. Mit dem Aufkommen einer neuen Wissenschaft, der Kriminologie, zu Beginn des 20. Jahrhunderts breitete sich der Behandlungsgedanke im amerikanischen Strafrecht aus. Strafe sollte durch Behandlung ersetzt werden. Dem Behandlungsgrundsatz zu Folge war Verbrechen ein abweichendes Verhalten, das eine Diagnose mit anschließender Behandlung erforderte. Strafrechtliche Behandlung wurde auf der Basis einer strafrechtlichen Diagnose verordnet, die grob zwischen zwei verschiedenen Formen von Rechtsbrechern unterschied: Diejenigen, die geheilt werden konnten und diejenigen, die als unheilbar galten. Erstere wurden einer Behandlung der Resozialisierung unterworfen, letztere einer Behandlung der Unschädlichmachung.

Dem Behandlungsmodell zu Folge war Strafrecht nun nicht mehr nur eine Art, Strafen zu verhängen, sondern auch ein Weg, eine indizierte Behandlung aufzuerlegen. Ein rationales System des Strafrechts, oder

---

[67] § 1.02.

[68] Vgl. z.B. Art. 2 („Allgemeine Prinzipien der Strafbarkeit"); Teil I („Allgemeine Vorschriften"); Teil II („Definition einzelner Straftaten").

[69] *Packer*, The Model Penal Code and Beyond, 63 Colum. L. Rev. 594, 594 (1963).

vielmehr der Strafverwaltung, war gleichbedeutend mit einem System, das eine angemessene Behandlung auf der Basis einer korrekten Diagnose verschrieb und anwandte. Dies war eine kriminalpolitische und organisatorische Herausforderung, für die die Legal Process School und somit der Model Penal Code in den Händen *Herbert Wechslers* wie geschaffen war.

1. Kriminelle Neigungen

Die Tatsache, dass der Model Code das damals orthodoxe Prinzip der Behandlung umsetzte, ist nicht nur von theoretischem Interesse. Der Code ergibt nur dann Sinn, wenn man das zentrale Konzept der Behandlung im Hinterkopf behält. Ganz gleich mit welcher Regelung im MPC man sich gerade beschäftigt, sollte man sich stets vor Augen halten, dass die Verfasser des MPC es darauf abgesehen hatten, „die Charakterdefizite derjenigen, die dem Strafrecht unterworfen sind im Hinblick auf die von ihnen gezeigten Neigungen zu beschreiben."[70] Letztendlich zielt die Dogmatik des MPC auf eine Diagnose der Neigung hinaus, gewisse Verbrechen zu begehen. Der Leitbegriff der kriminellen Gefährlichkeit kann sehr nützlich sein, wenn es z.B. darum geht, gem. dem MPC eine (noch) straffreie Vorbereitungshandlung von einem (schon) strafbaren Versuch abzugrenzen oder zwischen Absicht und direktem Vorsatz zu unterscheiden. So könnte man in einem Fall zu der Schlussfolgerung kommen, dass X sich eines versuchten Einbruchdiebstahls schuldig gemacht hat, weil seine vorbereitenden Handlungen so extensiv waren, dass sie seine starke Neigung zum Vorschein bringen, Verbrechen im allgemeinen und einen Einbruchdiebstahl im besonderen zu begehen. Oder dass vielleicht die Feststellung, der Beschuldigte habe mit Absicht gehandelt, im konkreten Fall nicht angemessen ist, weil der Beschuldigte nicht den erhöhten Grad an krimineller Energie besessen hat, der absichtliches vom bloß willentlichen Verhalten unterscheidet.[71]

Strafrechtliche Behandlung ergänzt den erklärten Hauptzweck des MPC: Die Prävention von Straftaten. Dieses Ziel versucht der Code in zwei Schritten zu erreichen. Erstens wird versucht, von der Begehung von Straftaten abzuschrecken.[72] Zweitens, wenn dieser Versuch fehlschlägt, werden diejenigen strafrechtlich behandelt, bei denen eine Abschreckung nicht gewirkt hat. Genau gesagt „unterwirft [der MPC]

---

[70] Komm. §§ 220.1 bis 230.5, S. 157 Fn. 99.

[71] Der Begriffs „kriminelle Energie" (oder „kriminelle Intensität") ist auch dem deutschen Strafrecht nicht unbekannt, insbesondere im Strafzumessungsrecht, gilt aber nicht als unumstritten. Siehe z.B. *Tröndle/Fischer*, § 46 Rn. 20.

[72] § 1.02(1)(a); § 1.02, S. 3 (Anmerkung).

diejenigen Personen der öffentlichen Kontrolle, deren Verhalten anzeigt, dass sie eine Neigung dazu haben, Straftaten zu begehen.“[73] Da der Versuch der Abschreckung jeden Tag unzählige Male fehlschlägt, ergibt sich letzten Endes, dass die Behandlung trotz ihrer offiziell nur ergänzenden Funktion bildlich gesprochen der Hund ist, der mit dem Schwanz der Abschreckung wedelt.

Ist einmal an Hand der Bestimmungen der ersten Hälfte des Codes festgestellt worden, dass man geneigt ist, Straftaten zu begehen, so wird der Rechtsbrecher zur Behandlung weitergeleitet. Diese richtet sich nach den Vorschriften für den Strafvollzug, die in der zweiten – meist vernachlässigten – Hälfte des Codes, Teile III & IV, dargelegt sind. Wir werden uns auf die erste Hälfte des Codes konzentrieren, denn dort ist das gesamte Handwerkszeug für das materielle Strafrecht zu finden. Teil I enthält den allgemeinen Teil mit allen grundlegenden Prinzipien strafrechtlicher Verantwortlichkeit, Teil II den besonderen Teil, in dem die einzelnen Straftatbestände definiert werden.

Angesichts der zentralen Bedeutung des Behandlungsgrundsatzes nimmt die erste Hälfte aber eigentlich eine untergeordnete Rolle ein. Die erste Hälfte (also der „Model Penal Code“ im engeren Sinne) stellt das Handwerkszeug für die Diagnose krimineller Neigungen zur Verfügung, die dann entsprechend in der zweiten (dem „Model Correctional Code“) behandelt werden. Beide Hälften zusammen ergeben ein Straf- und ein Vollzugsgesetz in einem, d.h. genau den „Model Penal and Correctional Code“, den sich das ALI vorgenommen hatte.[74]

2. Strafrecht und Strafvollzugsrecht: Der Model Correctional Code

An dieser Stelle erscheint es sinnvoll, einen Blick auf die grundlegende Struktur des Model Penal und Correctional Code zu werfen, um unser Hauptthema, den Model Penal Code, ins richtige Licht zu rücken. Wie bereits erwähnt, umfasst der Penal Code die ersten beiden Teile des Model Penal und Correctional Code, und der Correctional Code die letzten beiden. Teil I, der allgemeine Teil, widmet sich „allgemeinen Vorschriften.“ Teil II, der besondere Teil, enthält die Tatbestände.

Part I. General Provisions (Allgemeine Vorschriften)
Part II. Definition of Specific Offenses (Definition einzelner Straftaten)

Der Correctional Code besteht wie der Penal Code aus zwei Teilen:

Part III. Treatment and Correction (Behandlung und Besserung)
Part IV. Organization of Correction (Organisation der Besserung)

[73] § 1.02(1)(b).
[74] § 1.01(1).

Teil III beschäftigt sich mit den grundlegenden Prinzipien des Strafvollzugs. Hier wird dargelegt, wie die vom Gericht auferlegte Strafe in der Praxis umgesetzt und nach Bedarf auch überprüft werden soll.[75] Jede Sanktionsart, die nach dem Penal Code verhängt werden kann (Bewährung, Geldstrafe, Freiheitsstrafe, Haftaussetzung), findet ihre Entsprechung im Vollzugsrecht des Correctional Codes.[76]

Art. 301 Suspension of Sentence; Probation (Aussetzung der Strafe; Bewährung)
Art. 302 Fines (Geldstrafen)
Art. 303 Short – Term Imprisonment (Kurzer Freiheitsentzug)
Art. 304 Long – Term Imprisonment (Langer Freiheitsentzug)
Art. 305 Parole (Bedingte frühzeitige Entlassung)

Der Vollzug der jeweiligen Sanktionsarten wird dann im Einzelnen geregelt. So befasst sich z.B. der Artikel über „kurze Freiheitsstrafen" mit folgenden Themen.

§ 303.1 State and Local Institutions for Short-Term Imprisonment (Institutionen auf staatlicher und lokaler Ebene für den kurzen Freiheitsentzug)
§ 303.2 Records of Prisoners; Classification; Transfer (Unterlagen der Insassen; Zuteilung; Überführung)
§ 303.3 Segregation of Prisoners (Trennung der Insassen)
§ 303.4 Medical Care; Food and Clothing (Medizinische Versorgung; Essen und Kleidung)
§ 303.5 Program of Rehabilitation (Resozialisierungsprogramm)
§ 303.6 Discipline and Control (Disziplin und Kontrolle)
§ 303.7 Employment and Labor of Prisoners (Einstellung und Arbeit der Insassen)
§ 303.8 Reduction of Term for Good Behavior (Haftkürzung wegen guter Führung)
§ 303.9 Privilege of Leaving Institution for Work and Other Purposes (Erlaubnis zum Verlassen der Anstalt zur Arbeit und zu anderen Zwecken)
§ 303.10 Release from Institution (Entlassung aus der Anstalt)

Der letzte Teil des Correctional Codes enthält Bestimmungen über den Verwaltungsapparat, der die Anwendung der in Teil III enthaltenen

[75] Jede Haftstrafe für ein Verbrechen ist nur vorläufig. Während des ersten Jahres im Strafvollzug kann der Leiter des Vollzugswesens (bezeichnenderweise „Commissioner of Correction" genannt) das Gericht ersuchen, die Strafe neu festzusetzen, sollte er davon „überzeugt sein, dass das Strafmaß des Gerichts auf einer Fehleinschätzung der Vorgeschichte, der charakterlichen oder physischen oder mentalen Verfassung des Täters beruht haben mag." § 7.08.

[76] Siehe Art. 6 & 7. Die Todesstrafe hat aus naheliegenden Gründen keine Entsprechung im Bereich der „Behandlung und Besserung" („treatment and correction"). Vgl. § 210.6. Die Bestimmungen des MPC zur Todesstrafe haben beim Versuch des *United States Supreme Court*, in den siebziger und achtziger Jahren ein verfassungskonformes System für die Anwendung der Todesstrafe zu konstruieren, eine wichtige Rolle gespielt. Siehe *Dubber*, Penal Panopticon: The Idea of a Modern Model Penal Code, 4 Buff. Crim. L. Rev. 53, 71 (2000).

Regeln für den Strafvollzug gewährleisten soll. Jede Sanktionsart hat ihre eigene Behörde.

Art. 401 Department of Correction (Besserungsbehörde)
Art. 402 Board of Parole (Kammer für bedingte Entlassungen)
Art. 403 Administration of Institutions (Anstaltsverwaltung)
Art. 404 Division of Parole (Amt für bedingte Entlassungen)
Art. 405 Division of Probation (Amt für Bewährung)

3. Die Struktur des Model Penal Code

Es ist hilfreich, sich vor Augen zu führen, welchen Platz der Model Penal Code in der übergeordneten Struktur des „Model Penal und Correctional Code“ einnimmt. Noch wichtiger für unsere Zwecke ist es jedoch, die Struktur des MPC selbst zu begreifen.

In gewisser Hinsicht ist die Struktur des Model Penal Code der Model Penal Code selbst. Der Code trägt seinen begrifflichen Zusammenhang offen zur Schau. Die Verfasser des MPC haben das Chaos des *common law* geordnet, wann immer es möglich war. Das zeigt sich beispielsweise daran, dass der Code den besonderen Teil des Strafrechts systematisiert, indem er die verschiedenen Delikte nach den Rechtsgütern ordnet, die sie schützen sollen (z.B. Staat, Leib und Leben, Eigentum oder die Familie), was zu diesem Zeitpunkt bei amerikanischen Strafgesetzbüchern ganz unüblich war. Vor dem Code war das Alphabet die beliebteste Ordnungsmethode. So beschloss z.B. der U. S. Congress 1948, also nur vier Jahre vor Beginn des Model Penal Code Projekts, das Bundesstrafrecht zu reformieren. Die „Reform“, bei welcher „der Kongress versuchte, sich seiner Verantwortung für die Einstellung und Überwachung seines eigenen Personals zu entziehen und deswegen für die mühevolle Kleinarbeit die Angestellten dreier juristischer Verlage benutzte,“[77] bestand allerdings darin, die bestehenden Strafgesetze in alphabetische Ordnung zu bringen. Diese Anordnung hat das Bundesstrafgesetzbuch, Titel 18 des *United States Codes*, auch bis heute beibehalten, von einigen Ausnahmen abgesehen.[78] Versuche, das Bundes-

[77] *Hart*, The Aims of the Criminal Law, 23 Law & Contemp. Probs. 401, 432 Fn. 70 (1958).

[78] Die Ausnahmen rühren daher, dass sich der Congress im Hinblick auf die ständige Ausweitung des Bundesstrafrechts schwer getan hat, die alphabetische Ordnung beizubehalten. So geht das Kapitel „child support“ (18 U.S.C. Kap. 11A) dem über „chemical weapons“ (Kap. 11B) vor. Weiterhin kommt „importation of explosive materials“ nach „explosives“ aber bevor „extortion“ (Kap. 39–41). Das englische Strafrecht hatte bereits im 18. Jahrhundert ähnliche Schwierigkeiten. Vgl. *Milsom*, Historical Foundation of the Common Law 417 (2. Aufl. 1981); *Burn*, Justice of the Peace and Parish Officer (1. Aufl. 1755) („Game; Gaming; Gaol and gaoler; Gunpowder; Habeas Corpus; Hackney coaches and chairs“ usw.).

strafrecht auf der Basis des MPC zu reformieren, scheiterten in den frühen 80er Jahren.[79]

Der entscheidende systematisierende Beitrag des MPC liegt aber nicht so sehr in seinem besonderen Teil, sondern vor allem in seinem allgemeinen Teil. Vor dem Model Penal Code wiesen amerikanische Strafgesetze keinen erwähnenswerten allgemeinen Teil auf. Zentrale Rechtsinstitute wie beispielsweise *actus reus* oder *mens rea* wurden nirgends definiert. Rechtfertigungs- und Entschuldigungsgründe wurden im Rahmen der einzelnen Delikte, meistens den Tötungsdelikten und dem Diebstahl, abgehandelt, anstatt sie als allgemeine Prinzipien strafrechtlicher Verantwortlichkeit zu behandeln, die für alle Delikte Geltung haben. So war z.B. die Notwehr Teil der Dogmatik der Tötungsdelikte. Notwehr war kein Rechtfertigungs-, sondern ein Entschuldigungsgrund. *Homicide se defendendo* war eine Art des *excusable homicide* (also der zu entschuldigenden Tötung), nicht des *justifiable homicide* (also der zu rechtfertigenden Tötung). Ebenso war der vermeintlich berechtigende Anspruch nicht eine Frage des allgemeinen Teils, sondern der Kasuistik des Diebstahls (*claim of right*), wo er als Verneinung des Vorsatzes statt als Rechtfertigung oder Entschuldigung thematisiert wurde.

Das Bundesstrafgesetzbuch hat bis heute keinen allgemeinen Teil, der diese Bezeichnung verdienen würde. Es enthält nach wie vor keine allgemeinen Regelungen über den Geltungsbereich des Bundesstrafrechts, Handlung, Unterlassung, Vorsatz, Kausalität, Irrtum, Notwehr, Notstand, Rechtfertigungsgründe, Schuldunfähigkeit des Kindes, oder Versuch. Bestimmungen zum Strafmaß sind über die einzelnen Tatbestände im besonderen Teil verstreut. Allgemeine Regeln der Strafzumessung gibt es nicht. Diese findet man stattdessen in den separaten Strafzumessungsrichtlinien für Bundesgerichte. Diese *United States Sentencing Guidelines* sind die Überreste des fehlgeschlagenen Versuchs einer großen Reform des Bundesstrafrechts. Eigentlich sollte das Bundesstrafgesetzbuch auf Grund des MPC gründlich überholt werden. Teil dieser Reform sollte auch das völlig diffuse Strafzumessungsrecht sein. Zu diesem Zweck wurde *Wechslers* Mitarbeiter am MPC, *Louis Schwartz* (University of Pennsylvania, Philadelphia) nach Washington entsandt, um die Strafrechtskommission zu leiten. Als es nach über zehn Jahren klar wurde, dass die Reform des Strafgesetzbuchs fehlschlagen würde, entkoppelte man 1984 das Zumessungsrecht vom materiellen Strafrecht und richtete eine ständige Kommission (die *United States Sentencing Commission*) ein, die den Auftrag hatte, Richtlinien für die Strafzumessung zu erstellen. Die *Sentencing Guidelines* waren das Ergebnis.

---

[79] Siehe *Gainer*, Federal Criminal Code Reform: Past and Future, 2 Buff. Crim. L. Rev. 45 (1998).

Die *Guidelines* sind trotz ihres Namens zwingend für alle Bundesrichter. Sie sind wegen ihrer kompromisslosen Härte sehr umstritten. Da das materielle Strafrecht nie reformiert wurde, hielt sich die Kommission an die sehr hohen Strafmaße des alten Bundesstrafgesetzbuchs. Da die Richtlinien gleichzeitig im Namen der Gleichbehandlung Richtern ihre herkömmliche Autorität entzogen, ggfs. eine mildere Strafe zu verhängen, war eine gleichmäßige Verschärfung des Bundesstrafrechts die Folge.

Da das Bundesstrafrecht aus einem unübersichtlichen Wirrwarr von Straftatbeständen besteht, die in allen 50 Titeln des Bundesrechts und darüber hinaus in der umfangreichen Sammlung behördlicher Verordnungen (dem *Code of Federal Regulations*) zu finden sind, basieren die Richtlinien nicht auf bestimmten gesetzlich definierten Tatbeständen, sondern auf Tatkategorien (*offense categories*), die von der Kommission auf Grund der im gesamtem Bundesrecht verstreuten Tatbestände erstellt wurden. Zusammen mit dem Vorstrafenregister des Verurteilten bestimmen diese Tatkategorien das Strafmaß, von dem der Richter nur in Ausnahmefällen abweichen darf.[80] Die Festsetzung des Strafrahmens ergibt sich aus einer einfachen Rechnung, die Punkte für die Tat und den Täter addiert. Das Strafmaß liest der Richter aus einer Tabelle ab, deren Achsen sich aus der Tatkategorie bzw. der Täterkategorie ergeben (siehe S. 26).

Diese Richtlinien stießen von Beginn an auf heftige Kritik, insbesondere von Seiten der Bundesrichter, die bis dahin in der Strafzumessung weitgehend freie Hand genossen hatten. Einige Richter quittierten den Dienst, andere weigerten sich, Straffälle zu bearbeiten, und wieder andere versuchten, die Richtlinien in ihrem Gerichtssaal mit oder ohne Einverständnis der Staatsanwaltschaft und der Verteidigung zu umgehen.[81]

Verfassungsrechtliche Bedenken angesichts der Übertragung einer so wesentlichen gesetzgeberischen Aufgabe wie die Erstellung bindender Strafzumessungsrichtlinien wurden vom *United States Supreme Court* zurückgewiesen. Das Gericht wies insbesondere darauf hin, dass der Congress der Kommission detaillierte Anweisungen erteilt und sich das Recht vorbehalten hatte, die von der Kommission entworfenen Richtlinien vor dem Inkrafttreten zu verwerfen oder zu ändern.[82]

Ganz im Gegensatz zum Bundesstrafgesetzbuch und zu älteren amerikanischen Strafgesetzbüchern überhaupt weist der Model Penal Code

---

[80] Und zwar nur dann, wenn er sich auf einen Umstand beruft, der von der Kommission bei der Erstellung der Richtlinien nicht angemessen in Betracht gezogen wurde. 18 U.S.C. § 3553(b).

[81] Siehe z.B. *Freed*, Federal Sentencing in the Wake of Guidelines: Unacceptable Limits on the Discretion of Sentencers, 101 Yale L. J. 1681 (1992).

[82] Mistretta v. United States, 488 U. S. 361 (1989).

Strafzumessungstabelle
(in Monaten Freiheitsentzug)

Täterkategorie (Vorstrafenpunkte)

Tatstufe	I (0 oder 1)	II (2 oder 3)	III (4, 5, 6)	IV (7, 8, 9)	V (10, 11, 12)	VI (13 oder mehr)
1	0–6	0–6	0–6	0–6	0–6	0–6
2	0–6	0–6	0–6	0–6	0–6	1–7
3	0–6	0–6	0–6	0–6	2–8	3–9
4	0–6	0–6	0–6	2–8	4–10	6–12
5	0–6	0–6	1–7	4–10	6–12	9–15
6	0–6	1–7	2–8	6–12	9–15	12–18
7	0–6	2–8	4–10	8–14	12–18	15–21
8	0–6	4–10	6–12	10–16	15–21	18–24
9	4–10	6–12	8–14	12–18	18–24	21–27
10	6–12	8–14	10–16	15–21	21–27	24–30
11	8–14	10–16	12–18	18–24	24–30	27–33
12	10–16	12–18	15–21	21–27	27–33	30–37
...	...	...	...	...	...	...
34	151–188	168–210	188–235	210–262	235–293	262–327
35	168–210	188–235	210–262	235–293	262–327	292–365
36	188–235	210–262	235–293	262–327	292–365	324–405
37	210–262	235–293	262–327	292–365	324–405	360–lebensl.
38	235–293	262–327	292–365	324–405	360–lebensl.	360–lebensl.
39	262–327	292–365	324–405	360–lebensl.	360–lebensl.	360–lebensl.
40	292–365	324–405	360–lebensl.	360–ebensl.	360–lebensl.	360–lebensl.
41	324–405	360–lebensl.	360–ebensl.	360–lebensl.	360–lebensl.	360–lebensl.
42	360–lebensl.	360–lebensl.	360–lebensl.	360–lebensl.	360–lebensl.	360–lebensl.
43	lebensl.	lebensl.	lebensl.	lebensl.	lebensl.	lebensl.

einen ausdifferenzierten allgemeinen Teil auf. Dieser beinhaltet allgemeine Prinzipien, die für alle im besonderen Teil definierten Delikte gelten. Diese Prinzipien sind in fünf Artikel aufgeteilt.[83]

Art. 1 Preliminary (Vorbemerkungen)
Art. 2 General principles of liability (Allgemeine Prinzipien der Strafbarkeit)
Art. 3 General principles of justification (Allgemeine Prinzipien der Rechtfertigung)
Art. 4 Responsibility (Verantwortlichkeit)
Art. 5 Inchoate crimes (Unvollständige Delikte: Versuch, Anwerbung, Verschwörung, Besitz)

Artikel 1 behandelt Fragen, die auf der Grenze zwischen Strafrecht und Strafprozessrecht liegen (Geltungsbereich und Zuständigkeit[84], Verjährungsfristen[85], das Verbot der Doppelbestrafung (*ne bis in idem*)[86] sowie die für das amerikanische Strafrecht sehr wichtige Problematik der Beweislasten[87]). Darüber hinaus werden in Artikel 1 die Strafzwecke ausdrücklich benannt[88], das Gesetzlichkeitsprinzip normiert (Ende der *common law crimes*)[89] und eine Reihe von zentralen Begriffen definiert[90].

Artikel 2 ist das Kernstück des allgemeinen Teils. Hier sind Vorschriften über die grundlegenden Voraussetzungen strafrechtlicher Verantwortlichkeit zu finden, insbesondere die Handlung und die Bestandteile eines Tatbestands *(offense)*.

§ 2.01 actus reus (Handlung)
§ 2.02 mens rea (Vorsatz; s. auch § 2.05)
§ 2.03 causation (Kausalität)
§ 2.04 mistake (Tatbestandsirrtum; insbes. § 2.04(1))
§ 2.06 complicity (Teilnahme)

Zusätzlich behandelt der MPC bereits an dieser Stelle mögliche Verteidigungsgründe (*defenses*):

---

[83] Wir lassen an dieser Stelle die letzten beiden Artikel (6 & 7) aus, da sie sich auf Strafzumessung beziehen.

[84] § 1.03.

[85] § 1.06.

[86] §§ 1.07–.11.

[87] § 1.12. Die Frage der Beweislasten werden wir eingehend in § 7 behandeln. Hier genügt es, darauf hinzuweisen, dass im amerikanischen Strafrecht die Beweislast nicht immer auf der Staatsanwaltschaft liegt. Obwohl die Staatsanwaltschaft die Erfüllung aller Merkmale eines Tatbestands (*offense*) beweisen muss (und zwar über jeden vernünftigen Zweifel – *beyond a reasonable doubt* – hinweg), kann der Angeklagte dazu verpflichtet werden, das Vorhandensein bestimmter Verteidigungsmöglichkeiten (*defenses*) zu beweisen. Siehe z. B. Leland v. Oregon, 343 U. S. 790 (1952) (Schuldunfähigkeit wegen Geisteskrankheit).

[88] § 1.02.

[89] § 1.05.

[90] §§ 1.04 & 1.13.

§ 2.04 ignorance of law (Verbotsirrtum, insbes. § 2.04(3))
§ 2.08 intoxication (Trunkenheit)
§ 2.09 duress (Nötigung)
§ 2.10 military orders (militärische Befehle)
§ 2.12 de minimis (unerhebliche Rechtsgutsbeeinträchtigung)
§ 2.13 entrapment (amtliche Verleitung zu einer Straftat)

Die eigentliche Behandlung der Rechtfertigungsgründe beginnt dann schließlich in Artikel 3, „Prinzipien der Rechtfertigung." Diese Rechtfertigungsgründe sind:

§ 3.02 necessity (Notstand)
§ 3.03 execution of public duty (Ausübung einer öffentlichen Pflicht)
§ 3.04 self-defense (Notwehr)
§ 3.05 defense of another (Nothilfe)
§ 3.06 defense of property (Eigentumsnotwehr)
§ 3.07 law enforcement (Strafverfolgung)
§ 3.08 special responsibility (Garantenstellung)

Artikel 4 schließt dann die Behandlung möglicher Verteidigungen ab, indem die Liste von Entschuldigungsgründen, die bereits in Artikel 2 begonnen wurde, vervollständigt wird:

§ 4.01 insanity (Schuldunfähigkeit wegen seelischer Störungen)
§ 4.10 immaturity (Schuldunfähigkeit des Kindes)

Abschließend behandelt Artikel 5 die sogenannten unvollständigen oder vorbereitenden Delikte (*inchoate offenses*). Artikel 5 stellt eine Art Code im Code dar, der allgemeine Prinzipien strafrechtlicher Verantwortlichkeit für unvollständige Delikte einschließlich verschiedener Rechtfertigungs- und Schuldausschließungsgründe definiert. Hierbei werden unvollständige und quasi-unvollständige – d. h. besitzbezogene – Delikte definiert.

§ 5.01 attempt (Versuch)
§ 5.02 solicitation (Anwerbung)
§ 5.03 conspiracy (Verschwörung)
§ 5.06 possession of dangerous instruments (Besitz gefährlicher Mittel, s. auch § 5.07)

Da schon an dieser Stelle bestimmte Deliktsformen – anstatt allgemeine Prinzipien strafrechtlicher Verantwortlichkeit – behandelt werden, steht der Artikel 5 bereits mit einem Bein im besonderen Teil des MPC.[91] Dieser Teil, der die zweite Hälfte des MPC ausmacht, widmet sich ausschließlich der Definition von Straftatbeständen. Hier finden wir das, was das eigentliche Strafrecht ausmacht: Straftaten. Sie sind in folgende Kategorien strafrechtlich geschützter Rechtsgüter unterteilt:

---

[91] Einige Strafrechtskodifikationen, die aufgrund des MPC reformiert wurden, platzieren die unvollständigen Delikte nicht am Ende des allgemeinen Teils, sondern am Anfang des besonderen Teils. Vgl. z. B. N. Y. Penal Law Art. 110–115.

- Offenses against the existence or stability of the state[92] (Straftaten gegen den Bestand oder die Stabilität des Staates)
- Offenses involving danger to the person (Straftaten, die die Person gefährden)
- Offenses against property (Straftaten gegen das Eigentum)
- Offenses against the family (Straftaten gegen die Familie)
- Offenses against public administration (Straftaten gegen die öffentliche Verwaltung)
- Offenses against public order and decency (Straftaten gegen öffentliche Ordnung und Anstand)
- Miscellaneous offenses[93] (Verschiedene Straftaten):
  - Narcotics (Drogen)
  - Alcoholic beverages (Alkoholische Getränke)
  - Gambling (Glücksspiel)
  - Offenses against tax and trade laws (Steuer- und Handelsstrafrecht)

Unser Hauptaugenmerk gilt dem allgemeinen Teil des amerikanischen Strafrechts und damit auch des MPC allein schon deshalb, weil sich ein gemeinsamer Nenner des besonderen Teils des amerikanischen Strafrechts heutzutage nur schwer festmachen ließe. Die Kodifizierung des Strafrechts der einzelnen Staaten und die damit verbundene Abkehr vom *„common" law* bedeutete eben auch eine gewisse Zersplitterung des amerikanischen Strafrechts. Ohne den Einfluss des MPC wäre es kaum sinnvoll, überhaupt von einem „amerikanischen Strafrecht" zu sprechen. Und dieser Einfluss beschränkte sich weitgehend auf den allgemeinen Teil, mit Ausnahme einzelner Tatbestände, insbesondere der Tötungsdelikte, des Diebstahls und bestimmter Moraldelikte wie z.B. der sog. „abartigen" Sexualdelikte.

Hier sei nur auf einige Besonderheiten des besonderen Teils des MPC hingewiesen. So erklärt er z. B. die Familie zu einem schutzwürdigen Rechtsgut, wobei nicht weiter ausgeführt wird, was hierunter zu verstehen ist oder weshalb diese soziale Institution strafrechtlich geschützt werden soll. Darüber hinaus bleibt ungeklärt, was die Abtreibung unter den Familiendelikten zu suchen hat.[94] New York beispielsweise folgte in dieser Beziehung nicht dem Model Code und kodifizierte Abtreibung bei den Delikten zum Schutz von Leib und Leben.[95] Unter den Sexualdelikten findet sich auch noch die Regelung über die Straflosigkeit einer Vergewaltigung in der Ehe, die mittlerweile in fast allen Staaten abgeschafft wurde.[96]

---

[92] Model Penal Code Art. 210, S. 241 (Proposed official Draft 1962).

[93] Ebenda.

[94] § 230.3.

[95] N. Y. Penal Law §§ 125.40–.60; vgl. jedoch § 125.05(1) (hier wird „Person" definiert als menschliches Wesen, das geboren wurde und am Leben ist.).

[96] Siehe z.B. People v. Liberta, 64 N. Y.2d 152 (1984) (Straflosigkeit der Vergewaltigung in der Ehe verstößt gegen den verfassungsrechtlichen Gleichheitsgrundsatz,

Wenn man heute einen Blick auf den besonderen Teil des amerikanischen Strafrechts wirft, stellt man darüber hinaus schnell fest, dass der MPC nur einen Bruchteil des tatsächlichen amerikanischen Strafrechts abdeckt. Das kann kaum verwundern, da sich das Strafrecht seit 1962 stark verändert hat. Insbesondere fällt auf, dass sich der Model Penal Code nicht mit dem heutzutage so bedeutsamen Drogenstrafrecht befasst. Die Verfasser des MPC sahen das Drogenstrafrecht als so weit vom Kern des Strafrechts entfernt, dass sie sich ihm genauso wenig widmen mussten wie anderen Fragen des Nebenstrafrechts, wie z.B. der strafrechtlichen Kontrolle des übermäßigen Alkoholkonsums oder des verbotenen Glücksspiels. Statt Drogentatbestände in den besonderen Teil des MPC aufzunehmen, erwähnten sie diese nur als mögliche Kandidaten für eine Kriminalisierung, für den Fall, dass ein Gesetzgeber dies für nötig hielte. Wie wir mittlerweile wissen, hielten dies amerikanische Gesetzgeber auf Staats- und Bundesebene sehr wohl für nötig und weiteten das Drogenstrafrecht so radikal aus, dass mittlerweile fast 60% der Insassen in Bundesgefängnissen wegen Drogendelikten einsitzen; in Staatsgefängnissen sind es über 20%.[97]

Im Folgenden werden wir den besonderen Teil des MPC vor allem berücksichtigen, um die Anwendung bestimmter Prinzipien des allgemeinen Teils beispielhaft zu erläutern. Darüber hinaus wird die Auswahl der geschützten Rechtsgüter – wenn auch nur kurz – behandelt, wenn die in § 1.02 MPC vorgestellten Strafbarkeitsvoraussetzungen des MPC behandelt werden.

§ 3. Der Model Penal Code im Kleinformat: § 1.02

Der Model Penal Code ist der Schlüssel zum Verständnis des amerikanischen Strafrechts, und § 1.02 ist der Schlüssel zum Schlüssel. § 1.02 bietet eine kurze und knappe Zusammenfassung des Codes. Hier wird die analytische Struktur des Codes in eine einzige Vorschrift über die Voraussetzungen strafrechtlicher Verantwortlichkeit gefügt, wie man dies auch nicht anders von einem *Code*, also einer systematischen Kodifizierung des Strafrechts erwarten sollte. § 1.02 bringt gleich zu Anfang des MPC die Zwecke des Strafrechts und eines Strafgesetzbuchs zum Ausdruck, die der Rest des MPC dann im Detail dogmatisch ausarbeitet.

---

weil sie auf eine unterschiedliche Behandlung verheirateter und lediger Frauen basiert, die nicht rational begründbar ist.). S. allgemein *Dubber/Kelman*, American Criminal Law: Cases, Statutes, and Comments (2004), Kap. 9.

[97] Two Million Inmates, and Counting, N. Y. Times, 9. 4. 2003, S. 18.

1. Zwecke und Grenzen der Strafe

Trotz seiner systematischen Schlüsselstellung findet § 1.02 in der Praxis und Lehre des amerikanischen Strafrechts kaum Beachtung. Er gilt weitgehend als nützliche, aber nicht weiter bedeutsame Zusammenfassung der allgemein anerkannten Straftheorien Vergeltung, Abschreckung, Sicherung und Resozialisierung. Die Zuordnung von § 1.02 zu den verschiedenen Straftheorien ist aber nicht ganz eindeutig.[98] Die folgende Übersicht stellt den Versuch einer solchen Zuordnung dar.

> (1) The general purposes of the provisions governing the definition of offenses are:
> (a) to forbid [→ Vergeltung?] and prevent [→ Abschreckung] conduct that unjustifiably and inexcusably inflicts or threatens [→ Sicherung] substantial harm to individual or public interests;
> (b) to subject to public control persons whose conduct indicates that they are disposed to commit crimes [→ Sicherung];
> (c) to safeguard conduct that is without fault from condemnation as criminal [→ Vergeltung (als einschränkendes Prinzip)];
> (d) to give fair [→ Vergeltung] warning [→ Abschreckung] of the nature of the conduct declared to constitute an offense;
> (e) to differentiate on reasonable grounds between serious and minor offenses [→ Vergeltung, Abschreckung, Sicherung, oder Resozialisierung wobei es hier ganz darauf ankommt, was „reasonable grounds," „serious," und „minor" bedeutet].
>
> (2) The general purposes of the provisions governing the sentencing and treatment of offenders are:
> (a) to prevent the commission of offenses [→ Abschreckung];
> (b) to promote the correction and rehabilitation of offenders [→ Resozialisierung];
> (c) to safeguard offenders against excessive, disproportionate or arbitrary punishment [→ Vergeltung, Abschreckung, Sicherung, oder Resozialisierung, wobei es darauf ankommt, was „excessive," „disproportionate," and „arbitrary" bedeutet]
> (d) to give fair [→ Vergeltung] warning [→ Abschreckung] of the nature of the sentences that may be imposed on conviction of an offense;
> (e) to differentiate among offenders with a view to a just [→ Vergeltung?] individualization in their treatment [→ Resozialisierung, Sicherung];
> (f) to define, coordinate and harmonize the powers, duties and functions of the courts and of administrative officers and agencies responsible for dealing with offenders [→ Resozialisierung, Sicherung];

---

[98] Erschwerend kommt noch hinzu, dass § 1.02 *zwei* Listen von Strafzwecken enthält. Die erste bezieht sich auf alle Vorschriften, die sich der Definition von Straftaten widmen (vermutlich Teil I & II des Codes, obwohl der allgemeine Teil, abgesehen von Teil 5 über die unvollständigen Delikte, keine Straftaten definiert), während die zweite sich auf die Vorschriften über die Strafzumessung und die Behandlung von Straftätern bezieht (Teile III & IV, also das Vollstreckungsrecht, obwohl wahrscheinlich Art. 6 & 7, bzgl. autorisierter Disposition über Straftäter und der Kompetenz des Gerichts bei der Strafzumessung, mit eingeschlossen sind).

(g) to advance the use of generally accepted scientific methods and knowledge in the sentencing and treatment of offenders [→ Resozialisierung, Sicherung];
(h) to integrate responsibility for the administration of the correctional system in a State Department of Correction [→ Resozialisierung, Sicherung].

Wie bereits erwähnt, beruht der MPC auf dem Behandlungsgedanken. Täter, die nicht abgeschreckt werden können, sollen entweder resozialisierender oder sichernder Behandlung zugeführt werden. Die Vergeltung galt den Verfassern des MPC, und insbesondere *Wechsler*, als anachronistisch, grausam und zutiefst unwissenschaftlich. Trotzdem findet sich in § 1.02 ein Verhältnismäßigkeitsprinzip. Insofern das Verhältnismäßigkeitsprinzip nur aus dem Vergeltungsgedanken abgeleitet werden kann, so enthält der MPC also doch ein Quäntchen Vergeltung, wenn auch nur als Quelle der äußersten Grenze eines Strafrahmens, der ansonsten von relativen Straftheorien, also Abschreckung, Resozialisierung und Sicherung, bestimmt wird. Wenn man meint, das Verhältnismäßigkeitsprinzip auch ohne die Idee der gerechten Vergeltung aus relativen Theorien ableiten zu können, dann mag man zu dem Schluss kommen, dass der MPC gänzlich ohne Rückgriff auf eine absolute Straftheorie auskommt.[99]

Das Verhältnismäßigkeitsprinzip ist übrigens kaum verfassungsrechtlich abgesichert. Die amerikanische Bundesverfassung verbietet zwar ausdrücklich „*cruel and unusual punishments*" (also grausame und ungewöhnliche Strafen).[100] Der *United States Supreme Court* hat diese Klausel aber bislang uneingeschränkt nur auf die Todesstrafe angewandt. Obwohl die Todesstrafe an sich nicht verfassungswidrig ist,[101] so kann deren Anwendung in bestimmten Fällen doch unverhältnismäßig sein, z.B. als Strafe für Vergewaltigung[102] oder für die Teilnahme an einem Raub mit Todesfolge ohne Tötungsvorsatz.[103]

Was Freiheitsstrafen angeht, hat sich der *United States Supreme Court* dagegen schwer getan, ein greifendes Verhältnismäßigkeitsprinzip zu entwickeln. So wurden zuletzt die Verfassungsbeschwerden zweier Männer zurückgewiesen, die gemäß des berüchtigten „three-strikes-and-you're-out" Gesetzes des Staates Kalifornien wegen Ladendiebstahls zu lebenslanger Freiheitsstrafe verurteilt worden waren.[104]

---

[99] Siehe z.B. *Bentham*, An Introduction to the Principles of Morals and Legislation Kap. XIV (1781) (Verhältnismäßigkeit zwischen Qualität und Quantität von Tat und Strafe als Mittel der optimalen Abschreckung).

[100] U. S. Const. 8. Am.

[101] Furman v. Georgia, 408 U. S. 238 (1972).

[102] Coker v. Georgia, 433 U. S. 584 (1977).

[103] Enmund v. Florida, 458 U. S. 782 (1982).

[104] „Three strikes and you're out" ist ein Ausdruck der Baseballsprache; der Spieler (*batter*) muss nach drei Fehlversuchen (*strikes*) das Spielfeld verlassen. (Fußballerisch

Leandro Andrade hatte eine Handvoll Videokassetten mit Walt Disney Filmen im Wert von $ 153.54 gestohlen.[105] Bei Gary Ewing waren es drei Golfschläger gewesen.[106]

2. Tat- und Täterstrafrecht

§ 1.02 leistet aber einiges mehr, als die Zwecke des MPC mit den verschiedenen Straftheorien in Einklang zu bringen. Man bekommt nicht nur mitgeteilt, welches Verhalten als kriminell einzustufen ist, sondern auch, welche Personen zu bestrafen (oder besser als kriminell zu behandeln) sind. Gleich am Anfang wird definiert, was sich hinter den Begriffen Straftat und Straftäter verbirgt.

Laut § 1.02(1)(a) besteht eine Straftat aus folgenden Komponenten:

> – conduct that
> – unjustifiably and inexcusably
> – inflicts or threatens
> – substantial harm to
> – individual or public interests,[107]

also eine „Handlung, die ungerechtfertigt und unentschuldbar persönlichen oder öffentlichen Interessen erheblichen Schaden zufügt oder androht."

Der Straftäter wird so definiert:

> a „person (...) whose conduct indicates that (he is) disposed to commit crimes,"[108]

also als „Person ... deren Verhalten anzeigt, dass (sie) geneigt ist, Straftaten zu begehen."

Der Rest des MPC bietet nichts weiter als die Konkretisierung dieser abstrakten Definitionen.

An dieser Stelle erscheint es wichtig, das Verhältnis der Definitionen von Straftaten und Straftätern in § 1.02 zu erläutern. Wie wir später noch sehen werden, ist der MPC von der Idee geleitet, dass nicht bestraft werden soll, wer keine Straftat begangen hat, unabhängig von eventuellen Neigungen, Straftaten zu begehen. Der Begriff einer Straftat

---

würde man sagen, „zwei gelbe Karten und Du wirst vom Platz gestellt".) Die ersten beiden *strikes* sind zwei Vorstrafen für ein schweres Verbrechen. Der dritte, und letzte, ist eine erneute Strafe für *irgendein* Verbrechen. Bei Wiederholungstätern kann auch Ladendiebstahl als Verbrechen verfolgt werden. Diese Entscheidung ist dem Staatsanwalt überlassen. Zu „three strikes and you're out" Gesetzen, siehe allg. *Dubber*, Recidivist Statutes as Arational Punishment, 43 Buff. L. Rev. 689 (1995).

[105] Lockyer v. Andrade, 123 S. Ct. 1166 (2003).

[106] Ewing v. California, 123 S. Ct. 1179 (2003).

[107] § 1.02(1)(a).

[108] § 1.02(1)(b).

geht folglich dem eines Straftäters vor. Man muss erst eine Straftat begehen, bevor man als Straftäter bezeichnet werden kann. Gleichzeitig können diese beiden Fragen aber auch nicht streng voneinander getrennt werden. Es wurde bereits oben erörtert, dass der gesamte MPC darauf ausgerichtet ist, kriminelle Gefährlichkeit zu diagnostizieren. Die Regeln über das „Ob" einer Straftat sollen deshalb diejenigen aussortieren, die geneigt sind, Straftaten zu begehen und differenzieren sogar zwischen verschiedenen Stufen von Geneigtheit. Deswegen sollte man die Definition eines Straftäters bei der Anwendung der einzelnen Delikte des MPC immer im Hinterkopf behalten.

3. Die dreistufige Analyse strafrechtlicher Verantwortlichkeit

Laut § 1.02 MPC ist eine Straftat eine „Handlung, die ungerechtfertigt und unentschuldbar persönlichen oder öffentlichen Interessen erheblichen Schaden zufügt oder androht." Folglich besteht die Strafbarkeit aus drei Komponenten:

1. Handlung
2. fehlende Rechtfertigung
3. fehlende Entschuldigung

Um als Straftat qualifiziert zu werden, muss eine „Handlung" allerdings weitere Voraussetzungen erfüllen. Sie muss außerdem

a. persönlichen oder öffentlichen Interessen
b. erheblichen Schaden zufügen oder androhen

Fügt man diese beiden Schemata zusammen, so entsteht das komplette Schema strafrechtlicher Verantwortlichkeit nach dem Model Penal Code:

Eine Person ist strafrechtlich verantwortlich, wenn sie
1. Eine Handlung begeht, die
   a. persönlichen oder öffentlichen Interessen
   b. erheblichen Schaden zufügt oder androht
2. und nicht zu rechtfertigen bzw.
3. zu entschuldigen ist.

Es ist lehrreich, diesen analytischen Ansatz mit dem des *common law* zu vergleichen. Zunächst einmal muss allerdings darauf hingewiesen werden, dass es schwer fällt, aus den jahrhundertealten Präzedenzketten des *common law* ein einheitliches Schema herauszufiltern. Trotzdem besteht dahingehend Konsens, dass eine Straftat unter dem *common law* stets aus zwei Elementen besteht:

1. *actus reus* (der böse Akt) und *mens rea* (die böse Absicht)

Actus reus und *mens rea* sind notwendige – aber nicht hinreichende – Voraussetzungen strafrechtlicher Verantwortlichkeit im *common law*.

Aufgrund des verworrenen Konzepts der *mens rea*, das nach Jahrhunderten der richterlichen Rechtsfortbildung alles und nichts bedeutet, kann man nur schwer festzustellen, was noch alles für strafrechtliche Verantwortlichkeit benötigt wird.[109]

Trotz der fast schon sprichwörtlichen Unklarheit des *mens rea* Begriffs im *common law* stimmt die Rechtssprechung seit jeher darin überein, dass für eine strafrechtliche Verantwortlichkeit einerseits die Voraussetzungen einer Straftat (bestehend aus *actus reus* und *mens rea*, was auch immer das genau besagen will) erfüllt sein müssen und andererseits keine Verteidigungsgründe vorliegen dürfen. Mit anderen Worten ist eine Person nur dann strafbar, wenn sie sowohl ein Delikt (*offense*) begangen als auch keine Verteidigungsmöglichkeiten (*defenses*) zur Verfügung hat. In der Dogmatik der Tötungsdelikte, die *common law* Gerichte seit jeher bevorzugt haben, um später verallgemeinerte Rechtsbegriffe zu erörtern, werden diese Verteidigungsmöglichkeiten schon seit Jahrhunderten in zwei Gruppen unterteilt: Rechtfertigungsgründe und Entschuldigungsgründe.[110] Folglich dürfen im Anschluss an die oben bereits dargestellte Straftat an sich,

2. keine Rechtfertigungs-
3. und keine Entschuldigungsgründe

vorliegen.

Das analytische Schema des Model Penal Code und das des *common law* sind sich also letztendlich ähnlich. Es kommt lediglich darauf an, wie man die Verbindung zwischen Handlung und *mens rea* sieht. Nach dem Verständnis des MPC beinhaltet Handlung sowohl *actus reus* als auch *mens rea*: Handlung ist gemäß § 1.13(5) „ein Tun oder Unterlassen **und das dazugehörige subjektive Tatbestandsmerkmal.“**[111] Ersetzt man *actus reus* und *mens rea* im *common law* Schema dementsprechend mit dem Begriff der Handlung, so sehen die Strafbarkeitskomponenten des *common law* folgendermaßen aus:

---

[109] Zum *mens rea* Begriff s. unten, § 5.2(a).

[110] *Blackstone*, Commentaries on the Laws of England, 4. Bd., S. 178–88 (1769) (justifiable and excusable homicide). *William Blackstone* veröffentlichte seine vierbändigen *Commentaries on the Laws of England* zwischen 1765 und 1769. Die *Commentaries* stellten den letzten und wichtigsten Versuch dar, eine Synthese des *common law* zu erreichen. Ihr Einfluss in den Vereinigten Staaten war enorm. Siehe *Ferguson*, Law and Letters in American Culture S. 11 (1984) (*Commentaries* „rank second only to the Bible as a literary and intellectual influence on the history of American institutions").

Noch in den dreißiger Jahren des 20. Jahrhunderts legte *Wechsler* seinen Plan, das amerikanische Strafrecht von Grund her zu reformieren, in einem Artikel zu den Tötungsdelikten dar. Siehe *Michael/Wechsler*, A Rationale of the Law of Homicide (2 Teile), 37 Colum. L. Rev. 701, 1261 (1937).

[111] § 1.13(5).

1. Handlung
2. fehlende Rechtfertigung
3. fehlende Entschuldigung

Eben weil sich das *common law* und der Model Penal Code in ihrer grundsätzlichen Analyse strafrechtlicher Verantwortlichkeit nicht wesentlich unterscheiden, kann der Model Penal Code als analytische Basis für das gesamte amerikanische Strafrecht – auch für das *common law* – dienen.

Darüber hinaus lassen sich Ähnlichkeiten zwischen der Analyse der Strafbarkeit im MPC und dem *deutschen Straftatsystem* feststellen. Die Verbrechenslehre kennt bekanntermaßen vier Strafbarkeitsvoraussetzungen (bzw. drei, wenn man die Handlung in die Tatbestandsmäßigkeit mit einbezieht):

1. Handlung
2. Tatbestandsmäßigkeit
3. Rechtswidrigkeit
4. Schuld

Da laut § 1.05 MPC eine Handlung nur dann strafbar sein kann, wenn sie einem gesetzlich festlegten Tatbestand entspricht, kann man die Strafbarkeitsvoraussetzungen des MPC also folgendermaßen erweitern:

1. Handlung
2. Tatbestandsmäßigkeit
3. fehlende Rechtsfertigung
4. fehlende Entschuldigung

Die Abwesenheit einer Rechtfertigung ist aber gleichbedeutend mit dem Vorhandensein von Rechtswidrigkeit, und die Abwesenheit einer Entschuldigung mit dem Vorhandensein von Schuld. Genauso wie das Schema des MPC dem *common law* gleicht, sobald man die Dogmatik der Rechtsfertigungs- und Entschuldigungsgründe von den Tötungsdelikten auf das Strafrecht verallgemeinert, so entdeckt man die Ähnlichkeiten zwischen dem deutschen Schema und dem des MPC, sobald man die „Verteidigungsgründe" vom Prozessualen ins Materielle, und vom Negativen ins Positive wendet.

Anders als im deutschen Strafrecht ist die Verbrechenslehre des MPC allerdings nicht bis in die Einzelheiten ausgefeilt. Es wird sich z.B. zeigen, dass die Verfasser des MPC die Unterscheidung von Rechtfertigungs- und Entschuldigungsgründen nicht konsequent durchgezogen haben. So findet man, wie bereits erwähnt, Entschuldigungsgründe in Artikel 2, der eigentlich Fragen zur Tatbestandsmäßigkeit gewidmet ist. Artikel 4 („Verantwortlichkeit") behandelt nicht die Schuldfrage allgemein, sondern nur Probleme der Schuld**unfähigkeit.** Und die Dogmatik der **Irrtümer** über Rechtfertigungsgründe findet sich unter den „allgemeinen Prinzipien der Rechtfertigung" in Artikel 3.

§ 4. Schaden und Rechtsgüter

Der Rest dieses Buches befasst sich mit der Frage, was gem. § 1.02 unter einer „Handlung" zu verstehen ist (§ 5), die Schaden „zufügt oder androht" (§ 6) und weder zu rechtfertigen (§§ 7–11) noch zu entschuldigen (§§ 12–17) ist. Worum handelt es sich aber bei den „persönlichen oder öffentlichen Interessen", die vor „erheblichem Schaden" strafrechtlich geschützt werden sollen? Wie weit und wie tief greift das amerikanische Strafrecht?

1. Erheblichkeit

Die wenig beachtete *de minimis* Vorschrift (§ 2.12) gibt dem erkennenden Gericht weitreichende Freiheiten, die Strafverfolgung einzustellen, selbst wenn es um kriminelle Handlungen geht, also um ein Verhalten, das unter eine Deliktsdefinition subsumiert werden kann und weder gerechtfertigt noch entschuldigt ist.[112] Im amerikanischen Strafrecht liegt die Entscheidung bezüglich der Verfolgung unerheblicher (*de minimis*) Übertretungen eigentlich im freien Ermessen der Staatsanwaltschaft. In § 2.12 wird eine zusätzliche gerichtliche Kontrolle für die Fälle bereitgestellt, in denen dieser traditionelle Filter aus irgendeinem Grund nicht funktionierte, etwa wegen Übereifers oder Rachsucht des Staatsanwalts.

Beachtlich ist vor allem der Versuch der Verfasser des MPC, den richterlichen Ermessensspielraum bei der Einstellung „rein technischer Rechtsverstöße" zu steuern.[113] Die staatliche Einstellungspraxis ist nämlich bei strafrechtlichen Fällen an keine festen Rechtsregeln gebunden. Das amerikanische Strafrecht vertraut stattdessen auf „die vernünftige Beurteilung durch den Staatsanwalt",[114] ganz im Gegensatz zum deutschen Strafrecht, das auf dem Legalitätsprinzip besteht, um den Beschuldigten vor der Willkür der Staatsanwaltschaft oder anderer staatlicher Institutionen zu schützen. Auch im deutschen Strafrecht hat sich allerdings die Erkenntnis durchgesetzt, dass ein schlichtes Verbot staatlichen Ermessens in Fragen der Strafverfolgung weder möglich noch wünschenswert ist. Das Opportunitätsprinzip stellt demgemäß ein Gegengewicht zur zwingenden Strafverfolgung dar, indem die Einstellung gewisser Fälle zugelassen wird, die bestimmte Kriterien erfüllen wie die

---

[112] Siehe *Pomorski*, On Multiculturalism, Concepts of Crime, and the „De Minimis" Defense, 1997 B.Y.U. L. Rev. 51.

[113] Komm. § 5.12, S. 399.

[114] Dotterweich v. United States, 320 U. S. 277, 285 (1943).

Schwere der Tat, das öffentliche Interesse an einer Strafverfolgung und der Grad der Schuld.[115] Die *de minimis* Vorschrift im Model Code versucht, ähnliche Kriterien aufzustellen, zumindest für den richterlichen, wenn auch nicht für den staatsanwaltlichen Ermessensspielraum.

Zwei der drei in § 2.12 genannten Einstellungsgründe weisen eine gewisse Ähnlichkeit zu Rechtfertigungs- bzw. Schuldausschließungsgründen auf und schlagen insofern eine Brücke von der ersten zur zweiten und dritten Stufe der Verbrechenslehre. Das macht durchaus Sinn, denn auch *de minimis* Übertretungen sind und bleiben Rechtsverletzungen, so „technisch" sie auch sein mögen. Schließlich gäbe es gar keinen Anlass zu einer außerordentlichen Einstellung des Verfahrens, wenn das in Rede stehende Verhalten nicht unter einen Straftatbestand subsumierbar wäre.

Einer der Einstellungsgründe bezieht sich auf Fälle der mutmaßlichen Einwilligung (ein Rechtfertigungsgrund), „die im Rahmen einer üblichen Freizügigkeit oder der alltäglichen Toleranzgrenze bleiben, die von der betroffenen Person [nicht] ausdrücklich negiert wird."[116] Der am weitesten gefasste Grund klingt eigentlich mehr nach einem allgemeinen Entschuldigungsgrund der Unvermeidbarkeit für seltene und nicht vorhersehbare Fälle, „in denen mildernde Umstände vorliegen, die der Gesetzgeber bei Schaffung des Straftatbestands nicht hätte vorhersehen können."[117] Hier muss sich das Gericht regelrecht in die Lage des Gesetzgebers hineinversetzen im Vertrauen auf die Tatsache, dass dieser sicher kein Verhalten bestrafen wollte, das unvermeidbar war.[118]

Genau genommen bezieht sich eigentlich nur einer der Einstellungsgründe für *de minimis* Übertretungen auf minimale Verletzungen als solche. Dieser Grund ist gegeben, wenn die in Rede stehende Handlung entweder „tatsächlich den Schaden oder das Übel, die das betroffene Strafgesetz zu verhindern suchte, weder verursachte noch zu verursachen drohte", oder „dies in einem so geringen Umfang tat, dass sie der in der Verurteilung enthaltenen Missbilligung nicht bedarf." Der Kommentar zum MPC beschreibt die erste Klausel als eine Verallgemeinerung der objektiven Untauglichkeit im Rechtsgebiet der unvollständigen

[115] Siehe z.B. §§ 153, 153a, 153b StPO. Vgl. *Dubber*, American Plea Bargains, German Lay Judges, and the Crisis of Criminal Procedure, 49 Stan. L. Rev. 547 (1997).

[116] § 2.12(1) („within a customary license or tolerance, [not] expressly negatived by the person whose interest was infringed"). Die Einwilligung wird unten in § 11 besprochen.

[117] Es überrascht insofern nicht, dass eine entsprechende Einstellung eine schriftliche Rechtfertigung verlangt. § 2.12(3). Entschuldigungsgründe werden unten in §§ 12–17 behandelt.

[118] Komm. § 2.12, S. 404 Fn. 18. Siehe auch die von *Blackstone* im 18. Jahrhundert aufgestellte Auslegungsregel, die besagt, dass „Akte des [Gesetzgebers] nicht zu beachten sind, wenn deren Befolgung unmöglich ist."

Delikte.[119] Bei dem zweiten Satz hatten die Verfasser das Alltagsleben vor Augen, in dem Körperkontakte in öffentlichen Verkehrsmitteln, Warteschlangen oder Rockkonzerten, die technisch als Körperverletzung gewertet werden könnten, durchaus üblich sind. Das gleiche Ergebnis könnte man durch eine restriktive Definition der entsprechenden Straftat erreichen, so dass in solchen Fällen noch nicht einmal eine technische strafrechtliche Verantwortlichkeit vorläge – so haben es die Verfasser des MPC z.B. bei der Körperverletzung auch getan.[120]

2. Persönliche und öffentliche Interessen

Die Reichweite des amerikanischen Strafrechts wird nicht nur durch den **Grad** der Rechtsverletzung („erheblicher Schaden"), sondern auch durch seine **Schutzobjekte** festgelegt („persönliche oder öffentliche Interessen"). Die vom Strafrecht geschützten Interessen strukturieren den besonderen Teil des MPC, der sich im Gegensatz zu älteren amerikanischen Strafgesetzbüchern nicht mit einer rein alphabetischen Auflistung von Delikten zufrieden gab. Im Bundesstrafrecht findet man wie bereits erwähnt noch heute eine systematische Anordnung der Straftaten nicht im Bundesstrafgesetzbuch, sondern in den von der Bundesstrafzumessungskommission erstellten Strafzumessungsrichtlinien für Bundesgerichte (*United States Sentencing Guidelines*).[121]

Der MPC erkennt folgende Interessen Einzelner oder der Allgemeinheit als strafrechtlich schützenswert an:

Bestand oder Stabilität des Staates (Art. 200)[122]
Person (Art. 210–13)[123]
Eigentum (Art. 220–24)
Familie (Art. 230)
Öffentliche Verwaltung (Art. 240–43)
Öffentliche Ordnung und Anstand (Art. 250–51)
Sonstiges[124]

---

[119] Komm. § 2.12, S. 403.

[120] Komm. § 2.12, S. 404; siehe § 211.1 (dadurch, dass mindestens Rücksichtslosigkeit in den meisten Fällen gefordert wird und eine körperliche Verletzung definiert wird als „physical pain, illness or any impairment of physical condition", bzw. eine schwere körperliche Verletzung definiert wird als „bodily injury which creates a substantial risk of death or which causes serious, permanent disfigurement, or protracted loss or impairment of the function of any bodily member or organ").

[121] Siehe *Dubber*, Reforming American Penal Law, 90 J. Crim. L. & Criminology 49, 78 (1999).

[122] Model Penal Code S. 241 (Proposed Official Draft 1962).

[123] Eigentlich „Straftaten, die die Person gefährden."

[124] Model Penal Code S. 241 (Proposed Official Draft 1962) (insbes. Drogen, alkoholische Getränke, Glücksspiel, Steuer- und Handelsstrafrecht).

Diese Systematik des besonderen Teils lässt allerdings nicht darauf schließen, dass die Verfasser des MPC der Frage strafrechtlicher Schutzgüter große Aufmerksamkeit geschenkt hätten. Ihr Hauptaugenmerk galt nicht dem Wesen strafrechtlicher Schadensformen, sondern vielmehr der Diagnose krimineller Gefährlichkeit und der Verordnung von entsprechender strafrechtlicher Behandlung. Bezeichnenderweise wurde die Formulierung „persönlicher **oder** öffentlicher Interessen" erst nachträglich in den Code aufgenommen. Ursprünglich ging es in § 1.02 um „persönliche **und** öffentliche Interessen."[125]

Welche Eigenschaft die im MPC aufgeführten persönlichen oder öffentlichen Interessen von anderen ebenso persönlichen oder öffentlichen Interessen unterscheidet, die nicht im besonderen Teil des MPC auftauchen, bleibt ungeklärt. Der Begriff des Rechtsguts ist im amerikanischen Strafrecht nicht bekannt.[126] Da das *ultima ratio* Prinzip ebenfalls unbekannt ist, beschäftigten sich die Verfasser des MPC auch nicht mit der Frage, ob die einschlägigen Interessen eines **strafrechtlichen** Schutzes bedürften.[127] Es herrscht auch oft Unklarheit darüber, welches Interesse eine einzelne Strafbestimmung schützen soll. So findet man den Abtreibungsparagraphen[128] im MPC, anders als z.B. im New York Penal Law[129], nicht bei den Delikten gegen die Person, sondern bei den Familiendelikten, zusammen mit u.a. der Vielweiberei[130] und dem Inzest.[131]

Die Reichweite des amerikanischen Strafrechts wird allerdings gelegentlich mit Hilfe des Verfassungsrechts eingeschränkt, wobei die strafrechtliche Natur der Verletzung bestimmter Grundrechte allerdings eher nebensächlich ist.[132] So entschied der *United States Supreme Court* z.B. im Jahre 2003, dass das strafrechtliche Verbot von nichtöffentlichem homosexuellem Sex zwischen Erwachsenen und ohne Gewalteinwirkung gegen das Recht auf eine Privatsphäre (*right of privacy*)

---

[125] Siehe Model Penal Code § 1.02(1)(a) (Tentative Draft No. 4, 1955). Diese grundlegende Änderung basierte auf einem Beitrag zu einem rechtsinformatischen Sammelband, der logische Zweideutigkeiten in der ursprünglichen Formulierung bemängelte. Siehe Komm. § 1.02, Fn. 3 (Unter Bezugnahme auf *Allen*, Logic and Law, in *Jones* (Hrsg.), Law and Electronics: The Challenge of a New Era – A Pioneer Analysis of the Implications of the New Computer Technology for the Improvement of the Administration of Justice S. 187–98 (1962)).

[126] Vgl. *von Hirsch*, Der Rechtsgutsbegriff und das „Harm Principle", GA 149, 2.

[127] Siehe *Husak*, The Criminal Law as Last Resort, 24 Oxford J. Legal Studies 207 (2004).

[128] § 230.3 (*abortion*).

[129] N. Y. Penal Law § 125.40.

[130] § 230.1 (*bigamy and polygamy*).

[131] § 230.2 (*incest*).

[132] S. allgemein *Dubber*, Toward a Constitutional Law of Crime and Punishment, 55 Hastings L. J. 509 (2004).

verstößt.[133] Insbesondere Strafbestimmungen, die die freie Meinungsäußerung oder die Gedankenfreiheit beeinträchtigen könnten, werden nicht selten auf ihre Verfassungsmäßigkeit geprüft.[134]

---

[133] Lawrence v. Texas, 123 S.Ct. 2471 (2003); siehe aber noch Bowers v. Hardwick, 478 U. S. 186 (1986).

[134] S. z.B. Stanley v. Georgia, 394 U. S. 557 (1969) (Strafbestimmung gegen privaten Pornographiebesitz verstößt gegen die im *First Amendment* zur amerikanischen Bundesverfassung gesicherten Rechte).

2. Teil. Handlung und Tatbestandsmäßigkeit

Im amerikanischen Strafrecht beginnt die Erörterung der Strafbarkeit eines Beschuldigten mit der Frage, ob überhaupt eine strafrechtlich relevante Handlung (*conduct*) vorliegt. Gedanken sind ganz unabhängig von ihrer etwaigen Boshaftigkeit nicht strafbar (kein Gesinnungsstrafrecht!). Dies gilt auch für unwillkürliche Körperbewegungen, die nicht als Handlung gelten.

Falls eine strafrechtlich relevante Handlung festgestellt wurde, muss untersucht werden, ob diese mit Strafe bedroht ist. Denn eine Handlung kann nur dann strafbar sein, wenn sie alle Merkmale eines gesetzlichen Tatbestands erfüllt. An Tatbestandsmerkmalen kennt der Model Penal Code die Handlung, ihre begleitenden Umstände (*attendant circumstances*) und den Erfolg (*result*), sowie die mit diesen objektiven Tatbestandsmerkmalen möglicherweise verbundenen Vorsatzformen (sog. „Geisteszustände" (*states of mind, mental states)* bzw. „Formen der Schuldhaftigkeit" (*modes of culpability*)).

Kann eine Handlung unter eine gesetzliche Verbrechensdefinition mit all ihren Merkmalen subsumiert werden, gelangt man zur nächsten Stufe der Strafbarkeitsanalyse, der Rechtswidrigkeit. Hier wird untersucht, ob das *prima facie* strafbare Verhalten gerechtfertigt werden kann (siehe den 3. Teil). Liegen keine Rechtfertigungsgründe vor, so muss zuletzt festgestellt werden, ob das *prima facie* strafbare und rechtswidrige Verhalten entschuldigt werden kann (siehe den 4. Teil). Falls kein Entschuldigungsgrund vorliegt, hat sich der Beschuldigte strafbar gemacht; er ist tatsächlich schuldig (*guilty*).

§ 5. Handlung

Bevor man eine Handlung unter eine Verbrechensdefinition subsumieren kann, muss man sich erst einmal vergewissern, ob überhaupt eine Handlung vorliegt. Dass strafrechtliche Verantwortlichkeit nur aufgrund einer Handlung zugeschrieben werden kann, wird seit Zeiten des *common law* als das Prinzip des *actus reus* (wortwörtlich, „böser Akt") bezeichnet.

1. *Actus reus*

Der MPC legt ganz zu Beginn kategorisch fest, dass eine Person nur dann strafrechtlich verantwortlich für eine Handlung sein kann, wenn die Handlung entweder ein freiwilliger Akt ist oder die Unterlassung eines strafrechtlich gebotenen Tuns, zu dem der Betroffene physisch im Stande war.[1]

Um diesem Handlungsgrundsatz (*act requirement*) gerecht zu werden, muss ein Verhalten zwei Voraussetzungen erfüllen: es muss ein Akt (*act*) sein, der wiederum willkürlich (*voluntary*) sein muss.

a) Akt

Wenden wir uns der ersten Voraussetzung (d.h. dem *act requirement* im engeren Sinne) zu, dann sehen wir, dass § 1.13(2) MPC einen Akt als eine „willkürliche oder unwillkürliche Körperbewegung" definiert.[2] In der amerikanischen Literatur ist schon seit langem umstritten, ob der Begriff eines unwillkürlichen Akts überhaupt denkbar ist. Bereits der berühmte Richter und Rechtswissenschaftler Oliver Wendell Holmes argumentierte im späten neunzehnten Jahrhundert, dass „ein Zucken kein Akt ist" und ein Akt die „willkürliche Kontraktion von Muskeln" voraussetzt.[3] Auch im amerikanischen Deliktsrecht wird Akt als „äußerliche Manifestation des Willens des Handelnden" verstanden.[4] Die Verfasser des MPC verwarfen dagegen jeglichen Rückgriff auf den Willensbegriff und die damit ihrer Ansicht nach notwendigerweise verbundenen Problematik der Willensfreiheit deshalb, weil sie den Willen für einen philosophischen, wenn nicht gar metaphysischen, Begriff hielten, der im auf Genauigkeit und Vorhersehbarkeit besonders bedachten Strafrecht nichts zu suchen hat.

Trotzdem spielt der Unterschied zwischen Akt und Willkür eine wichtige Rolle in der Rechtsprechung des *U.S. Supreme Court.* In zwei Entscheidungen der sechziger Jahre hat das Gericht nämlich beschlossen, dass die Bundesverfassung wohl der Bestrafung eines Nichtaktes (genauer gesagt eines Zustands, und zwar der Drogenabhängigkeit) im Wege steht, bei der Bestrafung eines unwillkürlichen Akts (der öffentlichen Trunkenheit eines Alkoholikers) aber keine verfassungsrechtlichen Bedenken bestehen.[5] Diese Urteile kann man so interpretieren, dass nur die Aktkomponente des Handlungsgrundsatzes verfassungsrechtlich gesichert ist, wobei es dem Gesetzgeber dagegen freisteht, unwillkürliche Akte strafrechtlich zu belangen.

---

[1] § 2.01 (1) („person is not guilty of an offense unless his liability is based on conduct that includes a voluntary act or the omission to perform an act of which he is physically capable").

[2] § 1.13 (2) (a bodily movement whether voluntary or involuntary).

[3] *Holmes*, The Common Law, (Howe, Hrsg., 1961) (1881) S. 45–46 („A spasm is not an act. The contraction of the muscles must be willed.").

[4] Restatement (Second) of Torts § 2 („external manifestation of the actor's will").

[5] Robinson v. California, 370 U. S. 660 (1962) („be addicted to the use of narcotics"); Powell v. Texas, 392 U. S. 514 (1968) („public intoxication").

Der Handlungsgrundsatz kann also zweierlei bedeuten unabhängig davon, ob ein Akt nun aus begriffslogischer Sicht willkürlich sein muss oder nicht.

Erstens wird oft darauf hingewiesen, dass böse Gedanken, die nicht zu einer Handlung führen, aufgrund des Handlungsgrundsatzes strafrechtlich unbeachtlich sind. Das hört sich selbstverständlich an, ist (oder war) es aber nicht unbedingt. So stellte bereits ein berühmtes englisches Gesetz von 1351 jeden unter Strafe, der den Tod des Königs auch nur „ersann oder sich vorstellte."[6] Darüber hinaus kann man bezweifeln, ob die heutige Dogmatik der sog. unvollständigen oder vorbereitenden Delikte (*inchoate* oder *preparatory offenses*), einschließlich Versuch, Anwerbung, Verschwörung und Besitz, mit dem Handlungsgrundsatz in Einklang zu bringen ist. Der Kern dieser Delikte besteht nämlich aus dem ernsthaften Vorhaben, eine Straftat zu begehen oder zu verursachen, wobei irgendwelche Handlungen nur insofern eine Rolle spielen, als sie das tatsächliche Bestehen des entscheidenden Vorhabens anzeigen. Die Strafbarkeit geht aber allein vom Vorhaben, also von einem Gedanken, aus. Das Vorhaben wiederum ist deshalb strafrechtlich relevant, weil es jene außergewöhnliche Gefährlichkeit belegt, die laut dem MPC der Hauptgrund für strafrechtliches Einschreiten ist.

Zweitens könnte man auf Grund des Handlungsgrundsatzes meinen, dass das bloße Nichtstun, also das genaue Gegenteil einer Muskelkontraktion, ob willkürlich oder nicht, auf keinen Fall strafbar sein könne. Dem ist aber nicht so. Der MPC **definiert** nämlich Handlung (*conduct*) bereits als „Tat oder Unterlassung."[7] Und wenn man einmal genauer hinsieht, stellt sich heraus, dass auch der Handlungsgrundsatz selbst klarstellt, dass „eine Person einer Straftat nicht schuldig ist, es sei denn ihre Strafbarkeit beruht auf einer Handlung einschließlich eines willkürlichen Akts **oder der Unterlassung eines Akts zu dem sie physisch in der Lage war.**"[8] Wenn man es als „nicht das tun, was man hätte tun können" interpretiert, kann also sogar Nichtstun eine Handlung begründen. Wie wir bald feststellen werden, kann dieses Nichthandeln-als-Handeln sogar bestraft werden, wenn jemand nicht nur hätte handeln können, sondern auch hätte handeln müssen.

b) Willkür (voluntariness)

In der Praxis spielt die Frage, ob ein Akt vorliegt oder nicht, kaum eine Rolle. Wichtiger ist die Frage, ob ein **willkürlicher** Akt begangen worden ist. Im Gegensatz zum Akt bietet der MPC allerdings keine di-

---

[6] 25 Edw. III, stat. 5, c.2.
[7] § 1.13(5) („action or omission").
[8] § 2.01(1) (Hervorhebung vom Verf.).

rekte Definition der Willkür. Er formuliert stattdessen indirekt, indem er Konstellationen aufzählt, die nicht als willkürlich zu bezeichnen sind (obwohl man sich natürlich genau so gut fragen könnte, ob diese Konstellationen überhaupt als Akt gedacht werden könnten):

(a) Reflexe oder Zuckungen,
(b) Körperbewegungen, die während einer Bewusstlosigkeit oder im Schlaf erfolgen,
(c) Verhalten unter Hypnose oder aufgrund hypnotischer Suggestion.[9]

Schließlich kommt der Code einer positiven Definition der Freiwilligkeit sehr nahe, wenn er festlegt, dass folgende Konstellation als **nicht** willkürlich anzusehen ist:

(d) eine Körperbewegung, die weder bewusstes noch gewohnheitsmäßiges Produkt der Willensbetätigung des Handelnden ist.[10]

Wenn also ein nicht willkürlicher Akt eine Körperbewegung ist, die weder bewusstes noch gewohnheitsmäßiges Produkt der Willensbetätigung des Handelnden ist, so können wir daraus folgern, dass ein willkürlicher Akt jede bewusste oder gewohnheitsmäßige Körperbewegung ist, die das Produkt einer Willensbetätigung des Handelnden ist.[11] (Aber diese stark vereinfachte und direkte Definition der Willkürlichkeit beruht eben genau auf jenem Willensbegriff, den die Verfasser des MPC meinten vermeiden zu müssen.)

c) Unterlassung

Wie bereits erwähnt, kann Strafbarkeit trotz des Handlungsgrundsatzes auch auf dem Nichtvorliegen einer körperlichen Bewegung beruhen, wenn man diese Nichthandlung nur als „Unterlassung“ (*omission*) etikettiert. Es kann aber nicht jede Unterlassung zu strafrechtlicher Verantwortung führen, sondern nur die, bei der eine bestimmte Handlungspflicht verletzt wird (Garantenstellung). Unterlassungen können in zwei Formen auftreten:

(a) entweder ist die Unterlassung ausdrücklich im Strafgesetz erwähnt, oder

---

[9] § 2.01 (2):
The following are not voluntary acts within the meaning of this Section:
(a) a reflex or convulsion;
(b) a bodily movement during unconsciousness or sleep;
(c) conduct during hypnosis or resulting from hypnotic suggestion;
(d) a bodily movement that otherwise is not a product of the effort or determination of the actor, either conscious or habitual.

[10] Ebenda.

[11] Vgl. Restatement (Second) of Torts § 2 (hier wird ein Akt als die äußere Manifestation des Willens der handelnden Person definiert).

(b) es wird auf andere Weise eine Pflicht zum Handeln von der Rechtsordnung auferlegt.[12]

An dieser Stelle differenziert der Code also zwischen direkter und indirekter Unterlassung (im deutschen Strafrecht: echte und unechte Unterlassungsdelikte). Direkte Strafbarkeit für ein Unterlassen folgt aus der Erfüllung von Straftatbeständen, die explizit ein Nichthandeln kriminalisieren. Der MPC beschreibt in dieser Form beispielsweise einen Diebstahl durch Täuschung (*theft by deception*), der in der unterlassenen Berichtigung einer falschen Wahrnehmung des Opfers besteht, die der Täter selbst hervorgerufen oder verstärkt hat.[13] Das Paradebeispiel des direkten Unterlassungsdelikts im amerikanischen Strafrecht ist die Nichtabgabe einer Steuererklärung.[14] Überhaupt sind Unterlassungsdelikte im amerikanischen Wirtschafts- und Verbandsstrafrechts besonders häufig anzufinden. Man könnte vielleicht sogar sagen, dass im Verbandsstrafrecht Unterlassungsdelikte, im Gegensatz zum „normalen" Strafrecht natürlicher Personen, die Regel und nicht die Ausnahme darstellen.

Ein allgemeines Unterlassungsdelikt der unterlassenen Hilfeleistung (ähnlich § 323 StGB) gibt es weder im MPC noch in der großen Mehrzahl amerikanischer Strafgesetzbücher. Eine Ausnahme ist das Strafgesetzbuch des Staates Wisconsin, das die unterlassene Hilfeleistung als Vergehen bestraft.[15] Laut § 940.34 „soll jeder der weiß, dass eine Straftat begangen wird und dass ein Opfer körperlichem Schaden ausge-

---

[12] § 2.01 (3):

Liability for the commission of an offense may not be based on an omission unaccompanied by action unless:

(a) the omission is expressly made sufficient by the law defining the offense; or

(b) a duty to perform the omitted act is otherwise imposed by law.

[13] § 223.3 (3) ("fails to correct a false impression which the deceiver previously created or reinforced").

[14] 26 U.S.C. § 7203.

[15] Wis. Stat. § 940.34. Duty to aid victim or report crime.

....

(2) (a) Any person who knows that a crime is being committed and that a victim is exposed to bodily harm shall summon law enforcement officers or other assistance or shall provide assistance to the victim.

(b) Any person licensed as a private detective or granted a private security permit ... who has reasonable grounds to believe that a crime is being committed or has been committed shall notify promptly an appropriate law enforcement agency of the facts which form the basis for this belief.

....

(d) A person need not comply with this subsection if any of the following apply:

1. Compliance would place him or her in danger.

2. Compliance would interfere with duties the person owes to others.

3. [A]ssistance is being summoned or provided by others.

4. [T]he crime or alleged crime has been reported to an appropriate law enforcement agency by others.

setzt ist, die Strafvollzugsbehörden oder andere Hilfe herbeiholen oder dem Opfer Hilfe leisten," vorausgesetzt die Erfüllung dieser allgemeinen Hilfspflicht gefährdet ihn nicht und ist mit seinen Pflichten anderen gegenüber – gemeint sind hier vor allem Personen, zu denen er in einem besonderen Garantenverhältnis steht – vereinbar. So wurde z.B. eine Gastgeberin in Wisconsin wegen unterlassener Hilfeleistung verurteilt, weil sie weder die Polizei rief noch selbst eingriff, als einer ihrer Gäste von sieben anderen Gästen vor ihrer Haustür verprügelt wurde.[16]

Die Strafbarkeit der indirekten Unterlassung reicht wesentlich weiter. Sie ist grundsätzlich bei jedem Delikt möglich, auch wenn im Wortlaut des jeweiligen gesetzlichen Straftatbestands von Unterlassung keine Rede ist. Diese indirekte Unterlassungsstrafbarkeit ist also sogar bei schweren Delikten möglich. So kann eine Unterlassung z.B. zur Strafbarkeit für ein Tötungsdelikt führen, wenn sie „den Tod eines anderen Menschen verursacht."[17]

Die Strafbarkeit der Unterlassung setzt allerdings eine Handlungspflicht voraus. Genauer gesagt muss eine Handlungspflicht vorliegen, „die durch die Rechtsordnung auferlegt" ist. D. h. also, dass Pflichten, die sich aus Moral, Religion oder anderen nichtrechtlichen Normsystemen ergeben, strafrechtlich unbeachtlich sind. Die Rechtsordnung beinhaltet allerdings eine bunte Vielfalt von geschriebenen und ungeschriebenen Normen und Pflichten, von denen der MPC keine von vornherein als mögliche Quelle einer strafrechtlich befestigen Handlungspflicht ausschließt.

Insbesondere enthält der MPC keine Aussage darüber, ob eine für die indirekte Strafbarkeit einer Unterlassung ausschlaggebende Rechtspflicht gesetzlich festgelegt sein muss. Man muss also davon ausgehen, dass auch die Versäumnis von Pflichten bestraft werden kann, die der Gesetzgeber nicht in Gesetzesform gegossen hat und die stattdessen auf dem Richterrecht des *common law* beruhen. Eine Strafbarkeit auf nichtgesetzliche Normen des gemeinen Rechts zu gründen, ist allerdings schwer mit dem Gesetzlichkeitsprinzip in Einklang zu bringen, laut dessen allein der Gesetzgeber berechtigt ist, Verhalten für strafbar zu erklären und nur die Verletzung einer **gesetzlichen** Norm bestraft werden darf (*nulla poena sine lege scripta*).[18]

---

[16] State v. LaPlante, 521 N. W.2d 448 (Wis. Ct. App. 1994).

[17] § 210.1. Criminal Homicide.

(1) A person is guilty of criminal homicide if he purposely, knowingly, recklessly or negligently causes the death of another human being.

[18] § 1.05. All Offenses Defined by Statute ...

(1) No conduct constitutes an offense unless it is a crime or violation under this Code or another statute of this State.

Die Rechtspflichten des *common law* schließen solche ein, die auf einer konkreten zwischenmenschlichen **Beziehung** beruhen (Eltern-Kind, Ehemann-Ehefrau, Kapitän-Besatzung)[19] oder aber auf einem einschlägigen besonderen **Vertrag**[20] (Pfleger-Patient, Babysitter-Kind), oder durch die **Verursachung** einer Notsituation[21] bzw. durch die freiwillige einseitige **Annahme** der Fürsorgerolle entstehen (vor allem dann, wenn hierdurch die Hilfeleistung anderer verhindert wird).

Zusätzlich zu diesen Quellen des *common law* gibt es diejenigen Rechtspflichten, die in der Fülle von strafrechtlichen und nichtstrafrechtlichen Gesetzen und Bestimmungen zu finden sind. Einige dieser gesetzlichen Rechtspflichten kodifizieren nur die wohlbekannten Pflichten des *common law*. So fand ein New Yorker Gericht in einem vielbeachteten Fall gleich zwei Quellen einer väterlichen Fürsorgepflicht.[22] Neben dem *common law* berief sich das Gericht im Steinberg-Urteil auf das New Yorker Familiengesetz. Dort findet man nämlich eine Definition eines „vernachlässigten Kindes": „ein Kind unter 18 Jahren, dessen physische, mentale oder emotionale Verfassung geschwächt ist oder droht geschwächt zu werden, und dies daraus resultiert, dass Eltern oder andere Personen, die für das Wohl des Kindes verantwortlich sind, es versäumen, das Kind mit einer angemessenen Menge an Essen, Kleidung, Schutz, Erziehung, ..., oder mit medizinischer, zahnmedizinischer oder ähnlicher Behandlung zu versorgen, obwohl ihre finanziellen Verhältnisse dies zulassen."[23] Dass diese Definition eigentlich keine gesetzliche Fürsorgepflicht des Vaters für seine Kinder festgelegt, sondern höchstens auf eine solche Pflicht schließen lässt, stand der Verurteilung des Angeklagten wegen Totschlags nicht im Wege. Er hatte seine bewusstlose Adoptivtochter erst nach mehreren Stunden zum Arzt gebracht, als es bereits für eine Rettung zu spät war. Es lag die Vermutung nahe, dass der Zustand des sechsjährigen Mädchens auf eine Gewaltanwendung des Angeklagten zurückzuführen war. Dies konnte allerdings nicht bewiesen werden, so dass der Angeklagte wegen Todschlags durch Unterlassung verurteilt wurde.

Der Fall Steinberg zeigt eindeutig, dass eine Beschränkung der Unterlassungshaftung auf **gesetzliche** Rechtspflichten die richterliche

Vgl. im deutschen Schrifttum, *Schreiber*, Gesetz und Richter: Zur geschichtlichen Entwicklung des Satzes nullum crimen, nulla poena sine lege (1976), insbes. S. 169ff. (Bindingsche Kritik des nulla poena Prinzips).

[19] Siehe z.B. State v. Miranda, 715 A.2d 680 (Conn. 1998) (Freund der Mutter eines misshandelten Kindes wegen fehlender Hilfeleistung strafbar).

[20] Siehe z.B. Jones v. United States, 308 F. 2d 307 (D. C. Cir. 1962) (Babysitter).

[21] Siehe z.B. State v. Kuntz, 995 P.2d 951 (Mont. 2000) (Sorgepflicht gegenüber Angreifer trotz berechtigter Notwehr).

[22] People v. Steinberg, 79 N. Y. 2d 673 (1992).

[23] N. Y. Family Court Act § 1012 (f) (i) (A).

Rechtsfindung nur schwerlich bremsen kann. Jedes Gericht kann wohl fast jede beliebige Rechtspflicht irgendwo im Gesetz festmachen, wenn es sich nur die Zeit nimmt, die verschiedenen und vielseitigen Gesetzesmaterialien zu sichten.

Trotzdem zwingt der MPC das Gericht zumindest dazu, bestimmte Quellen für Rechtspflichten im Gesetz ausfindig zu machen und zu definieren, und schränkt somit den richterlichen Entscheidungsspielraum in förmlicher, wenn auch nicht unbedingt in substantieller Hinsicht ein. Ohne dieses Bestehen auf eine Fundierung der Unterlassungshaftung im positiven Recht wäre die Linie zwischen rechtlichen und moralischen Pflichten noch schwerer zu ziehen und die Versuchung einer Verurteilung wegen anstößigen, aber nicht gesetzeswidrigen, Verhaltens noch größer.

Angenommen man findet eine solche Rechtspflicht, welcher Art auch immer. Obwohl der Code es nicht ausdrücklich sagt, kann man durchaus annehmen, dass eine Unterlassungsstrafbarkeit wie auch die Strafbarkeit für positives Tun Willkür (*voluntariness*) voraussetzt. Die Unterlassung mag unter bestimmten Voraussetzungen als Akt behandelt werden. Aber nur ein **willkürlicher** Akt (oder Akt durch Unterlassung) erfüllt den Handlungsgrundsatz des MPC.

Die Liste der unwillkürlichen Handlungen im MPC lässt sich zwar nicht direkt auf ein Nichthandeln übertragen (was wäre schließlich unter einem Reflex durch Unterlassen oder einem unterlassenen Reflex zu verstehen?). Trotzdem ist davon auszugehen, dass die Verfasser des MPC weder Handlungen noch Unterlassungen beim Schlafwandeln oder unter Hypnose unter Strafe stellen wollten.

Im Endergebnis spielt der Unterschied von Handlung und Unterlassung, oder von Akt und Nichtakt, keine besonders große Rolle. Vom Standpunkt des Behandlungsgrundsatzes, der den MPC beherrscht, ist es nebensächlich, wie sich anomale kriminelle Energie manifestiert. Dogmatische Spitzfindigkeiten sind bei der Diagnose psychopathologischen Verhaltens eher störend.[24]

d) Besitz

Die flexible Handhabung des Handlungsgrundsatzes im MPC wird besonders bei einer Deliktskategorie deutlich, die die amerikanische Kriminalpolitik als ein Hauptinstrument im Kampf gegen das Verbrechen (*war on crime*) verwendet: die Besitzdelikte.[25] Im Jahre 2002 be-

---

[24] Weitere Ausführungen zu dem Behandlungsansatz im Code, s. o. § 2.

[25] Vgl. *Dubber*, Policing Possession: The War on Crime and the End of Criminal Law, 91 J. Crim. L. & Criminology 829 (2002); *Dubber*, Victims in the War on Crime: The Use and Abuse of Victims' Rights (New York 2002). Zur Problematik der Besitzdelikte im deutschen Strafrecht s. *Nestler*, Rechtsgüterschutz und Strafbarkeit des

fanden sich z.B. im New York Penal Law 153 Besitzdelikte, von Übertretungen[26] bis hin zu mit lebenslänglicher Freiheitsstrafe bedrohten Schwerverbrechen.[27] 1998 wurden im Staat New York über 100000 Personen wegen Besitzdelikten verhaftet und 20% aller Gefängnisstrafen für Besitzdelikte verhängt.[28]

Besitz kann viel bedeuten. Es kann ein rechtlicher Zustand oder auch eine Rechtsbeziehung zwischen einer Person und einem Objekt sein. Was immer es auch sein mag, es ist klar, Besitz ist kein Akt im Sinne einer „willkürlichen oder unwillkürlichen Körperbewegung."[29] Etwas zu besitzen bedeutet, im Besitz eines Gegenstands zu sein und gerade nicht, ihn in irgendeiner Weise zu verwenden.[30]

Man könnte nun erwarten, dass diese simple Erkenntnis dazu führen würde, Besitzdelikte aus dem Arsenal eines Strafrechtssystems zu entfernen, das den Handlungsgrundsatz so sehr betont wie der MPC.[31] Dem ist jedoch durchaus nicht so. Ganz im Gegenteil spielen Besitzdelikte im MPC eine wichtige Rolle. Denn schon der bloße Besitz ermöglicht unter gewissen Umständen die Identifikation gefährlicher Personen. So schließt der MPC vom Besitz bestimmter Gegenstände („Tatmittel" oder Waffen) auf die kriminelle Einstellung des Besitzers.[32] Ein präventiv ausgerichtetes Strafrecht ist zum Einschreiten nicht nur legitimiert, sondern sogar verpflichtet, bevor der gefährliche Besitz von dem als gefährlich eingestuften Besitzer in eine gefährliche Handlung umschlägt. Was zählt, ist nicht die dogmatische Form der Gefährlichkeitsdiagnose, sondern ihr Vorliegen. Im Zweifelsfall weicht so der dogmatische Handlungsgrundsatz dem kriminalpolitischen Behandlungsgrundsatz.

Die Verfasser des MPC waren weder dazu bereit, auf diese Form der vorgezogenen Intervention zu verzichten, noch die offensichtliche Span-

---

Besitzes von Schußwaffen und Betäubungsmitteln, in: Institut für Kriminalwissenschaften (Hg.), Vom unmöglichen Zustand des Strafrechts (Frankfurt 1995), S. 65; Struensee, Besitzdelikte, in: Samson u. a. (Hg.), FS Grünwald (Baden-Baden 1999), S. 713; Eckstein, Besitz als Straftat (Berlin 2001).

[26] N. Y. Penal Law § 221.05 (unlawful possession of marihuana; violation).

[27] N. Y. Penal Law § 220.21 (criminal possession of a controlled substance in the first degree; class A-I felony); siehe auch Harmelin v. Michigan, 501 U. S. 957 (1991) (lebenslange Freiheitsstrafe für Drogenbesitz verstößt nicht gegen das Verhältnismäßigkeitsgebot der amerikanischen Bundesverfassung).

[28] *Dubber*, Policing Possession: The War on Crime and the End of Criminal Law, 91 J. Crim. L. & Criminology 829, 857 (2002) (zitiert wird: State of New York, Division of Criminal Justice Services, Possession Related Offenses New York State (4. 2. 2000)).

[29] Vgl. z.B. Regina v. Dugdale, 1 El. & Bl. 435, 439 (1853) (Coleridge, J.).

[30] Besitz in der Erscheinungsform eines unvollständigen Delikts (inchoate offense) wird unten unter § 6.2(a) eingehend diskutiert.

[31] § 2.01(1).

[32] §§ 5.06 & .07.

nung zwischen Besitzdelikten und dem Handlungsgrundsatz aufzulösen (etwa über einen weiter gefassten und weniger naturalistischen Handlungsbegriff). Sie durchschlugen den gordischen Knoten vielmehr durch eine bloße, nicht näher begründete Feststellung: „Besitz ist ein Akt," und zwar dann, „wenn der Besitzer wissentlich sich den Gegenstand verschafft oder ihn erhält, oder sich der Kontrolle über den Gegenstand lang genug bewusst war, um seinen Besitz aufgeben zu können."[33] Mit anderen Worten soll Besitz deshalb ein Akt sein, weil **Erwerb** ein Akt ist, und weil die **Nichtaufgabe** des Besitzes eine Unterlassung ist. Dies setzt wiederum stillschweigend voraus, dass wir alle verpflichtet sind, uns von Sachen zu trennen, die wir nicht besitzen sollen oder dürfen. Denn ansonsten wäre das Versäumnis der Beseitigung des Besitzes nicht strafbar. Wo diese Pflicht zu finden sein soll, lässt der MPC offen.

Darüber hinaus ändert diese Bestimmung nichts an der Tatsache, dass der Besitz kein Akt ist. Denn sie selbst bezeichnet ja ausdrücklich nicht den Besitz als einen Akt, sondern den Erwerb und die Nichtaufgabe des Besitzes. Wenn aber auf den Erwerb oder die Nichtaufgabe des Besitzes abgestellt wird, dann hätte der MPC eben diese Akte anstelle des Besitzes unter Strafe stellen sollen. Dies geschah allerdings nicht. So kommt es zu der eigenartigen dogmatischen Situation, dass der Besitz einer Schusswaffe oder von Drogen strafbar ist, nicht aber deren Erwerb, ganz zu schweigen von der Nichtaufgabe des Besitzes.[34]

Soviel zum Akt (*actus*). Aber was macht den Akt *reus* (böse)? Die Willkür allein reicht hierfür nicht aus. Ein Akt wird vielmehr dann zum *actus reus*, wenn er unter eine gesetzliche Verbrechensdefinition subsumiert werden kann. Der Handlungsgrundsatz ermöglicht stattdessen nur eine Vorprüfung der potentiellen Strafbarkeit eines bestimmten Verhaltens, bevor die Subsumtion unter eine gesetzliche Verbrechensdefinition vorgenommen werden kann. Sollte das Verhalten diese Vorprüfung nicht bestehen, so ist die strafrechtliche Untersuchung beendet und der Angeklagte wird (wieder typisch prozessual ausgedrückt) freigesprochen (*acquitted*).

2. Tatbestandsmäßigkeit

Wenn das Objekt einer jeden strafrechtlichen Untersuchung, das Verhalten des Beschuldigten, die Handlungsvoraussetzung erfüllt, so

[33] § 2.01(4) ("if the possessor knowingly procured or received the thing possessed or was aware of his control thereof for a sufficient period to have been able to terminate his possession"); N. Y. Penal Law § 15.00(2) (possession as *voluntary* act).

[34] *Dubber*, Policing Possession: The War on Crime and the End of Criminal Law, 91 J. Crim. L. & Criminology 829 (2002); *Dubber*, Victims in the War on Crime: The Use and Abuse of Victims' Rights (New York 2002).

muss untersucht werden, ob die Handlung einem gesetzlich bestimmten Tatbestand entspricht. Ist dies der Fall, so liegt *prima facie* Strafbarkeit vor. Diese Strafbarkeit des ersten Anscheins ist jedoch nicht gleichzusetzen mit tatsächlicher Strafbarkeit oder Verantwortlichkeit (*guilt*). Die Tatbestandsmäßigkeit (*offense*) wird nur dann zur Schuld, wenn dem Beschuldigten keine Verteidigungsmöglichkeiten (*defense*) zur Verfügung stehen. Diese Verteidigungsmöglichkeiten, insbesondere Rechtfertigungs- und Entschuldigungsgründe, werden unten in Teil 3 und 4 behandelt.

Die Straftatbestände im besonderen Teil des MPC, wie in jedem modernen amerikanischen Strafgesetzbuch, konkretisieren den allgemeinen Begriff einer Straftat als einer „Handlung, die ungerechtfertigt und unentschuldbar persönlichen oder öffentlichen Interessen erheblichen Schaden zufügt oder androht."[35] Um die Delikte des besonderen Teils systematisch und doch mit der nötigen Klarheit und Bestimmtheit zugänglich zu machen, setzten sich alle Delikte aus drei Typen von Tatbestandsmerkmalen (*offense elements*) zusammen.

a) Tatbestandsmerkmale und mens rea

Der MPC unterscheidet drei Typen von Tatbestandsmerkmalen: Handlung (*conduct*), begleitende Umstände (*attendant circumstances*) und Erfolg (*result*).[36] Jedes Delikt im MPC wurde mit Hilfe dieser Bausteine konstruiert. Ein Delikt kann alle drei Typen von Merkmalen beinhalten, muss es aber nicht. Begleitende Umstände können beispielsweise ganz fehlen oder in beliebiger Anzahl enthalten sein. Es kann ein Erfolg gefordert sein oder auch nicht. Wegen des Handlungsgrundsatzes muss jedes Delikt allerdings mindestens ein Handlungselement enthalten.[37]

Obwohl die strafrechtliche Dogmatik es nicht erfordert, bestehen die meisten Deliktsdefinitionen aus mehr als einem bloßen Handlungselement. Der Grund hierfür ist offensichtlich der, dass ein Konflikt mit dem verfassungsrechtlichen Bestimmtheitsgebot entsteht, wenn sowohl begleitende Umstände als auch ein Erfolgselement fehlen.[38] Wenn eine Straftat z.B. schlicht als „Fahren" definiert wäre, so würde das kaum etwas darüber aussagen, welches Verhalten genau unter Strafe steht (Autofahren? Radfahren?). Darüber hinaus hätten Polizeibeamte einen

---

[35] § 1.02(1)(a).

[36] Es ist zu beachten, dass der Handlungsbegriff (*conduct*) hier enger als in § 1.02(1)(a) verwendet wird. In seiner weiteren Fassung umfasst *conduct* den gesamten gesetzlichen Tatbestand. In seiner engeren Fassung ist *conduct* nur ein Baustein des Delikts, das Handlungselement.

[37] Vgl. § 1.13(5) („Handlung" ist ein Akt oder ein Unterlassen).

[38] Zum Bestimmtheitsgebot, s. o. § 1.3.

beachtlichen Ermessensspielraum, wenn sie die Reichweite dieses Delikts in einer konkreten Situation festsetzen müssten. Selbst wenn „Fahren" nicht zu unbestimmt wäre, so wäre es doch in seiner Bedeutung zu weitreichend, vorausgesetzt der Staat könnte im Einklang mit der Verfassung nicht jedem verbieten, mit irgendetwas irgendwohin zu fahren. Kommt der begleitende Umstand „unter Alkoholeinfluss" hinzu, wird die Reichweite der Handlung „Fahren" dagegen beachtlich eingeengt. Darüber hinaus könnte die Handlung selbst dadurch näher bestimmt werden, dass man das Fahren auf bestimmte Fortbewegungsmittel wie z.B. „Motorräder" begrenzt. Ein Delikt wie „Fahren eines Motorrades unter Alkoholeinfluss" wäre somit mit dem Bestimmtheitsgrundsatz in Einklang zu bringen.[39]

Eine weitere Differenzierung würde man durch die Hinzufügung eines Erfolgselements, wie z.B. der „nicht unerheblichen Körperverletzung," erreichen. Dies würde unser (mit einem begleitenden Umstand verziertes) Verhaltensdelikt in ein Erfolgsdelikt verwandeln: „eine nicht unerhebliche Körperverletzung verursachen, während man ein Fahrzeug unter Alkoholeinfluss bewegt." Die Besonderheiten der Erfolgsdelikte werden wir später beim Thema Kausalität näher ins Auge fassen.[40]

Die drei Typen von Tatbestandsmerkmalen sind nur Mittel zum Zweck der analytischen Klarheit. Obwohl der MPC wiederholt im allgemeinen Teil zwischen den drei Typen unterscheidet, wäre es verfehlt, sich in dem Bestreben festzufahren, jedes Tatbestandsmerkmal daraufhin zu untersuchen, welchem Typus es letztlich angehört.[41] Denn in den meisten Fällen macht es keinen Unterschied, ob eine Handlung, ein begleitender Umstand oder ein Erfolgselement vorliegt. Der Kommentar zum MPC bringt dies klar zum Ausdruck:

> Die „Umstände" einer Straftat beziehen sich auf die objektive Situation, die das Gesetz vorschreibt, sowie auf die Handlung des Angeklagten oder den Erfolg, den seine Handlung hervorbringen mag. Die Elemente der „Nachtzeit" beim Einbruchdiebstahl, „Vermögen eines Anderen" im Diebstahl, ... und „Wohnsitz" in der Brandstiftung sind Beispiele. „Handlung" bezieht sich auf das „Einbrechen" beim Einbruchdiebstahl, das „Wegnehmen" beim Diebstahl, ... und das „in Brand setzen" bei der Brandstiftung. Erfolge schließen selbstverständlich den „Tod" bei den Tötungsverbrechen mit ein. *Obwohl diese Begriffe keine wasserdichten Kategorien darstellen, haben sie doch in der Entwicklung des MPC als nützliche analytische Hilfsmittel gedient.*[42]

---

[39] Vgl. z.B. N. Y. Veh. & Traf. Law § 1192(3).

[40] Siehe unten § 6.1.

[41] Siehe z.B. die Definition der subjektiven Schuldmerkmale und die Regeln zur Versuchsdogmatik, die unterschiedliche subjektive Voraussetzungen für unterschiedliche Arten von Tatbestandsmerkmalen festschreiben.

[42] Komm. § 5.01, S. 301 Fn. 9 (Hervorhebung vom Verf.).

Neben den drei Arten von Tatbestandsmerkmalen gibt es noch eine Zutat, ohne welche der besondere Teil nicht vollständig wäre: den subjektiven Tatbestand, d.h. die *mens rea* (böse Absicht) des *common law* bzw. die *culpability* (Schuldhaftigkeit) des MPC.

Die Schuldhaftigkeit taucht im MPC in vier verschiedenen Formen (*modes*) auf: Absicht (*purpose*), Wissentlichkeit (*knowledge*), Rücksichtslosigkeit (*recklessness*), und Fahrlässigkeit (*negligence*). Hinzu kommt noch die verschuldensunabhängige Haftung (*strict* oder *absolute liability*) als fünftes Rad am Wagen. Die verschuldensunabhängige Haftung weist schließlich gerade keine subjektive Komponente der Strafbarkeit auf. Sie ist eine Form der strafrechtlichen Verantwortlichkeit, die den Vorsatz (oder Nichtvorsatz) des Täters grundsätzlich nicht berücksichtigt. Im Rahmen der *strict liability* spielt es keine Rolle, ob der Täter eine bestimmte Vorsatzform aufweist – was nicht bedeutet, dass der Täter im konkreten Fall tatsächlich vorsätzlich gehandelt hat.

Genau genommen passt die Fahrlässigkeit auch nicht ganz in die obige Aufzählung strafrechtlich beachtlicher „Geisteszustände" (*mental states*). Denn Fahrlässigkeit ist ja eigentlich kein Geisteszustand, sondern eben das **Fehlen** eines Geisteszustands. Fahrlässig zu handeln bedeutet, sich des Risikos **nicht** bewusst zu sein, dass ein bestimmter Schaden eintreten kann. Im Gegensatz zur *strict liability* bezieht sich Fahrlässigkeit allerdings durchaus auf eine subjektive Vorstellung – das Wahrnehmen eines Risikos – auch wenn dies sozusagen nur in Abwesenheit präsent ist. Der Vorwurf der Fahrlässigkeit besteht also darin, dass der Angeklagte sich bei seiner Handlung eines Risikos nicht bewusst war, das er hätte wahrnehmen **sollen.** Seine Strafbarkeit ergibt sich aus dem fehlenden Erkenntnis, dass sein Verhalten zu einem Schaden führen kann.

Zusammengefasst gibt es also drei verschiedene Arten von Tatbestandsmerkmalen (Handlung, begleitende Umstände, Erfolg) und vier Vorsatzformen (Absicht, Wissentlichkeit, Rücksichtslosigkeit, Fahrlässigkeit). Die Unterscheidung verschiedener Typen von Tatbestandsmerkmalen und verschiedener Vorsatzformen stellte eine wichtige Neuerung im amerikanischen Strafrecht dar.

Der MPC definiert darüber hinaus die Vorsatzformen unterschiedlich entsprechend dem objektiven Tatbestandsmerkmal, dem sie zugeordnet sind. So hat Absicht eine bestimmte Bedeutung, wenn sie sich auf eine Handlung oder einen Erfolg bezieht und eine andere, wenn sie auf einen begleitenden Umstand ausgerichtet ist. Wissentlichkeit bedeutet etwas anderes in Bezug auf eine Handlung und einen begleitenden Umstand einerseits, und auf ein Erfolgstatbestandsmerkmal andererseits. Die Definitionen von Rücksichtslosigkeit und Fahrlässigkeit sind weniger differenziert, so dass es letztlich unklar ist, ob sie überhaupt definiert sind, wenn sie einem Handlungstatbestandsmerkmal zugeordnet sind.[43]

Angesichts dieser Vielfalt von Tatbestandsmerkmalsarten und Vorsatzformvarianten sollte man das Hauptanliegen der Verfasser des MPC nicht aus den Augen verlieren. Die Verfasser des Codes wollten unbedingt das abschaffen, was sie als die hoffnungslos verworrene Dogmatik der *mens rea* im *common law* empfanden. Sie witterten im *mens rea* Begriff so etwas wie die Wurzel allen Übels im anglo-amerikanischen Strafrecht. Etwa zur selben Zeit brachte *Herbert Packer* diese Frustration klar zum Ausdruck:

> Wenn wir sagen, Arthur hätte die *mens rea* für Mord, könnten wir damit folgendes zum Ausdruck bringen: dass er beabsichtigte, Victor zu töten; oder dass er sich des Risikos bewusst war, dass er Victor töten könnte, ihn aber trotzdem erschoss; oder (möglicherweise) dass er hätte wissen sollen, es aber nicht wusste, dass ein nicht unerhebliches Risiko bestand, dass er Victor töten könnte oder dass er wusste, dass es unrechtmäßig war einen anderen Menschen zu töten, oder dass er dies hätte wissen sollen; oder dass er nicht wirklich glaubte, dass Victor versuchte, ihn zu töten; oder das er dies tatsächlich glaubte, aber nur ein Narr dies geglaubt hätte; oder dass er nicht bis zur Bewußtlosigkeit betrunken war, als er Victor tötete; oder dass er zwar unter emotionalen Störungen litt, aber nicht schwer psychisch gestört war, usw. usw.[44]

Die Unzufriedenheit mit dem *mens rea* Begriff hatte zur Zeit des MPC schon eine gewisse Tradition. Wie der berühmte englische Richter *James Fitzgerald Stephen* bereits in einem Urteil aus dem Jahre 1889 darlegte, war der Begriff nicht nur für den allgemeinen, sondern auch für den besonderen Teil unbrauchbar:

> Obwohl dieser Satz (non est reus, nisi mens sit rea) häufig benutzt wird, halte ich ihn für äußerst unglücklich, da er aus folgenden Gründen nicht nur leicht irreführen kann, sondern dies wirklich auch tut. Er suggeriert, dass es unabhängig von einzelnen Straftatbeständen so etwas wie eine *„mens rea"* oder ein *„guilty mind"* gibt, dass entweder ausdrücklich oder implizit in der Definition jeder Straftat zu finden ist. Das ist offensichtlich nicht der Fall, da die subjektiven Elemente verschiedener Straftaten sich von einander unterscheiden. *„Mens rea"* heißt beim Mord *malice aforethought* [böswillige Absicht]; beim Diebstahl, die Absicht zu stehlen; bei der Vergewaltigung, die Absicht ein gewaltsames Verhältnis mit einer Frau ohne deren Einverständnis herzustellen; und beim Empfang von Diebesgut, das Wissen, dass das Gut gestohlen ist. In einigen Fällen bedeutet es bloße Unachtsamkeit. Beim fahrlässigen Totschlag z.B. kann es die Nichtwahrnehmung eines Sig-

---

[43] Siehe *Robinson/Grall*, Element Analysis in Defining Criminal Liability, 35 Stan. L. Rev. 681 (1983).

[44] *Packer*, The Limits of the Criminal Sanction 104–05 (1968). Für eine kurze historische Darstellung von common law *mens rea, Sayre*, Mens Rea, 45 Harv. L. Rev. 974 (1932).

> nals bedeuten. Es scheint verwirrend, wenn man so viele unterschiedliche Geisteszustände bei einem Namen nennt. Es scheint in der Tat widersprüchlich, wenn man die bloße Geistesabwesenheit als *„mens rea"* oder schuldigen Geist [*guilty mind*] beschreibt. Der Ausdruck ist, um es noch einmal zu sagen, irreführend. Dem Laien suggeriert er, dass das englische Recht keine Tat bestraft, die aus lobenswerten Beweggründen begangen wird, mit anderen Worten, dass eine Tat unmoralisch sein muss, um strafbar zu sein.[45]

Die Geringschätzung des *mens rea* Begriffs war bei den Verfassern des MPC so groß, dass sie ihn schlicht aus dem Bereich eines aufgeklärten Strafrechts verbannten. Worte wie *mens rea* oder den verwandten *intent* (Vorsatz) gelten als nicht mehr hoffähig. Die amerikanische Lehre und Rechtsprechung sind diesem Tabu allerdings meistens nicht gefolgt. Wir werden es in diesem Text auch nicht tun. Denn das amerikanische Strafrecht ohne Bezugnahme auf *intent* zu behandeln, ist genauso unmöglich, wie vom Strafrecht zu sprechen, ohne das Wort Strafe in den Mund zu nehmen.[46]

Der Versuch der Verfasser des MPC, die Vorsatzdogmatik des *common law* gründlich zu überholen, war ein voller Erfolg. Die differenzierte Vorsatzsystematik des MPC wurde weitgehend als wichtiger Fortschritt angesehen. Der Vorsatzparagraph, § 2.02, ist die wohl einflussreichste Vorschrift des MPC, selbst in Staaten, die den MPC ansonsten weitgehend außer Acht lassen.

Der hauptsächliche Vorwurf der Verfasser bestand darin, dass der alte *mens rea* Begriff fälschlicherweise annahm, dass jedes Delikt nur eine *mens rea* zur Voraussetzung habe und es darüber hinaus überhaupt nur eine Form von *mens rea* im gesamten Strafrecht gäbe. Im *common law* drehte sich die Frage nach der strafrechtlichen Verantwortlichkeit eines Täters schließlich immer nur um zwei Fragen: Erstens, liegt ein *actus reus* vor? Und zweitens, liegt *mens rea* vor? Anders ausgedrückt lag Strafbarkeit immer dann vor, wenn der Beschuldigte die erforderliche Handlung begangen hat und die erforderliche Bosheit an den Tag legte, die in allerlei bunten Ausdrücken des alten englischen Rechts umschrieben wurde, wie z. B. *„depravity of will"*[47] (Verdorbenheit des Willens), *„diabolic malignity"*[48] (teuflische Bösartigkeit), *„abandoned"* oder *„bad heart"*[49] (verlassenes oder böses Herz), *„heart regardless of social duty,*

---

[45] Queen v. Tolson, 23 Q. B. 185–186 (1889).

[46] Genau das haben die Verfasser des MPC aber versucht. Der Strafbegriff ist, im auf dem Behandlungsgrundsatz beharrenden MPC, kaum zu finden. *Dubber*, Penal Panopticon: The Idea of a Modern Model Penal Code, 4 Buff. Crim. L. Rev. 53, 70–73 (2000).

[47] *Blackstone*, Commentaries on the Laws of England, 4. Bd., S. 21 (1769).

[48] General Summary of Crimes, and Their Punishments, in Laws of the Commonwealth of Pennsylvania, Bd. 2, S. 558, 568 (1810).

[49] *Blackstone*, Commentaries on the Laws of England, 4. Bd., S. 200 (1769).

and fatally bent on mischief"[50] (Herz ohne Rücksicht auf soziale Pflicht und unheilvoll auf Unheil erpicht), „*wicked heart*"[51] (verruchtes Herz), „*mind grievously depraved*"[52] (ernstlich verworfener Geist) und „*mischievous vindictive spirit*"[53] (unheilvoller rachsüchtiger Geist).

b) Merkmals- und Deliktsanalyse

Ebenfalls von großer Bedeutung war die Einführung der sog. Merkmalsanalyse (*element analysis*), die im Gegensatz zur Deliktsanalyse (*offense analysis*) des *common law* jedes Tatbestandsmerkmal nach seinem subjektiven Aspekt untersuchte. Während im *common law* jedem Tatbestand insgesamt eine Vorsatzform zugeordnet wurde, eröffnet der MPC die Möglichkeit, dass jedem Tatbestands**merkmal** eine Vorsatzform zukommt. Die Einführung der Merkmalsanalyse verfeinerte vor allem die gerichtliche Auslegung im besonderen Teil, da Gerichte jetzt nicht mehr nur die Vorsatzform eines bestimmten Tatbestands zu erörtern hatten, sondern die Vorsatzformen jedes einzelnen Tatbestandsmerkmals, da jedes Element eines Tatbestands nun eine andere Vorsatzform aufweisen kann. Um die Gerichte bei dieser neuen Arbeit zu unterstützen, entwickelten die Verfasser Auslegungsregeln, denen wir uns jetzt zuwenden.

Im *common law* gab es zwei Elemente zu überprüfen: *mens rea* und *actus reus*. Im MPC gibt es dagegen sieben, wenn man *strict liability* (als verschuldensunabhängige Haftung) nicht hinzurechnet. Das Quartett „Absicht, Wissentlichkeit, Rücksichtslosigkeit und Fahrlässigkeit" übernahm die Funktion der *mens rea*, das Trio „Handlung, begleitende Umstände und Erfolg" die des *actus reus*.

Wenn also jedes Tatbestandsmerkmal – nicht nur jeder Tatbestand – seine eigenen subjektiven Voraussetzungen haben kann, stellt sich die Frage, wie man denn feststellen kann, welche *mens rea* Form zu welchem Tatbestandsmerkmal gehört. Die scheinbar einfachste Lösung wäre, das ausdrücklich im Tatbestand festzulegen. Dies würde allerdings zu Tatbeständen führen, die mehr aus subjektiven Voraussetzungen als aus Tatbestandsmerkmalen bestehen. Der an sich einfach strukturierte Tatbestand des Ehebruchs (*adultery*) könnte dann beispielsweise so aussehen: „Ehebruch begeht, wer wissentlich ein Verhalten vornimmt, von dem er weiß, dass es sich dabei um Beischlaf mit einer anderen Person handelt, vorausgesetzt (1) er missachtet rücksichtslos das Risiko, dass er

---

[50] General Summary of Crimes, and Their Punishments, in Laws of the Commonwealth of Pennsylvania, 2. Bd., S. 558, 562, 573 (1810).

[51] Ebenda S. 562.

[52] Ebenda S. 562.

[53] Ebenda S. 570.

mit einer dritten Person verheiratet ist und dass diese dritte Person am Leben ist, oder (2) er missachtet rücksichtslos das Risiko, dass die andere Person verheiratet ist und dass deren Ehepartner am Leben ist."[54]

c) Auslegungsregeln

Um solche monströsen Formulierungen zu vermeiden (die nicht nur unelegant, sondern auch schwer verständlich sind und möglicherweise sogar verfassungswidrig sein könnten), enthält der MPC Auslegungsregeln, die es ermöglichen sollen, jedem Tatbestandsmerkmal eine Vorsatzform zuzuordnen, insbesondere für den Fall, dass im Gesetz keine genannt sein sollte. Diese Aufgabe ist für die Untersuchung der Strafbarkeit eines bestimmten Verhaltens von größter Wichtigkeit. Denn ohne die einzelnen Tatbestandsmerkmale und deren subjektive Voraussetzungen bestimmt zu haben, kann man die Subsumtion des Verhaltens unter einen Tatbestand nicht vornehmen.

aa) Standardannahme

Wenn der Gesetzestext keine subjektive Voraussetzung für ein Tatbestandsmerkmal nennt, so muss mindestens Rücksichtslosigkeit *(recklessness)* vorliegen. § 2.02(3).

> Beispiel: Um den Tatbestand des Ehebruchs in New York zu verwirklichen (also um den Beischlaf mit einer anderen Person zu einer Zeit zu vollziehen, in der der eine oder andere einen lebenden Ehepartner hat), müsste man mindestens rücksichtslos bezüglich der Tatsache gehandelt haben, dass die andere Person zu dieser Zeit verheiratet war. Und da Rücksichtslosigkeit im Model Penal Code wiederum dahingehend definiert ist, dass der Täter bewusst das ernsthafte Risiko missachtet, dass das Tatbestandsmerkmal vorliegen könnte,[55] liest sich das Tatbestandsmerkmal vollständig so: „Zu einer Zeit, als der Täter eine ernsthafte Gefahr missachtet hat, dass die andere Person einen noch lebenden Ehepartner haben könnte" usw.

Hier ist es wichtig, wie bei allen Auslegungsregeln des MPC, dass man diese Auslegungsregel nicht mit einer Beweisvermutung verwechselt.[56] Sie besagt lediglich, dass die Vorsatzform der Rücksichtslosigkeit unter gewissen Umständen im Laufe der Auslegung in das Gesetz hinein zu lesen ist. Sie hat nichts zu tun mit der Beweisfrage, ob der Beschuldigte auch tatsächlich diese subjektive Voraussetzung erfüllt. Das ist eine Frage der strafrechtlichen Verantwortlichkeit und nicht der ihr notwendigerweise vorausgehenden Gesetzesauslegung.

---

[54] Vgl. N. Y. Penal Law § 255.17 („Beischlaf mit einer anderen Person, solange der Täter oder die andere Person einen lebenden Ehepartner hat").

[55] § 2.02(3)(c).

[56] Zu Beweisvermutungen (*presumptions*) s. u. §§ 6.2(a) (Versuch), (d) (Rücktritt).

bb) Übertragung

Falls der Gesetzestext keine subjektive Voraussetzung für ein Tatbestandsmerkmal nennt, aber für ein anderes Tatbestandsmerkmal eine Vorsatzform festlegt, so ist auf diese Vorsatzform abzustellen, es sei denn, aus dem Wortlaut geht eindeutig hervor, dass eine solche Auslegung dem Willen des Gesetzgebers zuwiderläuft. § 2.02(4).

Beispiel: In dem bekannten Morissette-Urteil[57] des Obersten Gerichtshofs war der Angeklagte wegen folgenden bundesrechtlichen Delikts verurteilt worden: „Wer Staatseigentum unterschlägt, stiehlt, entwendet oder wissentlich veruntreut wird mit Geld- oder Freiheitsstrafe bestraft." Gemäß der Übertragungsregel bezieht sich die Vorsatzform „wissentlich" nicht nur auf das ihm unmittelbar folgende Handlungsmerkmal „veruntreuen" sondern auch auf den begleitenden Umstand „Staatseigentum." Es liegen keine Anhaltspunkte dafür vor, dass der Gesetzgeber die Vorsatzform „wissentlich" nur auf das Merkmal „veruntreuen" beschränken wollte.

Das Gericht musste dieses Ergebnis allerdings auf einem umständlicherem Weg erreichen, da der Model Penal Code zur dieser Zeit (1952) noch nicht ausgearbeitet war. Aber selbst wenn der Model Penal Code damals schon verfügbar gewesen wäre, hätte er den Fall nicht ohne Weiteres gelöst. Das Gericht hätte den MPC zwar als Entscheidungshilfe nutzen können. Der MPC als solcher ist aber für den Obersten Gerichtshof, wie auch für jedes andere amerikanische Gericht, nicht verbindlich.[58] Im Morissette-Urteil kam noch hinzu, dass es sich mit einem Bundesgesetz befasste. Und wie wir bereits wissen, gehört das Bundesstrafgesetzbuch zu den amerikanischen Strafgesetzbüchern, die vom direkten Einfluss des MPC bisher unberührt geblieben sind. Demgegenüber haben etwa die Hälfte aller Staaten die Auslegungsregeln des MPC in mehr oder minder veränderter Form in ihre Strafgesetzbücher übernommen.[59]

cc) Strict Liability[60]

Sollte die Deliktsdefinition keine subjektive Voraussetzung für ein Tatbestandsmerkmal nennen, so bedeutet das in der Tat, dass es sich um ein Element der *strict liability* handelt. § 2.05.

---

[57] Morissette v. United States, 342 U. S. 246 (1952).

[58] Vgl. United States v. Matus-Leva, 311 F. 3d 1214, 1219 (9th Cir. 2002) (Übertragungsregel des MPC nicht verbindlich) mit United States v. King, 122 F. 3d 808, 811 (9th Cir. 1997) (Urteil von Farris, J.) (Anwendung der Übertragungsregel des MPC).

[59] *Binder*, Felony Murder and Mens Rea Default Rules: A Study in Statutory Interpretation, 4 Buff. Crim. L. Rev. 401 (2000).

[60] § 2.05.

Beispiel: Gemäß dieser Auslegungsregel wäre jedes Tatbestandsmerkmal des Ehebruchs in New York ein Element der *strict liability*. Es wäre demnach gleichgültig, ob der Täter weiß oder zumindest billigend in Kauf nimmt, dass er einen noch lebenden Ehepartner hat. Dasselbe würde übrigens auch auf die subjektive Seite aller anderer Tatbestandsmerkmale zutreffen. Das heißt, dass die Kenntnis – oder zumindest die Vermutung – folgender Tatsachen ebenfalls nicht erforderlich wäre: dass die andere Person auch wirklich eine Person und kein Hologramm oder eine andersartige Repräsentation einer Person ist, dass die Handlung als Beischlaf und nicht als freundschaftliche Umarmung einzustufen ist, oder dass *der andere* einen lebenden Ehepartner hat, also weder bloß verlobt, noch geschieden oder verwitwet ist.[61]

Der MPC würde eine solche Auslegung des Ehebruchtatbestandes allerdings aus einem anderen Grund nicht zulassen. Er legt nämlich ausdrücklich fest, dass eine verschuldensunabhängige Haftung auf „nichtkriminelle“ (*noncriminal*) Delikte, sog. Übertretungen (*violations*), beschränkt bleiben muss, es sei denn, es handelt sich um Delikte des Nebenstrafrechts.[62]

Ein Delikt ist dann als Übertretung zu qualifizieren, wenn es ausdrücklich als solche bezeichnet wird, oder wenn die Strafandrohung keine noch so kurze Freiheitsstrafe enthält (also Geldstrafe jeglicher Höhe, Vermögensverfall oder andere zivile Sanktionen, wie z.B. Entzug der Anwaltszulassung).[63] Entscheidend ist die Höhe der gesetzlich angedrohten, nicht der tatsächlich verhängten Strafe.

Demnach würde der MPC die Tatbestandsmerkmale des Ehebruchs nicht als Elemente der *strict liability* auslegen, da diese Vorschrift in New York ein Vergehen ist.[64]

Die Gesetzgeber in einzelnen Staaten, die ansonsten den Auslegungsregeln des MPC gefolgt sind, haben sicher allerdings keine ähnliche Beschränkung der *strict liability* auferlegt.[65] Im New York Penal Law z.B.

---

[61] Ganz so abwegig ist dies nicht. In der Tat war Ehebruch eine der typischen verschuldensunabhängigen Straftaten des *common law*. Wiederholt wurde der gut begründete Glauben an das Ableben des Ehepartners für unbeachtlich erklärt, da der begleitende Umstand des „lebenden Ehepartners“ ein rein objektives Tatbestandsmerkmal darstellte. Commonwealth v. Thompson, 6 Allen 591 (Mass. 1863) (Thompson I); Commonwealth v. Thompson, 11 Allen 23 (Mass. 1865) (Thompson II).

[62] § 2.05 (1) (b). Nachdem die Verfasser des MPC diese Hintertür geöffnet hatten, haben sie auch gleich versucht, sie wieder zu schließen, indem sie festlegten, dass jede verschuldensunabhängige Haftung des Nebenstrafrechts als bloße Übertretung ausgelegt werden soll. § 2.05 (2) (a).

[63] § 1.04(5).

[64] Erstens ist sie im New Yorker Strafgesetzbuch ausdrücklich als Vergehen bezeichnet und zweitens wird sie mit Freiheitsstrafe bis zu drei Monaten bestraft. N. Y. Penal Law § 70.15(2).

[65] Siehe vor allem den *felony murder*, der jede Tötung während oder aufgrund des Begehens bestimmter Verbrechen als Mord einstuft. S. u. § 4(b).

gibt es keine Regel, die einem Gericht verbietet, selbst schwerste Verbrechen als verschuldensunabhängiges Delikt auszugestalten. So findet man im New York Penal Law u.a. verschuldensunabhängige Drogenverbrechen, die harte Strafen bis zu einer lebenslangen Freiheitsstrafe androhen, ohne die Notwendigkeit irgendeiner Vorsatzform hinsichtlich solcher Tatbestandsmerkmale wie Besitz (Handlung) oder Art und Gewicht der Drogen (begleitender Umstand).[66]

Das New York Penal Law enthält eine generelle Auslegungsvermutung gegen verschuldensunabhängige Haftung, aber es limitiert anders als der MPC verschuldensunabhängige Haftung nicht auf nichtkriminelle Delikte. Vielmehr erkennt es verschuldensunabhängige Delikte ohne Einschränkung an, vorausgesetzt die Rechtsvorschrift spiegelt klar den Willen Gesetzgebers wider, eine verschuldensunabhängige Haftung zu schaffen.[67] Darüber hinaus wurde die Unterscheidung zwischen Haupt- und Nebenstrafrecht bezüglich der *strict liability* abgeschafft.[68]

d) *Vorsatzformen*

Angenommen man hat mit Hilfe der genannten Auslegungsregeln die objektiven und subjektiven Merkmale eines bestimmten gesetzlichen Tatbestand festgestellt. Bevor wir uns der Subsumtion eines Verhaltens unter den Tatbestand zuwenden können, müssen wir allerdings zuerst klären, worin genau die subjektiven Strafbarkeitsvoraussetzungen bestehen. Es geht mit anderen Worten um die Definition der Vorsatzformen.

Wie oben bereits erwähnt, waren die Verfasser des MPC nicht damit zufrieden, den einzelnen Merkmalen eines Tatbestands unterschiedliche subjektive Vorsatzformen zuzuordnen. Sie definierten darüber hinaus jede Vorsatzform unterschiedlich je nachdem, auf welches Tatbe-

---

[66] Der *United States Supreme Court* hat hier übrigens keine verfassungsrechtlichen Bedenken. Harmelin v. Michigan, 501 U. S. 957 (1991) (lebenslange Freiheitsstrafe ohne vorzeitige Entlassung für den einfachen Drogenbesitz).

[67] N. Y. Penal Law § 15.15 (2). Als das höchste Gericht in New York eine Vorsatzform in ein Verbrechen des Drogenstrafrechts hineinzulesen versuchte, änderte der Gesetzgeber prompt den Tatbestand um klarzustellen, dass er in der Tat ein Verbrechen der *strict liability* beabsichtigt hatte. People v. Ryan, 82 N. Y.2d 497 (1993).

[68] Auch die Standardannahme (siehe aa.) oben) wurde geändert. Die hineinzulesende subjektive Voraussetzung ist in New York Fahrlässigkeit, nicht Rücksichtslosigkeit. N. Y. Penal Law § 15.15 (2). (In anderen Staaten wird dagegen stillschweigend Absicht oder Wissentlichkeit vorausgesetzt. *Binder*, Felony Murder and Mens Rea Default Rules: A Study in Statutory Interpretation, 4 Buff. Crim. L. Rev. 399 (2000).) Die Übertragungsregel (siehe bb.) oben) wurde dagegen im wesentlichen unverändert übernommen. N. Y. Penal Law § 15.15 (1).

standsmerkmal sie sich bezieht. Die folgende Übersicht stellt die differenzierten Definitionen der einzelnen Vorsatzformen gem. § 2.02(2) dar.[69]

Übersicht 1
Vorsatzformen bezüglich der Tatbestandselemente (Model Penal Code)

	Handlung	**Begleitende Umstände**	**Erfolg**
Absicht *(purpose)*	zielgerichteter Wille *(conscious object)*	Kenntnis, Glauben, Hoffnung (awareness, belief, hope)	zielgerichteter Wille
Wissentlichkeit *(knowledge)*	Kenntnis *(awareness)*	Kenntnis	Wissen um eine an Sicherheit grenzende Wahrscheinlichkeit *(awareness of practical certainty)*
Rücksichtslosigkeit *(recklessness)*	[nicht definiert]	bewusstes Missachten eines erheblichen, nicht zu rechtfertigenden Risikos *(conscious disregard of substantial & unjustifiable risk)*[70]	bewusstes Missachten eines erheblichen, nicht zu rechtfertigenden Risikos
Fahrlässigkeit *(negligence)*	[nicht definiert]	fehlendes Erkennen eines erheblichen, nicht zu rechtfertigenden Risikos *(failure to perceive substantial & unjustifiable risk)*[71]	fehlendes Erkennen eines erheblichen, nicht zu rechtfertigenden Risikos

[69] Vgl. *Robinson/Grall*, Element Analysis in Defining Criminal Liability, 35 Stan. L. Rev. 681, 697 (1983).

[70] Das Missachten eines Risikos muss „ein grobes Abweichen von dem Verhaltensmaßstab darstellen, den eine rechtstreue Person an Stelle des Handelnden befolgen würde" („gross deviation from the standard of conduct that a law-abiding person would observe in the actor's situation").

[71] Das fehlende Erkennen eines Risikos muss ein „ein grobes Abweichen von dem Sorgfaltsmaßstab darstellen, den eine vernünftige Person an Stelle des Handelnden befolgen würde" („gross deviation from the standard of care that a reasonable person would observe in the actor's situation").

Der Versuch, Vorsatzformen anhand der drei Arten von Tatbestandsmerkmalen zu definieren, stößt auf das bereits erwähnte Problem, dass es nicht immer leicht ist, Tatbestandsmerkmale der einen oder anderen Kategorie zuzuordnen. Wenn, wie die Verfasser selbst zugeben mussten, „die Unterscheidung zwischen Handlung, begleitenden Umständen oder Erfolg nicht immer klar ist,“[72] dann ist es auch nicht immer klar, welche Definition einer Vorsatzform denn nun zu beachten ist. Die Unterscheidung im MPC selbst ist oft schwierig.[73] Noch heikler wird die Angelegenheit, wenn man sich bestehende Strafgesetzbücher vornimmt, die vor allerhand unhandlicher Tatbestandsdefinitionen nur so strotzen, weil sie von Gesetzgebern stammen, deren Hauptinteresse vorsichtig ausgedrückt nicht unbedingt darin lag, den begrifflichen Klassifikationen des MPC Genüge zu tun.[74]

In vielen auf dem MPC basierenden Strafgesetzbüchern finden sich vereinfachte Versionen des in Übersicht 1 dargestellten Schemas. Das New York Penal Law bietet wiederum ein gutes Beispiel.[75]

Übersicht 2
Vorsatzformen bezüglich der Tatbestandselemente (N. Y. Penal Law)

	Handlung	**Begleitende Umstände**	**Erfolg**
Absicht *(intention)*	zielgerichteter Wille *(conscious objective)*	[nicht definiert]	zielgerichteter Wille
Wissentlichkeit *(knowledge)*	Kenntnis *(awareness)*	Kenntnis	[nicht definiert]
Rücksichtslosigkeit *(recklessness)*	[nicht definiert]	bewusstes Missachten eines erheblichen, nicht zu rechtfertigenden Risikos *(awareness & conscious disregard of substantial & unjustifiable risk)*[76]	bewusstes Missachten eines erheblichen, nicht zu rechtfertigenden Risikos

[72] Komm. § 2.02, S. 240.

[73] Wie unterscheidet man z.B. bei einem so zentralen Tatbestand wie der Tötung (*homicide,* § 210.1) „Handlung“ von „begleitenden Umständen“ und „Erfolg“?

[74] Dies ist ein Beispiel, das von der offiziellen Kommentierung zum Code genannt wird. Es handelt sich um ein recht einfach gehaltenes Bundesgesetz:„ Eine Person macht sich strafbar, wenn sie durch Feuer oder Explosion, (1) eine öffentliche Einrichtung beschädigt; oder (2) ein Gebäude oder ein öffentliches Bauwerk nicht nur unerheblich beschädigt.“ Komm. § 2.02, S. 240.

[75] N. Y. Penal Law § 15.05.

[76] Das bewusste Missachten eines Risikos muss „ein grobes Abweichen von dem Verhaltensmaßstab darstellen, den eine vernünftige Person an Stelle des Handelnden

	Handlung	Begleitende Umstände	Erfolg
Fahrlässigkeit *(criminal negligence)*	[nicht definiert]	fehlendes Erkennen eines erheblichen, nicht zu rechtfertigenden Risikos *(failure to perceive substantial & unjustifiable risk)*[77]	fehlendes Erkennen eines erheblichen, nicht zu rechtfertigenden Risikos

Im Folgenden wenden wir uns den einzelnen Vorsatzformen im Schema des MPC zu.[78]

aa) Absicht (purpose)

Das Unterscheidungsmerkmal der Absicht besteht im Begriff des zielgerichteten Willens. Obwohl die Absicht genau wie jede andere Vorsatzform theoretisch jeder Art von Tatbestandsmerkmal zugeordnet werden kann, so bezieht sie sich doch weitgehend auf den Erfolg. Was den Erfolg angeht, reicht es für die Absicht nicht aus, dass der Täter wusste, dass sein Verhalten einen bestimmten Erfolg nach sich ziehen würde oder dass er diesen Erfolg billigend in Kauf nahm.[79] Er muss es auf ihn **abgesehen** haben.

Nun haben die Verfasser des MPC in ihrem Bemühen um Vollständigkeit die Absicht auch im Hinblick auf begleitende Umstände definiert.[80] In Bezug auf begleitende Umstände ist Absicht allerdings nicht zielgerichteter Wille, sondern verlangt nur, dass der Täter von der „Existenz der Umstände weiß, oder zumindest glaubt oder hofft, dass sie existieren."[81] Dies mag daran liegen, dass begleitende Umstände meist dem Einfluss des Täters entzogen sind. Nimmt man z.B. die klassische Unterscheidung des anglo-amerikanischen Strafrechts zwischen einem

befolgen würde" („gross deviation from the standard of conduct that a reasonable person would observe in the situation").

[77] Das fehlende Erkennen eines Risikos muss „ein grobes Abweichen von dem Sorgfaltsmaßstab darstellen, den eine vernünftige Person an Stelle des Handelnden befolgen würde" („gross deviation from the standard of care that a reasonable person would observe in the situation.").

[78] Für einen Vorläufer im *common law* zum Schema der unterschiedlichen Vorsatzformen im MPC, siehe Regina v. Faulkner, 13 Cox Crim. Cas. 550, 557 (1877) (Urteil von Fitzgerald, J.).

[79] In der Tat ist Absicht ohne Wissentlichkeit bezüglich des Erfolgs möglich. Siehe z.B. People v. Steinberg, 79 N. Y.2 d 673 (1992).

[80] Der New Yorker Gesetzgeber tat dies aus guten Gründen nicht.

[81] § 2.02(2)(a)(ii).

gewöhnlichen Einbruchdiebstahls während des Tages und einem erschwerten Einbruchdiebstahl in der Nacht, so ist es entweder hell oder dunkel, wenn der Täter die Tat begeht. Kein noch so zielgerichteter Wille kann den Tag in die Nacht verwandeln.

Trotzdem kann man sich Fälle vorstellen, in denen der Täter es ganz bewusst auf einen bestimmten begleitenden Umstand abgesehen hat. So mag er alles darauf setzen seinen Einbruchdiebstahl im Schutz der Dunkelheit zu begehen, oder aber er ist darauf erpicht, sich ein Opfer mit bestimmten begleitenden Umständen zu verschaffen. Ein rassistischer Täter würde nicht nur wissen, glauben oder hoffen, dass sein Opfer einer bestimmten Rasse angehört, sondern ohne den zielgerichteten Willen, einem Opfer mit diesem Merkmal zu schaden, würde er überhaupt nicht tätig werden. Die umstrittenen *hate crimes* (Verbrechen aus Hass) sind genau auf diesen Tätertyp ausgerichtet.[82]

Wie dem auch sei, die Definition von Absicht in Bezug auf begleitende Umstände im MPC erleichtert die Aufgabe des Staatsanwalts, der dem Angeklagten statt eines zielgerichteten Willens nur einen Glauben an die Existenz des jeweiligen begleitenden Umstands nachweisen muss.

bb) Wissentlichkeit (knowledge)

Der Kern der Wissentlichkeit ist das Sich-Bewusstsein. Um z.B. wissentlich eine bestimmte Handlung zu tätigen, muss ich mir laut MPC bewusst sein, dass ich so handle. Und um wissentlich mit Bezug auf begleitende Umstände zu handeln, muss ich mir wiederum bewusst sein, dass die Umstände tatsächlich zutreffen, also dass es z.B. bereits „Nacht" ist.[83]

Bei der Absicht passten die begleitenden Umstände nicht so recht in die Definition des MPC. Bei Wissentlichkeit ist es der Erfolg. Ohne übernatürliche seherische Fähigkeiten kann niemand *wissen*, dass sein Handeln einen gewissen Erfolg herbeiführen wird. Der Zukunft ist man sich nie bewusst. Deswegen definiert der MPC Wissentlichkeit in Bezug auf Erfolgsmerkmale nicht als Sich-Bewusstsein, sondern als Wissen um die an Sicherheit grenzende Wahrscheinlichkeit (*substantial certainty*), dass der Erfolg eintreten wird.[84]

Absicht unterscheidet sich also von Wissentlichkeit dadurch, dass sie einen zielgerichteten Willen statt einem bloßen Bewusstsein voraussetzt. Dieser Unterschied ist vor allem in Bezug auf den Erfolg von einer gewissen theoretischen Bedeutung. Derjenige der einen tatbestandlichen

---

[82] Siehe z.B. State v. Wyant, 64 Ohio St. 3d 566 (1992).

[83] Siehe z.B. § 221.1(2) (erschwerter Einbruchdiebstahl „bei Nacht").

[84] Auch diese Schwierigkeit hat der New Yorker Gesetzgeber dadurch vermieden, dass er die Wissentlichkeit in Bezug auf Erfolg gar nicht erst definiert hat.

Erfolg beabsichtigt, ist von demjenigen zu unterscheiden, der ihn nur für so gut wie sicher hält.

In der dogmatischen Praxis spielt der Unterschied von Absicht und Wissentlichkeit allerdings kaum eine Rolle. Im MPC ist, wie oben erwähnt, Rücksichtslosigkeit die Mindestvoraussetzung bei der Vorsatzform. Da in aller Regel aus diesem Grund Rücksichtslosigkeit für eine Strafbarkeit bereits ausreicht, besteht selten Anlass zu entscheiden, ob entweder Absicht oder Wissentlichkeit vorliegt. Dazu kommt noch, dass die meisten Delikte, die mehr als Rücksichtslosigkeit voraussetzen, nicht Absicht, sondern lediglich Wissen verlangen. Im MPC ist z.B. Mord die wissentliche *oder* absichtliche Herbeiführung des Todes einer anderen Person.[85]

Gleichwohl gibt es einige Delikte, die ausdrücklich Absicht statt Wissentlichkeit erfordern.[86] Zu ihnen zählt der Hochverrat, der die Absicht voraussetzt, dem Feind Hilfe („*aid and comfort*") zu leisten.[87]

cc) Rücksichtslosigkeit (recklessness)

Von größerer praktischer Bedeutung ist dagegen die Vorsatzform der Rücksichtslosigkeit. Der MPC bietet nur eine Definition der Rücksichtslosigkeit (wie auch der Fahrlässigkeit), die sowohl auf begleitende Umstände als auch auf das Tatbestandsmerkmal des Erfolgs anzuwenden ist.

Eine Definition von Rücksichtslosigkeit in Bezug auf Handlung wird nicht geboten. Wegen des naturalistischen Handlungsbegriffs des MPC ist es auch nicht ganz einfach, sich eine rücksichtslose (oder fahrlässige) Handlung vorzustellen. Hier kommen sich *mens rea* und *actus reus* etwas ins Gehege.[88] Wenn eine Handlung erst dann als eine solche zu qualifizieren ist, wenn sie ein willkürlicher Akt im Sinne des MPC ist, so ist es fraglich, wie ein Akt gleichzeitig willkürlich und bloß rücksichtslos (oder fahrlässig) sein kann. Denn um willkürlich zu sein, muss das Verhalten des Beschuldigten das „bewusste oder gewohnheitsmäßige Produkt einer Willensbetätigung" sein.[89] Man handelt aber rücksichtslos, wenn man bewusst das Risiko missachtet, dass ein bestimmter

---

[85] § 210.1.

[86] Hierzu ist anzumerken, dass die verschiedenen Vorsatzformen im MPC aufeinander aufbauen und einander voraussetzen. Dies hat zur Folge, dass der Nachweis einer „höheren" Vorsatzform den Nachweis aller „niedrigeren" Vorsatzformen impliziert. Die Staatsanwaltschaft hat so jederzeit die Möglichkeit, über die Mindestvoraussetzungen eines Tatbestands hinauszugehen und zu versuchen, eine höhere Vorsatzform nachzuweisen, als das Delikt eigentlich erfordert.

[87] Siehe Haupt v. United States, 330 U. S. 631, 641 (1947).

[88] Siehe In re L., 121 Misc. 2d 271 (N. Y. Fam. Ct. 1983).

[89] § 2.01(2)(d).

Sachverhalt vorliegt und fahrlässig, wenn man nicht einmal dieses Risiko wahrnimmt. Wenn ich mir nur der Wahrscheinlichkeit bewusst bin, eine gewisse Handlung vorzunehmen, dann wäre es verfehlt, dieses Verhalten als willkürlich zu bezeichnen. Und das gilt umso mehr für die Fahrlässigkeit, wo ich mir noch nicht einmal dieser Wahrscheinlichkeit bewusst bin, also mich sozusagen nicht einmal verdächtige, eine bestimmte Handlung zu begehen. Mit anderen Worten scheint der **Handlungsgrundsatz** zu verlangen, dass jede Handlung mindestens mit der **Vorsatzform** der **Wissentlichkeit** (und nicht bloß Rücksichtslosigkeit oder Fahrlässigkeit) begangen wird.[90]

Die Tötungsdelikte im MPC bieten ein gutes Beispiel für die praktische Bedeutung der Abgrenzung zwischen Wissentlichkeit und Rücksichtslosigkeit. Im Model Penal Code unterscheiden sich Mord und Totschlag im Wesentlichen durch ihre subjektiven Voraussetzungen. So ist die wissentliche oder absichtliche Verursachung des Todes eines anderen Menschen Mord. Die rücksichtslose Verursachung des Todes eines anderen Menschen ist dagegen nur Totschlag.[91]

Die Grenze zwischen Wissentlichkeit und Rücksichtslosigkeit folgt darüber hinaus weitgehend der *common law* Unterscheidung von besonderem und allgemeinem Vorsatz (*specific* und *general intent*) und verbindet somit die Schuldlehre des MPC mit dem traditionellen angloamerikanischen Strafrecht. Der allgemeine Begriff Vorsatz (*intent*) ist wie bereits erwähnt dem Model Penal Code fremd.

Trotz der eifrigen Bestrebungen der Verfasser des MPC lebt der Begriff *intent* im amerikanischen Strafrecht weiter. Das tut kaum Wunder, da Auswirkungen der Unterscheidung zwischen besonderem und allgemeinem Vorsatz auch im Model Penal Code noch anzutreffen sind, wenn auch nur versteckt. So bewahrt der MPC z.B., wie wir später sehen werden, die traditionelle Regel des *common law* bei, dass die Verteidigungsmöglichkeit der Bewusstseinsstörung durch Trunkenheit nur bei Delikten eingreifen kann, die einen besonderen Vorsatz voraussetzen, nicht aber bei Delikten, die sich mit einem allgemeinen Vorsatz begnügen.[92] Darüber hinaus stellten die Verfasser des MPC klar, dass die Standardannahme der Rücksichtslosigkeit (s.o. 1. Auslegungsregel)

---

[90] Siehe Robinson, Should the Criminal Law Abandon the Actus Reus-Mens Rea Distinction?, in *Shute/Gardner/Horder* (Hrsg.), Action and Value in Criminal Law 187 (1993).

[91] Rücksichtslosigkeit genügt allerdings dann zur Strafbarkeit wegen Mordes, wenn die Tötung „unter Umständen" begangen wurde „die eine extreme Gleichgültigkeit des Täters gegenüber dem Wert menschlichen Lebens belegen." § 210.2(1)(b). Gleichzeitig gilt eine wissentliche oder absichtliche Tötung dann nur als Todschlag, wenn sie „unter dem Einfluss extremer psychischer oder emotionaler Verwirrung begangen wurde, für die eine vernünftige Erklärung oder Entschuldigung vorliegt." § 210.3(1)(b). Siehe unten § 16.

[92] Siehe unten § 4.3(a).

die althergebrachte *mens rea* Voraussetzung des *common law* widerspiegelt, nach der jedes Delikt eine *mens rea* (*intent*, *scienter*, usw.) voraussetzte.[93]

Die folgende Übersicht stellt das Verhältnis der Vorsatzformen des MPC zu zwei Verständnissen des traditionellen Vorsatzbegriffs des *common law* dar.

Übersicht 3
Vorsatzformen im MPC und im common law

Model Penal Code

	Absicht	**Wissentlichkeit**	**Rücksichtslosigkeit**	**Fahrlässigkeit**
Common Law 1[94]	Vorsatz ⟶	⟶	⟶	Fahrlässigkeit ⟶
	besonderer ⟶	allgemeiner ⟶	⟶	
Common Law 2[95]	Vorsatz ⟶	⟶	⟶	⟶
	besonderer ⟶	⟶	allgemeiner ⟶	⟶

Diese Übersicht ist bei weitem nicht vollständig. So wurden z.B. Delikte mit einem sekundären Vorsatz, wie Körperverletzung mit Tötungsabsicht oder Einbruch mit Diebstahlsabsicht, nicht berücksichtigt, obwohl diese häufig zu den Delikte mit „besonderem Vorsatz" gezählt wurden, weil sie ausdrücklich auf einen bestimmten Vorsatz (z.B. die Tötungsabsicht) abstellten, im Gegensatz zu solchen Delikte, deren subjektive Schuldvoraussetzungen sich aus dem allgemeinen *mens rea* Grundsatz ergaben, und die daher als Delikte mit „allgemeinem Vorsatz" bezeichnet wurden.

Um den Unterschied zwischen Wissentlichkeit und Rücksichtslosigkeit im MPC zu verdeutlichen, ist es nützlich, zwei Ebenen der Schuldhaftigkeit voneinander zu trennen: Die **Einstellung** des Täters und die **Wahrscheinlichkeit** eines Schadenseintritts.[96]

Wissentlichkeit und Rücksichtslosigkeit unterscheiden sich am deutlichsten auf der Ebene der Wahrscheinlichkeit. Wissentlichkeit erfordert Gewissheit des Täters (bzw. praktische Gewissheit, wenn es um die

[93] Komm. § 2.02, S. 244. Dieser Grundsatz traf auf vom Gesetzgeber definierte Delikte nicht zu. Bei sog. *statutory crimes* (also gesetzlichen Delikte) konnte der Gesetzgeber auf jegliche Schuldvoraussetzung verzichten. S. u. § 5.3(b) (Irrtum und *strict liability*).

[94] La. Crim. Code §§ 10–12 (1942).

[95] State v. Cameron, 104 N. J. 42, 514 A.2d 1302 (1986).

[96] Diese Ebenen als resp. „subjektiv" und „objektiv" zu bezeichnen, wäre wohl irreführend. So hat z.B. die Wahrscheinlichkeit, dass ein Erfolg eintritt, auch eine subjektive Seite, insoweit das Beachten (Rücksichtslosigkeit), das Nichtbeachten (Fahrlässigkeit) oder die anderweitige Einstellung des Täters (Hinnahme usw.) bzgl. des Erfolgseintritts seine Schuldhaftigkeit mitbestimmt.

Wahrscheinlichkeit eines Erfolgseintritts geht). Rücksichtslosigkeit dagegen erfordert nicht Gewissheit, sondern nur ein „wesentliches Risiko."[97] Der Unterschied zwischen Mord und Totschlag z.B. liegt darin, dass der Täter im ersten Fall sich praktisch sicher ist, dass er den Tod eines Menschen herbeiführen wird, während er im zweiten Fall nur weiß, dass er den Tod eines Menschen wahrscheinlich herbeiführen wird. Welche Wahrscheinlichkeit unter 100% noch als „wesentliches Risiko," und damit als rücksichtslos gilt, haben die Verfasser des MPC bewusst offengelassen. Die Erörterung dieser Frage bleibt der Jury im Einzelfall überlassen, bzw. in einem *bench trial* ohne Geschworene dem Tatrichter.[98]

Auf der Ebene der Wahrscheinlichkeit leuchtet es ein, warum die Strafbarkeit wissentlichen Handelns höher eingestuft werden sollte als die rücksichtslosen Handelns. Dieselbe Handlung ist schuldhafter (und zudem gefährlicher), wenn sie begangen wird mit der praktischen Gewissheit, dass sie einen bestimmten Schaden herbeiführen wird, als wenn man sich nur einer geringeren Wahrscheinlichkeit eines schädlichen Erfolgs bewusst ist.

Das bedeutet aber nicht, dass sich die strafrechtliche Verantwortlichkeit (oder die Gefährlichkeit) genau proportional zum Element der Wahrscheinlichkeit verhält. Die Vorsatzform der Absicht beispielsweise stellt im MPC die „höchste" Vorsatzform dar; absichtliches Handeln spiegelt den höchsten Grad strafrechtlicher Verantwortlichkeit wider und wird härter bestraft als jede andere Art von Handlung, einschl. wissentlichen Handelns. Trotzdem liegt Wissentlichkeit auf einer Wahrscheinlichkeitsskala vor der Absicht. Die Definition von Absicht in Bezug auf Handlung oder Erfolg enthält keinerlei Wahrscheinlichkeitselement.[99]

---

[97] Der MPC erfordert darüber hinaus, dass das Risiko „nicht zu rechtfertigen ist". Dieser Gesichtspunkt kann jedoch sinnvoller im Rahmen der Rechtfertigungsgründe, statt der Tatbestandsmäßigkeit, behandelt werden. Siehe unten Teil 3. Die Verfasser hatten hierbei typische Rechtfertigungskonstellationen vor Augen, wie z.B. wenn ein Chirurg das Risiko einer gefährlichen Operation eingeht, um das Leben des Patienten zu retten. Komm. § 2.02, S. 237.

[98] Komm. § 2.02, S. 237. Für mindere Delikte (Strafmaß unter 6 Monaten) hat der Angeklagte kein Recht auf eine Jury. Auch wenn ihm eine Jury zusteht, kann der Angeklagte allerdings auf diese verzichten und entweder eine Hauptverhandlung vor einem Tatrichter ohne Jury wählen oder aber auf die Hauptverhandlung ganz verzichten und ein *guilty plea* (formelles Schuldeingeständnis) einreichen. Jede Erwähnung der Jury im amerikanischen Strafrecht ist mit Vorsicht zu genießen. Etwa 90% aller Fälle werden ohne die Jury, und zwar vor allem durch *plea bargaining* erledigt. Vgl. *Dubber*, American Plea Bargains, German Lay Judges, and the Crisis of Criminal Procedure, 49 Stan. L. Rev. 547 (1997).

[99] Die Definition von Absicht in Bezug auf begleitende Umstände erwähnt zwar, dass man sich der Umstände bewusst sein muss. Wie bereits erwähnt, genügt aller-

Was zählt, ist die Frage, ob der Handelnde den „zielgerichteten Willen“ hat, in einer bestimmten Art und Weise zu handeln oder einen bestimmten Erfolg herbeizuführen. Es kommt nicht darauf an, wie wahrscheinlich es ist, dass sich sein zielgerichteter Wille realisiert.[100] Im Falle des Hochverrats ist es z.B. unerheblich, ob der Täter bei der Übergabe von Geheimdokumenten sicher sein kann, dass er damit „dem Feind hilft“ oder aber nur eine Chance besteht, dass dem so ist. Für den Hochverrat genügt die kriminelle Einstellung; die Absicht ist ausschlaggebend, die Wahrscheinlichkeit des Erfolgs ist irrelevant.[101]

Was die kognitiven Voraussetzungen beim Täter, also das Element der Einstellung angeht, sind sich Wissentlichkeit und Rücksichtslosigkeit sehr ähnlich. Beide erfordern, dass man sich über gewisse Gegebenheiten bewusst ist. Der Hauptunterschied liegt stattdessen auf der Wahrscheinlichkeitsebene: der wissentlich Handelnde ist sich einer praktischen Gewissheit bewusst, der rücksichtslos Handelnde nur eines erheblichen Risikos.

Doch auch auf der Einstellungsebene unterscheiden sich die beiden Vorsatzformen. Für die Wissentlichkeit ist das Sich-Bewusstsein ausreichend. Rücksichtslosigkeit erfordert dagegen mehr als ein bloßes Sich-Bewusstsein, sondern zusätzlich ein „bewusstes Missachten.“ Das New York Penal Law bringt dies zum Ausdruck, indem es Rücksichtslosigkeit dahingehend definiert, dass der Täter „sich eines … Risikos bewusst ist **und** dieses bewusst missachtet.“[102]

Um den Unterschied von einem bloßen Sich-Bewusstsein und einem bewussten Missachten zu verdeutlichen, bietet es sich ein kurzer Vergleich zum deutschen Strafrecht an. Dort wird scharf unterschieden zwischen einem Verhalten, von dem der Täter ernsthaft und nicht nur vage hofft, dass es nicht zum Erfolgseintritt führen werde (bewusste Fahrlässigkeit) und einem Verhalten, in dem er sich zumindest mit dem Erfolgseintritt abfindet und diesen billigend in Kauf nimmt (bedingter Vorsatz). Obwohl sich der Täter in beiden Konstellationen über ein Risiko des Erfolgseintritts bewusst ist, so wird doch nur der zweite Fall als vorsätzliches und somit als willentliches Verhalten behandelt.[103]

---

dings auch der Glaube an, bzw. die Hoffnung auf die Erfüllung des jeweiligen begleitenden Umstands. S. o. § 5.2(d)(aa).

[100] Siehe z.B. People v. Steinberg, 79 N. Y.2d 673 (1992); United States v. Gypsum, 438 U. S. 422, 445 (1978).

[101] Das Rechtsinstitut des untauglichen Versuchs wird später noch behandelt werden. An dieser Stelle sei aber schon gesagt, dass der MPC die Verteidigungsmöglichkeit des untauglichen Versuchs nicht kennt. Siehe unten § 6.2 (a).

[102] N. Y. Penal Law 15.05(3) (Hervorhebung vom Verf.). S. o. Übersicht 2.

[103] Siehe z.B. die Abgrenzung des Bundesgerichtshofes zwischen dolus eventualis (vorsätzlichem Handeln) und bewusster Fahrlässigkeit in BGHSt 36, 1 (9).

Beispiel: Ein begeisterter Hobbyschütze beschließt, sein neues Gewehr auszuprobieren. Dazu fährt er zu einem abgelegenen Gelände außerhalb der Stadt und zielt auf die Fenster eines verfallenen und ausgebrannten Gebäudes. Dabei trifft er einen Obdachlosen, der in dem Gebäude Unterschlupf gesucht hat, und verwundet ihn schwer. Nehmen wir jetzt weiter an, der Täter war sich bewusst, dass dieser Schaden möglicherweise hätte eintreten können, auch wenn er sich dessen nicht ganz sicher war. In einem Fall hofft er ernsthaft, dass sich niemand in dem Gebäude befindet und dass falls sich doch jemand darin aufhalten sollte, er diese Person nicht treffen würde. In einem anderen Fall kümmert er sich nicht darum, ob jemand verletzt wird – schließlich, so denkt er, begeht der Obdachlose ja einen Hausfriedensbruch!

Nach deutschem Strafrecht hätte der Täter nur im zweiten Fall wissentlich und willentlich und somit vorsätzlich (mit dolus eventualis) gehandelt, aber nicht im ersten Fall.

Es bleibt zu erörtern, ob der Model Penal Code in ähnlicher Weise zwischen diesen beiden Fälle differenzieren würde. Klar ist, dass weder im ersten noch im zweiten Fall Wissentlichkeit vorliegt. Der Täter handelte nicht wissentlich im Hinblick auf den Erfolgseintritt, da er sich nicht praktisch gewiss sein konnte, dass sein Handeln zu dem vorliegenden Erfolg führen würde.

Unbestritten ist auch, dass der Täter im zweiten Fall rücksichtslos gehandelt hat. Er war sich des Risikos bewusst und hat es bewusst missachtet.

Ob er auch im ersten Fall rücksichtslos gehandelt hat, hängt von dem Verständnis der Voraussetzung „bewusstes Missachten" ab. Falls „bewusstes Missachten" nicht mehr bedeutet, als trotz eines erkannten Risikos zur Tat zu schreiten, so hätte der Täter auch im ersten Fall rücksichtslos gehandelt. Dem wäre nicht so, falls „bewusstes Missachten" mehr erfordern sollte, z.B. dass man sich mit dem als möglich erkannten Risiko (in unserem Fall also die Verletzung bzw. den Tod des Obdachlosen) auch abfindet und es in Kauf nimmt. Der MPC lässt diese Frage offen.[104]

[104] Siehe *Michaels*, Acceptance: The Missing Mental State, 71 S. Cal. L. Rev. 953 (1998). Von Interesse ist in dieser Beziehung der Mordparagraph des MPC, der rücksichtlose Tötungen dann also Mord bestraft, wenn sie begangen werden unter „Umständen die eine extreme Gleichgültigkeit des Täters gegenüber dem Wert menschlichen Lebens belegen." § 210.2(1)(b); vgl. ebenfalls § 211.1(2)(a) (schwere Körperverletzung). Über die dogmatische Bedeutung dieses Satzes besteht allerdings Uneinigkeit. Insbesondere ist ungeklärt, ob es sich hierbei um ein Schuldmerkmal der subjektiven Einstellung handelt oder aber um objektive Umstände, die der Täter noch nicht einmal erkannt, geschweige denn in Kauf genommen haben muss. People v. Register, 60 N. Y.2d 270, 276 (1983) (Mord durch Schusswaffengebrauch in einer vollen Kneipe; fehlende Wahrnehmung des Risikos wegen Volltrunkenheit unbeachtlich, da Wahrnehmung des Risikos nicht erforderlich).

dd) Fahrlässigkeit (negligence)

Auch die Abgrenzung zwischen Fahrlässigkeit und Rücksichtslosigkeit ist von großer Wichtigkeit. Die Standardannahme im MPC ist schließlich, dass strafrechtliche Verantwortung da aufhört, wo Rücksichtslosigkeit endet und Fahrlässigkeit beginnt. Der MPC kennt keinen übergreifenden Begriff wie den Vorsatz, der dann in unterschiedliche Erscheinungsformen (z.B. *specific intent-general intent*, Absicht-Wissentlichkeit-Rücksichtslosigkeit, oder Absicht, dolus directus, dolus eventualis) zerlegt wird, um dann wiederum klar von der Fahrlässigkeit (culpa) getrennt zu werden. Trotzdem ist Rücksichtslosigkeit die subjektive Minimalvoraussetzung für strafrechtliche Verantwortlichkeit und gibt so, zumindest nach Ansicht der Verfasser des MPC, die traditionelle Voraussetzung einer *mens rea* in der Dogmatik des *common law* wieder.

Das heißt nicht, dass es keine Delikte gäbe, die bloße Fahrlässigkeit ausreichen ließen. Es gibt allerdings nur wenige. Der besondere Teil des MPC kennt nur drei: fahrlässige Tötung, tätlicher Angriff mittels einer tödlichen Waffe und gefährliche Sachbeschädigung (fahrlässige Brandstiftung).[105] Das New York Penal Law kennt vier: fahrlässige Tötung, Tötung mittels eines Kraftfahrzeugs, tätlicher Angriff mittels eines Kraftfahrzeugs sowie tätlicher Angriff mittels einer tödlichen Waffe.[106]

Auf der Ebene der Wahrscheinlichkeit unterscheiden sich Fahrlässigkeit und Rücksichtslosigkeit nicht: es reicht ein wesentliches Risiko; praktische Gewissheit ist nicht erforderlich.

Der Unterschied zwischen Fahrlässigkeit und Rücksichtslosigkeit liegt nur in der Einstellung des Täters zu diesem Risiko. Rücksichtslosigkeit verlangt bewusstes Missachten des Risikos; Fahrlässigkeit erfordert weder Sich-Bewusstsein noch Missachten des Risikos.[107] Die fehlende Kenntnis eines Risikos ist allein ausreichend. Der Täter hätte das Risiko erkennen sollen, hat es aber nicht getan. In seiner Unkenntnis liegt der Grund, warum er als schuldig (und gefährlich) angesehen wird und daher strafrechtliche Behandlung benötigt.

Im Model Penal Code findet sich noch eine weitere, untergeordnete Unterscheidung von Rücksichtslosigkeit und Fahrlässigkeit. Bei der Rücksichtslosigkeit steht die Frage im Vordergrund, ob das Verhalten des Beschuldigten „ein grobes Abweichen von dem Verhaltensmaßstab darstellt, den eine rechtstreue Person an Stelle des Handelnden befolgen würde." Bei der Fahrlässigkeit ist der Bezugspunkt nicht eine rechts-

---

[105] §§ 210.4, 211.1(b), 220.3.

[106] N. Y. Penal Law §§ 120.00 (3), 120.03 (1), 125.10, 125.12.

[107] Siehe People v. Strong, 37 N. Y.2d 568 (1975) (Totschlag und fahrlässige Tötung).

treue Person, sondern eine „vernünftige Person."[108] Die praktische Bedeutung dieser Unterschieds ist jedoch eher gering; sie wurde daher auch von vielen Staaten ignoriert, die ihre Strafgesetzbücher auf Grund des MPC reformierten. Das New York Penal Law verwendet in beiden Fällen den Vernunftstandard.[109] Man sollte meinen, dass der Unterschied zwischen einer rechtstreuen und einer vernünftigen Person unbeachtlich wäre. An anderer Stelle definiert der MPC auch die Vernünftigkeit als die Abwesenheit von Rücksichtslosigkeit *oder* Fahrlässigkeit.[110] Es handelt sich hier wohl um den Versuch, den Begriff der Rücksichtslosigkeit gegenüber dem der Fahrlässigkeit etwas einzugrenzen, so dass der unvernünftige Täter zwar immer fahrlässig handeln kann, aber nur dann rücksichtslos vorgeht, wenn er darüber hinaus auch noch die allgemein zu erwartende Rechtstreue vermissen lässt, wobei der Begriff der Rechtstreue allerdings nicht weiter erläutert wird. Das weist wiederum darauf hin, dass er in der Dogmatik der Rücksichtslosigkeit keine zentrale Funktion einnimmt. Die unterschiedlichen Definitionen der Rücksichtslosigkeit und Fahrlässigkeit hatten laut dem Kommentar zum MPC auch nicht die Aufgabe, tiefsinnige dogmatische Probleme zu lösen, sondern lediglich der Jury Hilfestellung zu leisten, wenn sie sich in einem konkreten Fall mit der amorphen Abgrenzung von Rücksichtslosigkeit und Fahrlässigkeit auseinandersetzen muss.[111]

Zum Abschluss sollte noch darauf hingewiesen werden, dass sowohl Rücksichtslosigkeit als auch Fahrlässigkeit eine „grobe" Abweichung von den jeweiligen Verhaltensmaßstäben verlangen. Hier versuchten die Verfasser des MPC vor allem die strafrechtliche Fahrlässigkeit von der zivilrechtlichen Fahrlässigkeit im Deliktsrecht zu unterscheiden. Im Allgemeinen geht das amerikanische Strafrecht diesem heiklen Problem mit der nicht besonders aufschlussreichen Erklärung aus dem Weg, dass „kriminelle Fahrlässigkeit einen höheren Grad von Fahrlässigkeit voraussetzt als die zivilrechtliche Fahrlässigkeit im Deliktsrecht."[112]

Der Unterschied zwischen strafbarer und nicht strafbarer Fahrlässigkeit sollte allerdings nicht mit dem vom deutschen Strafrecht vertrauten Unterschied zwischen bewusster und unbewusster Fahrlässigkeit verwechselt werden. Wie bereits erwähnt, setzt die strafrechtliche Fahrlässigkeit im amerikanischen Strafrecht kein Bewusstsein voraus. Gerade im Fehlen dieses Bewusstseins besteht der Unterschied zur Rücksichtslosigkeit.

---

[108] Vernünftigkeit *(reasonableness)* spielt u. a. auch bei den Entschuldigungsgründen der Nötigung *(duress)* und der Provokation eine wichtige Rolle. Siehe unten §§ 13, 16.

[109] N. Y. Penal Law § 15.05(3) & (4).

[110] § 1.13(16).

[111] Komm. § 2.02, S. 237, 241.

[112] Komm. § 2.02, S. 242; *Hall*, General Principles of Criminal Law (2. Aufl. 1960), S. 124.

Die Grenze von Rücksichtslosigkeit und Fahrlässigkeit sollte ebenfalls nicht ohne weiteres mit der von dolus eventualis und Fahrlässigkeit gleichgesetzt werden. Rücksichtslosigkeit im MPC entspricht dem bedingten Vorsatz im deutschen Strafrecht nur dann, wenn man das „bewusste Missachten" der Rücksichtslosigkeit dahingehend interpretiert, dass es nicht nur das Erkennen eines Risikos, sondern auch die subjektive Einstellung des Inkaufnehmens seiner konkreten Verwirklichung verlangt.

Die unterschiedlichen Vorsatzformen des MPC werden in der folgenden Übersicht noch einmal zusammengefasst:

Übersicht 4
Die verschiedenen Vorsatzformen

	Absicht	**Wissentlichkeit**	**Rücksichtslosigkeit**	**Fahrlässigkeit**
Handlung				
Einstellung:	zielgerichteter Wille	Kenntnis	[nicht definiert]	[nicht definiert]
Wahrscheinlichkeit:	unbeachtlich	100%	[nicht definiert]	[nicht definiert]
Umstände				
Einstellung:	Kenntnis, Glaube, Hoffnung	Kenntnis	bewusstes Nichtbeachten	keine
Wahrscheinlichkeit:	unbeachtlich	100%	wesentliches Risiko	wesentliches Risiko
Erfolg (Schaden)				
Einstellung:	zielgerichteter Wille	Kenntnis	bewusstes Nichtbeachten	keine
Wahrscheinlichkeit:	unbeachtlich	an Sicherheit grenzende Wahrscheinlichkeit	wesentliches Risiko	wesentliches Risiko

ee) Verschuldensunabhängige Haftung (strict liability)

Diese Übersicht vermittelt einen guten Überblick über die verschiedenen Vorsatzformen des MPC. Sie könnte jedoch missverständlich sein, indem sie mit der niedrigsten Vorsatzform, der Fahrlässigkeit, auch das Ende andeutet, dass strafrechtlicher Verantwortlichkeit erreicht wäre. Dem ist allerdings nicht so. Obwohl die Verfasser des MPC der *strict liability* den Kampf ansagten, so konnten sie doch letzten Endes nicht ganz darauf verzichten.[113] Der MPC erlaubt daher die ver-

[113] Komm. § 2.05, S. 282.

schuldensunabhängige Haftung zumindest für die nichtkriminelle Deliktskategorie der Übertretungen (*violations*), sowie für Straftaten des Nebenstrafrechts. Wie bereits erwähnt, haben sich die auf dem MPC basierenden Gesetzbücher allerdings nicht an diese Einschränkung gehalten, so dass die *strict liability* noch längst nicht aus dem amerikanischen Strafrecht verdrängt ist.

Der *United States Supreme Court* hat mehrfach Verfassungsbeschwerden gegen *strict liability* Delikte zurückgewiesen, auch wenn diese mit Freiheitsstrafe belegt waren.[114] Trotzdem hat der *Supreme Court* zu erkennen geben, dass althergebrachte (*malum in se*) Delikte, wie z.B. der Diebstahl, im Zweifelsfall nicht als *strict liability* Delikte zu interpretieren sind, was allerdings nicht bedeutet, dass es einem Gesetzgeber untersagt wäre, auch solche Delikte zweifelsfrei als *strict liability* Delikte zu gestalten.[115] Bei der Auslegung eines Tatbestands, der keine bestimmte Vorsatzform zu erkennen gibt, sollen Gerichte laut dem *Supreme Court* nur dann auf *strict liability* entscheiden, wenn es sich um ein *malum prohibitum* Delikt bzw. um ein *public welfare* Delikt handelt, also ein Delikt, das nur deshalb strafbar ist, weil es der Staat verbietet, bzw. ein Delikt, das dem Schutz des öffentlichen Wohls dient. Die Unterscheidung von *malum prohibitum* und *malum in se* fällt allerdings nicht immer leicht, da jedes Delikt zwangsläufig auch immer ein *malum prohibitum* beschreibt, ganz zu schweigen davon, dass nicht unbedingt einleuchtet, was Straf*recht* überhaupt mit einem *malum in se* (also einer an sich – oder außerrechtlich – bösen Handlung) zu schaffen hat. Da der letzte Grund des Strafrechts der Schutz des öffentlichen Wohls (statt z.B. der Interessen Einzelner, die Gegenstand des Privatrechts sind) sein soll, ist auch die Beschränkung der *strict liability* auf *public welfare* Delikte nicht besonders vielversprechend. Eine Unterscheidung anhand der Strafdrohung kann auch nicht befriedigen,[116] da der *Supreme Court* selbst – wie bereits erwähnt – wiederholt die *strict liability* selbst für Verbrechen bestätigt hat.

Die Abgrenzung von Fahrlässigkeit und verschuldensunabhängiger Haftung ist einfach zu handhaben. Fahrlässigkeit setzt ein schuldhaftes Verkennen eines Risikos voraus, dessen man sich unter normalen Umständen bewusst sein sollte. Verschuldensunabhängige Haftung dagegen fragt weder nach einer subjektiven Einstellung (z.B. Wahrnehmung) noch nach dem Ausbleiben einer subjektiven Einstellung. Die Einstellung des Täters bezüglich eines Erfolgs ist z.B. genau so unbeachtlich

---

[114] Siehe z.B. United States v. Balint, 258 U. S. 250 (1922) (bis zu fünf Jahren Freiheitsentzug); United States v. Dotterweich, 320 U. S. 277 (1943) (bis zu einem Jahr Freiheitsentzug).

[115] Morissette v. United States, 342 U. S. 246 (1952).

[116] So der Vorschlag von *Sayre,* Public Welfare Offenses, 33 Colum. L. Rev. 55, 67 (1933).

wie die Wahrscheinlichkeit, dass der Erfolg eintreten könnte. Einstellung und Wahrscheinlichkeit spielen im Gegensatz zu den bisher aufgezeigten Vorsatzformen bei der *strict liability* keine Rolle.

e) Subsumtion von Verhalten unter eine Verbrechensdefinition

Die Subsumtion ist eigentlich ein Prozess, der im besonderen Teil des Strafrechts stattfindet. Dort wird im Einzelnen geregelt, welche Verhaltensweisen als kriminell angesehen werden. Und dort wird präzisiert, was genau unter den allgemeinen Normen gegen das Töten, das Stehlen usw. gemeint ist. Hat man festgestellt, aus welchen Merkmalen ein Tatbestand des besonderen Teils besteht, kann man untersuchen, ob ein bestimmtes Verhalten von einer bestimmten Person zu einer bestimmten Zeit an einem bestimmten Ort als Mord, Diebstahl, Unterschlagung usw. bezeichnet werden kann.[117]

Im Gegensatz zum *actus reus* wurde die *mens rea* weitgehend aus dem besonderen Teil herausgelöst und in den allgemeinen Teil verlagert. So ersetzten die Verfasser des MPC das zersplitterte *common law* Konzept des *intent*, dem von Delikt zu Delikt (und von Richter zu Richter) eine unterschiedliche Bedeutung zukam, durch vier allgemeine Vorsatzformen, die im allgemeinen Teil definiert sind. Obwohl es nie so viele *mentes reae* wie *actus rei* gab, so kann man aber mit Sicherheit davon ausgehen, dass es eine breit gefächerte Anzahl von subjektiven Voraussetzungen gab, die mit der großen Anzahl an strafrechtlichen Delikten verbunden waren, die das *common law* über Jahrhunderte hervorgebracht hatte. Farbenfrohe Vorsatzformen wie z.B. *malice aforethought* (Mord), *animus furandi* oder *lucri causa* (Diebstahl) mussten dem Quartett von Absicht, Wissentlichkeit, Rücksichtslosigkeit und Fahrlässigkeit weichen.

Der Model Penal Code definiert jedoch nicht nur alle Vorsatzformen im allgemeinen Teil als abstrakte Konzepte, in die das ungeordnete Leben gepresst wird. Er beschreibt darüber hinaus zwei Fälle, in denen eine solche Subsumtion unabhängig vom jeweiligen Delikt von vornherein entfallen kann: Trunkenheit (*intoxication*) und Irrtum (*mistake*). Diese werden im Folgenden behandelt.

---

[117] Es gibt allerdings einige wenige Deliktsdefinitionen, die im allgemeinen Teil des MPC zu finden sind, insbesondere die sog. unvollständigen Delikte (Versuch, Anwerbung, Verschwörung und Besitz). Wenn man einmal von Besitz absieht, sind die unvollständigen Delikte allerdings keine eigenständigen Delikte. Vielmehr handelt es sich um einen bestimmten Typus strafrechtlicher Zurechnung, der an die im besonderen Teil enthaltenen Tatbestände anknüpft. Es gibt kein Delikt „Versuch," sondern nur Delikte wie versuchter Mord, versuchte Vergewaltigung usw. S. u. § 6.2. Besitz wurde bereits oben in § 5.1(d) erläutert; Besitzdelikte werden normalerweise nicht im allgemeinen Teil eines amerikanischen Strafgesetzbuches definiert.

3. Trunkenheit und Tatbestandsirrtum

Die Vorschriften über Trunkenheit und Irrtum im Model Penal Code erscheinen auf den ersten Blick als überflüssig.[118] Sie behandeln lediglich zwei Situationen, in denen der Täter die *mens rea* Voraussetzung für eine strafrechtliche Verantwortung nicht erfüllt. Trunkenheit und Irrtum stehen der Strafbarkeit im Wege, sofern der betrunkene oder sich irrende Täter ein subjektives Tatbestandsmerkmal nicht erfüllt.

Trotzdem werden Trunkenheit und Irrtum oft als Verteidigungsmöglichkeiten eingeordnet. Wenn die Terminologie der Verteidigungsmöglichkeit beibehalten werden soll, dann könnte man Trunkenheit und Irrtum im Gegensatz zu Rechtfertigungs- oder Entschuldigungsgründen als Tatbestandsausschließungsgründe (*element-negating defenses*, *failure-of-proof defenses*) oder angesichts der dreistufigen Verbrechenslehre als Verteidigungsgründe der 1. Stufe (also der Tatbestandsmäßigkeit) bezeichnen.[119]

Die Vorschriften über Trunkenheit und Irrtum regeln Fälle, in denen der Beschuldigte die erforderlichen subjektiven Voraussetzungen nicht erfüllt, weil sein Bewusstsein infolge des Konsums von Alkohol oder anderer Rauschmittel getrübt war oder er sich in einem strafrechtlich beachtlichen Irrtum befand. Tatsächlich legt der Trunkenheitsparagraph fest, dass die Abwesenheit eines subjektiven Tatbestands dann der strafrechtlichen Verantwortlichkeit nicht im Wege steht, wenn sie auf Trunkenheit des Täters zurückzuführen ist.[120] Darüber hinaus bestimmt die Trunkenheitsvorschrift, dass Trunkenheit nur dann ein Entschuldigungsgrund darstellt, wenn sie als *unfreiwillig* einzustufen ist und den

---

[118] Die Vorschrift des MPC zur Einwilligung (§ 2.II) ist ebenfalls zum größten Teil überflüssig, jedoch aus einem anderen Grund. Die Einwilligungsvorschrift ist insofern überflüssig, als sie schlicht klarstellt, dass eine Einwilligung bei all den Delikten zur Straflosigkeit führt, deren Tatbestand ein Handeln gegen den Willen des Opfers (also ohne Einwilligung) voraussetzt. Die Vorschriften zur Trunkenheit und zum Irrtum dagegen sind insofern überflüssig, als sie lediglich klarstellen, dass bei Nichtvorliegen einer Vorsatzform – beispielsweise Wissentlichkeit – eine Strafbarkeit des Täters nach einem Delikt ausgeschlossen ist, das eben diese Vorsatzform voraussetzt. Siehe unten § 11.

[119] *Robinson*, Criminal Law Defenses: A Systematic Analysis, 82 Colum. L. Rev. 199, 204–08 (1982). Wie wir sogleich sehen werden, können sowohl Trunkenheit als auch Irrtum allerdings in bestimmten Fällen auch als Verteidigungsgründe der 3. Stufe (also als Entschuldigungsgründe) fungieren. Aus diesem Grund sind die Vorschriften über Trunkenheit und Irrtum also nicht ganz überflüssig. Ähnliches gilt für die Einwilligungsvorschrift, weil Einwilligung auch als Verteidigungsgrund der 2. Stufe (also als Rechtsfertigungsgrund) dienen kann. S. unten § 11.

[120] § 2.08(2).

Täter schuldunfähig macht.[121] Die freiwillige Trunkenheit kann dagegen nie entschuldigen, ganz gleich welchen Einfluss sie auf die allgemeine Schuldfähigkeit des Täters hat.

Irrtum kann ebenfalls einen Entschuldigungsgrund darstellen. Bestimmte Verbotsirrtümer können in seltenen Fällen die Verantwortlichkeit des Täters verhindern.

a) Trunkenheit (intoxication)

Der Model Penal Code sieht vor, dass Trunkenheit (oder jeder andere Rausch) dann eine strafrechtliche Verantwortung ausschließen kann, wenn sie es dem Beschuldigten unmöglich macht, die subjektiven Verbrechensanforderungen eines Delikts zu erfüllen. Diese Regel gilt allerdings nicht für die Vorsatzform der Rücksichtslosigkeit. „Ist Rücksichtslosigkeit ein Tatbestandsmerkmal, und ist sich der Täter aufgrund eines selbstverursachten Rausches eines Risikos nicht bewusst, dessen er im nüchternen Zustand gewahr gewesen wäre, dann ist dieser Mangel des Bewusstseins unerheblich."[122]

Fahrlässigkeit kann ebenfalls nicht durch Trunkenheit aufgehoben werden. Da Fahrlässigkeit gerade aus einem Mangel an Bewusstsein besteht, kann das Argument, dass mir ein Risiko wegen Trunkenheit nicht bewusst war, nicht den Beweis beinhalten, dass ich nicht fahrlässig gehandelt habe. Die Trunkenheit erklärt vielmehr, **weshalb** ich fahrlässig gehandelt habe.[123] Sie beschuldigt, anstatt zu entschuldigen.

Es kann kaum verwundern, dass Trunkenheit die Fahrlässigkeit eines Täters nicht ausschließt. Dieser Gedanke ist so abwegig, dass der MPC diese Möglichkeit noch nicht einmal erwähnt. Die Unbeachtlichkeit der Trunkenheit in Bezug auf die Vorsatzform der **Rücksichtslosigkeit** ist dagegen durchaus nicht selbstverständlich. Diese Frage ist außerdem von großer praktischer Bedeutung, da so viele Delikte Rücksichtslosigkeit voraussetzen – Rücksichtslosigkeit ist schließlich die Mindestvor-

---

[121] § 2.08(4). Geisteskrankheit wird unten in § 17 diskutiert.

[122] § 2.08(2).

[123] Da es auf das Bewusstsein ankommt, kann Trunkenheit Wissentlichkeit und Absicht zumindest so weit ausschließen, wie beide Vorsatzformen ein Sich-Bewusstsein erfordern. Wie wir bereits gesehen haben ist das Bewusstsein der Kern des Wissentlichkeitsbegriffs im MPC. Im Gegensatz hierzu definiert der MPC die Absicht nicht mit Hilfe des Terminus Bewusstsein. Bezogen auf Verhalten oder Erfolg gilt Absicht als zielgerichteter Wille (*conscious object*); die Zielgerichtetheit des Willens enthält wohl ein Bewusstseinselement, so wie die Rücksichtslosigkeit ein bewusstes Missachten (*conscious disregard*) voraussetzt. Absicht in Bezug auf begleitende Umstände setzt jedoch kein Bewusstsein voraus; der Glaube oder die Hoffnung, dass begleitende Umstände existieren, ist ausreichend. Theoretisch erscheint es deshalb möglich, dass Trunkenheit die Vorsatzform der Absicht in Bezug auf begleitende Umstände nicht unbedingt ausschließt.

satzform des MPC. An dieser Stelle zeigt der MPC eine ansonsten unübliche Nachgiebigkeit gegenüber traditionellen Regeln des angloamerikanischen Strafrechts und folgt einer alten *common law* Regel, welche die Relevanz von Trunkenheit auf Verbrechen beschränkte, die einen besonderen Vorsatz (*specific intent*) voraussetzen.[124] Nach dieser Regel könnte ein volltrunkener Täter zwar eine Verurteilung wegen Mordes verhindern, wäre aber dennoch für Totschlag verantwortlich. (Mord erfordert im *common law* besonderen Vorsatz, Totschlag dagegen nur allgemeinen Vorsatz.)

Die Missbilligung der Trunkenheit als Verteidigungsmöglichkeit war im *common law* tief verankert. Trunkenheit in der Öffentlichkeit war eine Straftat (*public intoxication*) und außerhalb der Öffentlichkeit mindestens eine Sünde.[125] Diese negative Einstellung setzt sich bis zum heutigen Tage fort. So erklärt ein Gesetz des Staates Montana schlichtweg, dass Trunkenheit „nicht in die Erwägungen mit einbezogen werden darf, wenn es um das Vorliegen einer Vorsatzform beim Täter geht, die Element eines Straftatbestands ist."[126] Der *United States Supreme Court* wies eine Verfassungsbeschwerde gegen dieses Gesetz zurück und berief sich u.a. auf ein Urteil des berühmten amerikanischen Richters *Joseph Story* aus dem Jahre 1820:

> Noch nie ist mir die Behauptung zu Ohren gekommen, dass die Begehung einer Straftat eine zweite entschuldigt. Trunkenheit ist ein großes Laster und in der Ansicht einiger unserer Gesetze eine Straftat; und in meinen früheren Studien habe ich erfahren, dass es einen Mord nicht entschuldigt, sondern ganz im Gegenteil seine Boshaftigkeit nur verschlimmert.[127]

Der Model Penal Code übernimmt die *common law* Regelung, indem er einfach den besonderen Vorsatz durch Wissentlichkeit und Absicht, sowie den allgemeinen Vorsatz durch Rücksichtslosigkeit ersetzt.[128] Die Verfasser des MPC waren der Meinung, der Mangel an Bewusstsein zur

---

[124] Zum besonderen Vorsatz, s.o. Übersicht 3.

[125] Vgl. das durchaus nicht unübliche Trunkenheitsgesetz, das in der Entscheidung Powell v. Texas, 392 U. S. 514 (1968), für verfassungsmäßig erklärt wurde: „Wer sich in der Öffentlichkeit oder in dem Haus eines anderen betrinkt oder in einem angetrunkenen Zustand aufgefunden wird, wird mit Geldstrafe in der Höhe von nicht mehr als $100 belegt." Ebenda S. 517.

[126] Mont. Code Ann. § 45–2–203 (Rechtmäßigkeit bestätigt in Montana v. Egelhoff, 518 U. S. 37 (1996)).

[127] Montana v. Egelhoff, 518 U. S. 37, 44 (1996) (unter Bezugnahme auf United States v. Cornell, 25 F. Cas. 650, 657–58 (No. 14,868) (C.C.R.I. 1820)); siehe ebenso *Blackstone*, Commentaries on the Laws of England, 4. Bd., S. 26 (1769) ("the law of England, considering how easy it is to counterfeit this excuse, and how weak an excuse it is, (though real) will not suffer any man thus to privilege one crime by another").

[128] Siehe State v. Cameron, 104 N. J. 42, 514 A.2d 1302 (1986).

Zeit der Deliktsbegehung, der ja eigentlich Rücksichtslosigkeit ausschließen müsste, sei im Falle von Trunkenheit deshalb unbeachtlich, da der vorhergehende Akt eines exzessiven Alkoholgenusses „keinerlei positiven sozialen Wert habe." Gerade dieser Akt begründe schon die nötige Schuldhaftigkeit und abnormale Gefährlichkeit.[129] Es macht keinen Unterschied, dass dieser Akt weder selbst strafbewährt ist, noch als Merkmal des einschlägigen Straftatbestands enthalten ist. Es handelt sich beispielsweise um „Totschlag", nicht um „Totschlag nach dem Genuss alkoholischer Getränke" oder gar „sich Berauschen mit der Absicht, ein Tötungsdelikt zu begehen".

Im deutschen Strafrecht ist die Möglichkeit gegeben, auf die subjektive Gesinnung des Täters zu dem Zeitpunkt abzustellen, an dem das Berauschen stattfindet.[130] Übertragen auf den Model Penal Code würde das bedeuten, dass ein Täter, der sich in der Absicht betrinkt, ein Verbrechen zu begehen (vielleicht um sich Mut anzutrinken), wegen eines Deliktes, das Absicht voraussetzt, bestraft werden könnte. Genauso könnte man auch einen Täter wegen eines Delikts verurteilen, das Wissentlichkeit als subjektive Voraussetzung hat, wenn der Täter sich mit dem Wissen (genauer gesagt, dem Bewusstsein einer an Sicherheit grenzenden Wahrscheinlichkeit) betrinkt, dass er ein Verbrechen begehen wird. Dieser Gedanke kann bis zu den Vorsatzformen der Rücksichtslosigkeit (Bewusstsein einer gewissen Wahrscheinlichkeit, dass ein Verbrechen begangen wird) und der Fahrlässigkeit (schuldhaftes Nichtbeachten einer solchen Wahrscheinlichkeit) fortgesetzt werden.

Dieser differenzierte Ansatz findet sich im MPC allerdings nicht. Trunkenheit ermöglicht eine Verurteilung wegen rücksichtslosen Verhaltens ganz gleich, welche Vorsatzform das ursprüngliche Betrinken begleitete.

Zusammengefasst ist freiwillige (d.h. selbstverursachte) Trunkenheit also nur insofern relevant, als sie Absicht oder Wissentlichkeit aufheben kann. Selbstverursachte Trunkenheit ist regelmäßig unbeachtlich bei Delikten, die Rücksichtslosigkeit oder Fahrlässigkeit voraussetzen.

Darüber hinaus lässt der MPC selbstverursachte Trunkenheit auch nicht als Entschuldigungsgrund zu. Selbstverursachte Trunkenheit kann nie zur Schuldunfähigkeit führen, selbst wenn sie so schwerwiegend ist, dass der Täter nicht mehr das Unrecht seiner Tat einsehen oder nach dieser Einsicht handeln kann.[131] Diese Regelung steht im Gegensatz zum deutschen Strafrecht, das einen Schuldausschließungsgrund wegen schwerer Trunkenheit vorsieht, auch wenn die selbstverursachte Trun-

---

[129] Komm. § 2.08, S. 359.

[130] Siehe *Roxin*, Strafrecht Allgemeiner Teil, S. 781–90 (3. Aufl. 1997) („actio libera in causa").

[131] § 2.08(3).

kenheit selbst dann als Vollrausch bestraft wird.[132] Ein § 323a StGB entsprechendes Delikt gibt es im amerikanischen Strafrecht nicht.

Der MPC unterscheidet scharf zwischen freiwilliger und unfreiwilliger Trunkenheit. Trunkenheit ist unfreiwillig, wenn sie entweder nicht selbst verursacht oder pathologisch ist. Trunkenheit ist nicht selbst verursacht, wenn jemand durch Zwang von einem anderen in einen Rauschzustand versetzt wird (z.B. durch zwangsweise Injektion von Heroin) oder jemand dazu gebracht wird, sich unwissend zu berauschen (etwa indem auf einer Feier heimlich harte Alkoholika in einen Fruchtpunsch gemischt werden). Trunkenheit kann aber auch ohne Intervention einer anderen Person unfreiwillig sein, so z.B. wenn man Kokain irrtümlich für Puderzucker hält, ohne von einer anderen Person getäuscht worden zu sein.

Des Weiteren kennt der Code eine zweite Form von unfreiwilliger Trunkenheit, die weder selbst noch durch einen anderen herbeigeführt worden ist. Die sog. pathologische Trunkenheit deckt Fälle, in denen eine Person außergewöhnlich empfindlich auf ein berauschendes Mittel reagiert, das sie freiwillig zu sich nimmt. In diesem Fall ist allerdings nicht nur der Konsum des berauschenden Mittels freiwillig, sondern auch die Trunkenheit. Das was hier unfreiwillig ist, ist nicht die Trunkenheit, sondern deren Mass.

Unfreiwillige Trunkenheit kann im Gegensatz zur freiwilligen Trunkenheit tatbestandsausschließende Wirkung entfalten. Als unbeschränkter Tatbestandsausschließungsgrund kann sie daher auch auf Rücksichtslosigkeit Anwendung finden. Darüber hinaus kann unfreiwillige Trunkenheit auch einen Entschuldigungsgrund ausmachen, und zwar dann, wenn sie so schwerwiegend ist, dass der Täter schuldunfähig ist, also entweder das Unrecht seiner Tat nicht begreift oder sich nicht nach diesem Verständnis richten kann.

Im Gegensatz zur freiwilligen Trunkenheit kommt die unfreiwillige Trunkenheit – ganz gleich in welcher Spielart – allerdings nur sehr selten vor.[133] Die Bestimmungen des MPC zu diesem Thema sind daher von geringer praktischer Bedeutung.

b) Tatbestandsirrtum (mistake)

Im Model Penal Code wird Irrtum als tatbestandsausschließende Verteidigungsmöglichkeit so behandelt wie Trunkenheit. Die Irrtumsvorschrift weist allerdings keine kriminalpolitisch motivierte Beschränkung auf, die der Ausgrenzung der Rücksichtslosigkeit im Trunkenheitsparagraphen entspräche. Wie die unfreiwillige Trunkenheit ist auch

[132] §§ 20, 21, 323a StGB.
[133] S. z.B. State v. Sette, 259 N.J. Super. 156 (1992).

der Irrtum eine Verteidigungsmöglichkeit, wenn er die jeweilige Vorsatzform des in Frage kommenden Delikts aufhebt.

Beispiel: Nehmen wir ein Gesetz, das den Verkauf von Alkohol an Minderjährige (unter 21 Jahre) verbietet. Wenn ein Verkäufer einen 19-jährigen Kunden für 21 hält, so weiß er nicht, dass der Kunde minderjährig ist. Wenn das Gesetz Wissentlichkeit bezüglich des begleitenden Umstands des Alters des Käufers erfordert, dann wäre sein Irrtum tatbestandsausschließend. Gesetzt den Fall, die einschlägige Vorsatzform wäre stattdessen Rücksichtslosigkeit, dann wäre die Tatsache, dass der Verkäufer keine positive Kenntnis in Bezug auf das wahre Alter des Kunden hatte, nur dann tatbestandsausschließend wenn er sich nicht eines wesentlichen Risikos bewusst wäre, dass der Kunde minderjährig sein könnte. Ebenso wäre der Irrtum im Fall von Fahrlässigkeit nur dann erheblich, wenn der Verkäufer sich eines wesentlichen Risikos nicht hätte bewusst sein müssen. Für den Fall, dass keine Vorsatzform vorausgesetzt ist – und das wäre in unserem Beispiel durchaus nicht abwegig – würde ihm sogar ein nicht fahrlässiger Irrtum nichts helfen. Der Verkäufer hätte sich also auch dann strafbar gemacht, wenn äußerlich keine Anhaltspunkte für das tatsächliche Alter des Kunden gegeben wären. Irrtum ist bei *strict liability* nicht tatbestandsausschließend.

In der Tat treten Irrtum und *strict liability* häufig gemeinsam auf. Nehmen wir an, ein Beschuldigter argumentiert, dass er keinen Straftatbestand verwirklicht hat, weil er im Irrtum über begleitende Umstände wie z.B. das Alter des Opfers war. Statt sich mit der möglicherweise verzwickten Beweisfrage zu beschäftigen, ob ein Irrtum vorlag und, wenn ja, ob er weder auf Rücksichtslosigkeit noch auf Fahrlässigkeit zurückzuführen ist, kann ein Gericht das Irrtumsproblem einfach dadurch lösen, dass es das Tatbestandsmerkmal, auf das sich der vermeintliche Irrtum beziehen soll, zum *strict liability* Merkmal erklärt.

Ein gutes Beispiel bietet hier das Urteil im Fall *Regina v. Prince*, ein Klassiker des englischen Strafrechts von 1875.[134] Prince wurde wegen *statutory rape* („gesetzliche Vergewaltigung," im Gegensatz zur Vergewaltigung gem. dem richterlichen *common law*) verurteilt, die allerdings eher wie eine Art Diebstahl menschlichen Besitzes formuliert war und als Vergehen ahndete, wenn jemand „ein nicht verheiratetes Mädchen im Alter von unter 16 Jahren unrechtmäßig und gegen den Willen des Vaters oder der Mutter oder einer anderen Person, die gesetzlich als erziehungsberechtigt anzusehen ist, aus deren Besitz entwendet." Zu seiner Verteidigung führte Prince an, dass das Mädchen deutlich älter als 16 wirkte. Zudem stellte die Jury fest, dass hinreichende Anhaltspunkte dafür bestanden, dass das Mädchen gegenüber dem Beschuldigten behauptete, sie sei 18 Jahre alt, bevor er sie mitnahm, und dass der Beschuldigte dieser Auskunft vernünftigerweise auch Glauben schenken

[134] 1875 L. R. 2 C. C. R. 154.

durfte. Das Mädchen war allerdings bewiesenermaßen erst 14 Jahre alt.[135]

Da ein vernünftiger Irrtum vorlag, befassten sich die Richter nur mit der Frage, ob es sich bei dem Tatbestandsmerkmal „jünger als 16 Jahre" um ein *strict liability* Merkmal handelte bzw. in der damals üblichen Formulierung des *common law*, ob *intent* bezüglich dieses Merkmals gefordert ist, wobei *intent* dann Vorsatz, Wissentlichkeit oder Rücksichtslosigkeit, aber jedenfalls nicht Fahrlässigkeit bedeutet, es sei denn, es handelt sich um grobe Fahrlässigkeit.[136]

Unter Anwendung der Auslegungsregeln des MPC wäre das Alter in diesem Fall kein *strict liability* Merkmal. Der MPC legt schließlich in der 1. Auslegungsregel (Standardannahme) fest, dass Rücksichtslosigkeit immer dann als Vorsatzform zu ergänzen ist, wenn im Gesetz keine Vorsatzform vorgeschrieben ist und es sich nicht um eine bloße Übertretung handelt.[137]

Wenn also Rücksichtslosigkeit auf diesen Tatbestand Anwendung finden würde, dann würde der Irrtum des Beschuldigten eine Verteidigungsmöglichkeit darstellen, so lange er nicht auf Rücksichtslosigkeit zurückzuführen ist. Der bloße Irrtum hinsichtlich des Alters würde allerdings nicht ausreichen, wenn Prince von einer nicht unerheblichen Wahrscheinlichkeit ausging, dass das Mädchen unter 16 sein könnte. (Wäre stattdessen Fahrlässigkeit hier einschlägig, so wäre Princes Irrtum dann unerheblich, wenn er sich des Risikos hätte bewusst sein müssen, dass das Mädchen unter 16 ist.)

Die Jury hatte aber bereits entschieden, dass Princes Irrtum vernünftig war. Ein vernünftiger Irrtum aber ist gem. dem MPC ein weder rücksichtsloser noch fahrlässiger Irrtum.[138] Laut dem MPC hätte Prince also freigesprochen werden müssen.

Das Gericht entschied anders. Es hielt den Irrtum für unerheblich, weil es das Tatbestandsmerkmal „unter 16 Jahre alt" als *strict liability* Merkmal wertete. Bis auf den heutigen Tag unterscheidet das Fehlen jeglicher Vor-

---

[135] Ebenda.

[136] S. o. Übersicht 3.

[137] Tatsächlich argumentierte Prince, dass es sich bei dem Merkmal „unrechtmäßig" um eine Vorsatzform handele, die (gem. der 2. Auslegungsregel des MPC) auf alle andere Merkmale zu übertragen wäre. Dieses Argument wurde zurückgewiesen, mit der Begründung „unrechtmäßig" bezeichne nur die Abwesenheit von Rechtfertigungsgründen. Siehe Regina v. Prince, 1875 L. R. 2 C.C.R. 154 (Urteil von Bramwell, B.). Auch im modernen amerikanischen Strafrecht erscheint „unrechtmäßig" in Tatbeständen als begleitender Umstand, auf den sich dann eine Vorsatzform beziehen kann. Siehe z.B. §§ 212.1 (kidnaping) ("unlawfully"), 221.2(2) (trespass) ("not licensed or privileged," "in a manner prescribed by law"), 223.2. (theft by unlawful taking or disposition), 224.3 (fraudulent destruction, removal or concealment of recordable instruments) ("writing for which the law provides public recording").

[138] § 1.13(16).

satzform in Bezug auf das Alter des Opfers die gesetzliche Vergewaltigung (*statutory rape*) von der *common law* Vergewaltigung (*common law rape*). Wie bereits erwähnt, betraf die Maxime *actus non facit reum nisi mens sit rea* nur auf Delikte des *common law*. Vom Gesetzgeber verabschiedete Gesetze blieben davon dagegen unberührt.[139]

Im Falle der *statutory rape* machten auch die Verfasser des MPC eine Ausnahme von ihrer Ablehnung der schuldunabhängigen Haftung. Da im MPC alle Delikte gesetzlich festgelegt sein müssen, macht die Bezeichnung *statutory rape* eigentlich keinen Sinn mehr. Doch wird sie beibehalten für Sexualdelikte mit minderjährigen Opfern. *Statutory rape* verlangt im Gegensatz zur einfachen Vergewaltigung nicht die Abwesenheit einer Einwilligung. Sie besteht allein aus dem Beischlaf (oder anderen sexuellen Kontakten) mit Minderjährigen.

Im MPC ist das Tatbestandsmerkmal des Alters bei allen Sexualdelikten ein *strict liability* Merkmal, wenn die gesetzliche Altersgrenze bei 10 Jahren liegt.[140] Ein das Alter betreffender Irrtum ist also unbeachtlich. Handelt es sich dagegen um eine andere Altersgrenze (also über 10 Jahre), so liegt die Beweislast beim Angeklagten zu zeigen, dass er irrtümlich, aber **vernünftigerweise** davon ausging, dass das Opfer das kritische Alter überschritt.[141] In diesen Fällen ist ein Irrtum also dann beachtlich, wenn er weder auf Rücksichtslosigkeit noch auf Fahrlässigkeit zurückzuführen ist und der Beschuldigte dies beweisen kann.

Hierbei ist zu bedenken, dass es sich bei Vergewaltigung um ein schwerwiegendes Verbrechen handelt. Die Billigung der schuldunabhängigen Haftung in diesem Fall geht über die Regelung hinaus, dass *strict liability* nur für Übertretungen und Straftaten des Nebenstrafrechts zulässig ist.[142]

Diese Bestimmung weist aber noch eine weitere beachtliche Besonderheit auf. Denn sie erklärt den Irrtum bezüglich des Alters des Opfers nur dann für beachtlich, wenn der Beschuldigte beweisen kann, dass er ernsthaft und vernünftigerweise daran glaubte, das Opfer würde die Altersgrenze überschreiten.

Es gehört zu den wichtigsten Grundsätzen des amerikanischen Strafrechts, dass der Staatsanwaltschaft die Pflicht obliegt, jedes Tatbestandsmerkmal zu beweisen und zwar über jeden vernünftigen Zweifel

---

[139] Ein ähnlicher Vorgang war bei den Besitzdelikten zu beobachten. Hier ging es um das Prinzip des *actus reus*, das zweite eherne Prinzip des *common law*. S. z.B. Rex v. Lennard, 1 Leach 90 (1772); *Dubber*, Policing Possession: The War on Crime and the End of Criminal Law, 91 J. Crim. L. & Criminology 829, 904 (2002); *Dubber*, Victims in the War on Crime: The Use and Abuse of Victims' Rights (New York 2002) (mit weiteren Nachweisen).

[140] § 213.1(1)(d).

[141] § 213.6(1).

[142] § 2.05.

hinweg (*beyond a reasonable doubt*). Dieser Grundsatz findet sich nicht ausdrücklich im MPC[143]; er beruht aber auf der in der allgemeinen verfassungsrechtlichen Garantie eines fairen Verfahrens (*due process*) verankerten Unschuldsvermutung (*presumption of innocence*).[144]

Nun hat der *United States Supreme Court* beschlossen, dass die Staatsanwaltschaft die Beweislast nur für Tatbestandsmerkmale tragen muss, aber nicht für Verteidigungsmöglichkeiten, ganz gleich welcher Art, so dass dem Beschuldigten die Beweislast sogar für Rechtfertigungsgründe wie z.B. der Notwehr[145] übertragen werden kann, ganz zu schweigen von Entschuldigungsgründen wie z.B. der Schuldunfähigkeit wegen schwerer seelischer Störungen.[146] Solche Verteidigungsmöglichkeiten (*defenses*) für die der Beschuldigte zumindest einen Teil der Beweislast trägt, heißen affirmativ (*affirmative*).

Man könnte also vielleicht meinen, dass der MPC den Altersirrtum hier in eine affirmative Verteidigungsmöglichkeit umgewandelt hat, indem das auf das Alter bezogene subjektive Tatbestandsmerkmal der Fahrlässigkeit aus dem Tatbestand ausgekoppelt wurde. Laut dem MPC übertragen affirmative Verteidigungsmöglichkeiten allerdings nicht die gesamte Beweislast auf den Angeklagten, sondern nur die Verpflichtung, Beweise **vorzubringen** („adduce supporting evidence"), während die andere Hälfte der Beweislast, nämlich den Wahrheitsgehalt der Beweismittel **darzulegen,** bei der Staatsanwaltschaft verbleibt.[147]

Der Altersirrtum bei Sexualdelikten würde also eine Art *superaffirmative* Verteidigungsmöglichkeit darstellen, die die gesamte Beweislast auf den Angeklagten verlagert, wie dies z.B. auch beim Verbotsirrtum der Fall ist.[148] Da das Institut der affirmativen Verteidigungsmöglichkeiten regelmäßig auf Rechtfertigungs- und Entschuldigungsgründe angewendet wird, bleibt die Frage zu erörtern, wie man den Altersirrtum bei Sexualdelikten in die Verbrechenslehre des MPC einordnen sollte. Der MPC schweigt sich zu dieser Frage aus.[149]

Nehmen wir aber an, dass wir es mit einem Fall zu tun haben, in dem kein Delikt mit *strict liability* Merkmalen zu finden ist, so dass die all-

---

[143] § 1.12(1).

[144] In re Winship, 397 U. S. 358, 364 (1970) ("every fact necessary to constitute the crime with which [the defendant] is charged").

[145] Martin v. Ohio, 480 U. S. 228 (1987).

[146] Leland v. Oregon, 343 U. S. 790 (1952).

[147] § 1.12(2). Solange es aufgrund der von der Staatsanwalt vorgebrachten Beweise ausreichende Anzeichen dafür gibt, dass eine Verteidigungsmöglichkeit bestehen könnte, entfällt die Vorbringungspflicht des Angeklagten.

[148] § 2.04(4); siehe ebenso §§ 2.07(5) (due diligence), 2.13(2) (entrapment), 5.07 (temporary possession).

[149] Die Haltung des MPC zu Entschuldigungsgründen wird unten unter § 12 besprochen.

gemeine Irrtumsbestimmung des MPC Anwendung findet. Nehmen wir weiterhin an, dass es sich um ein Delikt handelt, das mit Bezug auf ein bestimmtes Tatbestandsmerkmal entweder Absicht oder Wissentlichkeit erfordert. Befindet sich der Täter nun im Irrtum über dieses Merkmal, so steht dieser Irrtum nicht unbedingt der Strafbarkeit im Wege. Denn ein z.B. auf Rücksichtslosigkeit zurückzuführender Irrtum über ein Tatbestandsmerkmal kann eine Verurteilung wegen eines Delikts nur dann ausschließen, wenn eine höhere Vorsatzform als Rücksichtslosigkeit (Absicht oder Wissentlichkeit) für dieses Tatbestandsmerkmal gefordert wird. Er kann allerdings nicht die Strafbarkeit für ein Delikt ausschließen, das nur Rücksichtslosigkeit oder eine niedrige Vorsatzform (Fahrlässigkeit) erfordert. So ist der rücksichtslos Irrende nach wie vor strafbar wegen rücksichtlosen Delikten, und der fahrlässig Irrende wegen fahrlässigen Delikten.

Aber auch wenn ein Irrtum in der Tat ein subjektives Tatbestandsmerkmal beseitigt und daher tatbestandsausschließend wirkt, verhindert er eine Strafbarkeit nicht unbedingt. Der Täter kann nämlich dann für das Delikt bestraft werden, von dessen Verwirklichung er irrtümlich ausging, vorausgesetzt ein solches Delikt existiert:

> Obwohl ein Irrtum ansonsten eine Verteidigungsmöglichkeit bezüglich einer Straftat darstellen würde, so ist er doch unbeachtlich, wenn der Beschuldigte eine andere Straftat begangen hätte, falls die Situation wirklich so gewesen wäre, wie er dies glaubte. In einem solchen Fall reduziert der Irrtum allerdings den Grad und die Schwere der Straftat, wegen der er verurteilt werden darf auf den Grad und die Schwere der Straftat, die er begangen hätte, falls die Situation wirklich so gewesen wäre, wie er dies glaubte.[150]

In diesem Fall vermindert ein Irrtum also die Strafbarkeit, verhindert sie aber nicht. Diese Regelung des MPC lässt sich am besten vor dem Hintergrund des uns bereits wohlbekannten Urteils im Prince-Fall erläutern.[151] Das Urteil in diesem Fall zeigt diverse Möglichkeiten der dogmatischen Berücksichtigung (oder Nichtberücksichtigung) eines Irrtums. Wir haben bereits gesehen, wie man die Behauptung eines Irrtums einfach als irrelevant zurückweisen kann, indem man erklärt, es handele sich um ein *strict liability* Tatbestandsmerkmal.

Andere Möglichkeiten beruhen auf einem Gedankenexperiment, das dazu dient, die Vorstellungen des Täters mit der Wirklichkeit zu vergleichen. So kann ein Irrtum dann unbeachtlich sein, wenn der Täter in seiner Vorstellungswelt eine **Norm** verletzt hat, wobei es gleichgültig ist, ob es sich um eine moralische oder rechtliche Norm handelt.[152] (Im

---

[150] § 2.04(2).
[151] 1875 L. R. 2 C. C. R. 154.
[152] Ebenda (Urteil von Bramwell, B.).

Prince-Fall wäre der Irrtum über das Alter des Mädchens also schon dann unbeachtlich, wenn das Entwenden eines 18-jährigen Mädchens aus der Obhut seines Vaters unmoralisch, wenn auch nicht unbedingt rechtswidrig ist.) Oder aber ein Irrtum ist nur dann unbeachtlich, wenn der Täter in seiner Vorstellungswelt eine **rechtliche Norm** verletzt hat.[153] (Die Frage im Prince-Fall war also, ob das Entwenden eines 18-jährigen Mädchens aus der Obhut seines Vaters widerrechtlich war.) Zu guter Letzt erörtern die Richter im Prince-Fall die Möglichkeit, dass ein Irrtum nur dann unbeachtlich ist, wenn der Täter in seiner Vorstellungswelt eine **strafrechtliche Norm** verletzt hat.[154] Eine Verletzung von zivilrechtlichen Normen (z. B. des Vertragsrechts oder des Deliktsrechts) würde also noch nicht die Irrelevanz des Irrtums nach sich ziehen.

Der MPC macht ebenfalls eine Ausnahme für den Irrtum, wenn der Täter in seiner Vorstellungswelt eine strafbare Handlung verwirklicht hat, entspricht also in dieser Hinsicht dem letztgenannten Ansatz des Prince-Urteils. Er geht dann aber noch einen Schritt weiter und reduziert das Strafmaß auf das Delikt, welches der Täter in seiner Vorstellungswelt begangen hat.

Nehmen wir also an, dass der Verkauf alkoholischer Getränke an einen 15-jährigen Jugendlichen ein Vergehen ist, und der Verkauf an einen 16-jährigen Jugendlichen eine bloße Ordnungswidrigkeit. Wenn ein Täter nun wegen des Vergehens angeklagt wird, da der Käufer in Wirklichkeit 15 Jahre alt war, er aber schlüssig vortragen kann, dass er vernünftigerweise davon ausging, der Käufer sei 16 gewesen, so würde er gem. dem MPC zwar wegen Verkaufs alkoholischer Getränke an einen 15-Jährigen **verurteilt** werden. Bestraft würde er allerdings nicht wegen eines Vergehens, sondern wegen einer Ordnungswidrigkeit.

In Übereinstimmung mit dem Behandlungsgrundsatz knüpft die verhängte Strafe somit an die strafrechtliche Diagnose der kriminellen Neigung des Täters an und nicht an das abstrakte Delikt, das eigentlich begangen wurde. Die Verbrechensdefinitionen des MPC stellen grobe Indikatoren krimineller Neigungen dar, die in bestimmten Situationen abgewandelt werden können. Ein Täter kann daher wegen eines bestimmten Verbrechens verurteilt werden (das wirklich begangen wurde), aber tatsächlich so behandelt werden, als hätte er ein anderes begangen (das nur scheinbar begangen wurde).

Wie sind aber Fälle zu lösen, in denen das tatsächlich begangene Delikt weniger schwerwiegend ist, als das fiktive? Was wäre, wenn der Angeklagte seiner Vorstellung nach ein Verbrechen begangen hätte, in Wirklichkeit sein Verhalten jedoch nur zur Verwirklichung eines Ver-

---

[153] Ebenda (Urteil von Brett, J.).
[154] Ebenda (Urteil von Brett, J.).

gehens geführt hat? Es scheint, dass in solch einem Fall der MPC für das schwerere Delikt, also das Verbrechen, bestrafen müsste. Die Irrtumslehre des MPC basiert schließlich auf dem Grundsatz, dass sich die strafrechtliche Verantwortlichkeit (d.h. die kriminelle Neigung) an der Vorstellungswelt des Täters statt an der Wirklichkeit ausrichtet.

Die Verfasser des MPC waren jedoch nicht bereit, diese Konsequenz aus dem Behandlungsgrundsatz zu ziehen. Irrtümer sollen eine strafrechtliche Verantwortlichkeit mildern, nicht verschlimmern. So erklärt auch der offizielle Kommentar zum MPC, dass „ein Täter weder für schwerwiegendere Konsequenzen verantwortlich gemacht werden soll, als für die er die erforderliche Vorsatzform hatte, noch soll er für schwerwiegendere vollendete Delikte verantwortlich gemacht werden, wenn ein solches Delikt nicht verwirklicht wurde."[155]

Das *common law* unterschied kategorisch zwischen Tatsachen- und Rechtsirrtümern (*mistakes of fact*, *mistakes of law*). Tatsachenirrtümer waren beachtlich, Rechtsirrtümer dagegen waren stets unbeachtlich.[156] Die Maxime „ignorantia legis neminem excusat" wurde über Jahrhunderte als unverrückbares Bollwerk zunächst des königlichen und dann des öffentlichen Friedens angesehen.

Allerdings stellte es sich bald als außerordentlich schwierig heraus, die beiden Irrtumsarten auseinander zuhalten. Was zunächst wie eine Rechtsfrage aussah, konnte genauso gut als Tatsachenfrage gewertet werden (sind Gesetze nicht auch Tatsachen?). Irrtümer bei der Anwendung von Gesetzen auf Tatsachen waren auch schwer einzuordnen (ist Auslegung Recht oder Tatsache?). Dass die Unterscheidung von Rechts- und Tatsachenfragen noch nie besonders tragfähig war, beweist z.B. auch die Sisyphusarbeit, die Aufgaben der Geschworenen von denen des Richters zu trennen (sowohl im amerikanischen als auch im alten deutschen Strafprozessrecht[157]).

Der MPC lässt die Unterscheidung von Tatsachen- und Rechtsfragen daher fallen. Dem MPC zufolge macht es keinen Unterschied, wie ein Irrtum einzuordnen ist. Es interessiert allein die Frage, ob durch den Irrtum ein Tatbestandsmerkmal beseitigt wird.[158] Folglich wäre der Irrtum bzgl. des Alters des Mädchens im Fall Prince ein Tatsachenirrtum, der die etwaig erforderliche Vorsatzform in Bezug auf das Tatbestands-

---

[155] Komm. § 2.04, S. 274.

[156] Viele Strafgesetzbücher haben diese traditionelle Beschränkung auf Tatsachenirrtümer beibehalten. Siehe z.B. N. Y. Penal Law § 15.20(1) (mistake of fact); vgl. auch § 15.20(2) (mistake of law).

[157] Vgl. *Alschuler/Deiss*, A Brief History of the Criminal Jury in the United States, 61 U. Chi. L. Rev. 867 (1994); *Dubber*, The German Jury and the Metaphysical Volk: From Romantic Idealism to Nazi Ideology, 43 Am. J. Comp. L. 227 (1995).

[158] Siehe § 2.04 („ignorance or mistake as to a matter of *fact or law* ") (Hervorhebung vom Verf.).

merkmal des Alters beseitigen würde. Ebenso beachtlich, weil tatbestandssausschließend, wäre der Irrtum bezüglich eines anderen begleitenden Umstands, wie z.B. die Tatsache, dass das Mädchen sich im „Besitz“ des Vaters befunden haben muss. Dieser Irrtum könnte allerdings als ein Rechtsirrtum gewertet werden, oder zumindest als ein Mischlingsirrtum über eine „rechtliche Tatsache“ (d.h. die Anwendung einer Rechtsnorm auf einen konkreten Fall), insofern sich der Irrtum auf das Rechtsinstitut Obhut im geltenden Familienrecht bezieht.[159]

Der MPC unterscheidet stattdessen zwischen Tatbestands- und Verbotsirrtum. Der Verbotsirrtum ist nicht tatbestandsausschließend, sondern stellt eine eigenständige Verteidigungsmöglichkeit und zwar einen Entschuldigungsgrund dar. Der Verbotsirrtum wird uns im Rahmen der Entschuldigungsgründe noch näher beschäftigen.[160] Fürs Erste interessiert uns der Status des Verbotsirrtums als affirmative Verteidigungsmöglichkeit der 3. Stufe. Da Kenntnis des Verbots kein Tatbestandsmerkmal ist,[161] kann Unkenntnis nicht tatbestandsausschließend wirken. Der Verbotsirrtum ist stattdessen eine superaffirmative Verteidigungsmöglichkeit, die dem Beschuldigten die Beweislast, also nicht nur die Vorbringungspflicht, aufbürdet. Allerdings ist seine Beweislast leichter als die der Staatsanwaltschaft, und zwar nur „mit überwiegender Wahrscheinlichkeit“ (*preponderance of the evidence*) statt „über jeden vernünftigen Zweifel hinweg“ (*beyond a reasonable doubt*).

Als Entschuldigungsgrund, also eine Verteidigungsmöglichkeit der 3. Stufe, ist der Verbotsirrtum eine Verteidigungsmöglichkeit bei allen Delikten, einschl. solcher die *strict liability* Merkmale aufweisen. Schließlich verneint der Verbotsirrtum im Gegensatz zum Tatbestandsirrtum nicht das Vorliegen eines bestimmten Tatbestandsmerkmals wie beispielsweise das Alter des Opfers.

Trotzdem tritt der Verbotsirrtum im amerikanischen Strafrecht gelegentlich als Tatbestandsausschließungsgrund auf, nämlich dann, wenn die Kenntnis der Rechtslage ein Tatbestandsmerkmal ist. So finden sich Tatbestände, die ausdrücklich darauf abstellen, dass eine Handlung widerrechtlich oder unerlaubt ist. In diesen Fällen kann ein Rechtsirrtum bereits tatbestandsausschließend sein vorausgesetzt, dass es sich hier nicht um ein *strict liability* Merkmal handelt.

Darüber hinaus haben einige Gerichte die für den Model Penal Code untypische Vorsatzform „mutwillig“ (*willful*) dahingehend interpretiert, dass sie nicht nur Wissentlichkeit in Bezug auf das jeweilige Tatbestandsmerkmal, sondern auch eine Kenntnis der Rechtslage erfordert.

---

[159] Siehe auch Tatbestandsmerkmale wie „rechtswidrig,“ „widerrechtlich“ oder „unerlaubt.“ S. z.B. Liparota v. United States, 471 U. S. 419 (1985) („not authorized“).

[160] Siehe unten § 15.

[161] § 2.02(9).

Der Täter handelt also dann mutwillig, wenn er wissentlich handelt und sich der allgemeinen Rechtswidrigkeit – wenn nicht gar der besonderen Strafbarkeit – seines Handelns bewusst ist.[162] Wieder andere Gerichte interpretieren Mutwilligkeit als Wissentlichkeit mit bösem Beweggrund (*evil motive*).[163]

Um eben diesen Komplikationen aus dem Weg zu gehen, verbannte der MPC die Mutwilligkeit aus seinem besonderen Teil. Der Hauptverfasser der MPC, *Herbert Wechsler*, versprach auf Anfrage sogar verbindlich, dass „dieses Wort in keiner Deliktsdefinition im Code verwendet werden wird." Nur „weil es ein so scheußliches Wort ist und so häufig in Gesetzestexten verwendet wird, halte ich es für sinnvoll, die Bedeutung dieses Rechtsbegriffs gesetzlich festzulegen."[164] Laut dem MPC heißt mutwillig einfach soviel wie wissentlich.[165]

4. Strafbarkeit aufgrund der Handlung anderer[166]

Der Model Penal Code unterscheidet zwei Fälle, in denen die Handlung einer Person einer anderen zugerechnet werden kann:

> (1) wenn jemand „eine unschuldige oder unverantwortliche Person zu einer Handlung veranlasst und dabei selbst mit der für die Begehung der Straftat erforderlichen Vorsatzform handelt," oder
> (2) wenn jemand „an der Begehung der Straftat eines anderen teilnimmt."[167]

a) Instrumentalisierung (Zurechnung qua Kausalität)

Die Handlung des A wird dem B dann als die seinige zugerechnet, wenn er A als bloßes Mittel zu seinem kriminellen Zweck benutzt. Wenn eine Person eine andere in dieser Weise instrumentalisiert, so kann es zunächst sein, dass eine Zurechnung nicht benötigt wird und in

---

[162] People v. Coe, 71 N. Y.2d 852 (1988); vgl. auch Ratzlaf v. United States, 510 U. S. 135 (1994); Bryan v. United States, 524 U. S. 184 (1998); allgemeiner *Davies*, The Jurisprudence of Willfulness: An Evolving Theory of Excusable Ignorance, 48 Duke L. J. 341 (1998).

[163] Vgl. Regina v. Cunningham, 1957 2 Q. B. 396 ("maliciously").

[164] ALI Proceedings 160 (1955).

[165] § 2.02(8).

[166] Eine gute Diskussion von Täterschaft und Teilnahme im *common law*, sowie deren historischen Grundlagen bietet *Sayre*, Criminal Responsibility for the Acts of Another, 43 Harv. L. Rev. 689 (1930).

[167] § 2.06(2): (1) "acting with the kind of culpability that is sufficient for the commission of the offense, he causes an innocent or irresponsible person to engage in such conduct," or (2) "he is an accomplice of such other person in the commission of the offense."

Darüber hinaus kann die Zurechnung auch in einzelnen Tatbeständen des besonderen Teils behandelt werden. § 2.06(2)(b). Ein Beispiel hierfür wäre die Beihilfe zum Selbstmord gem. § 210.5(2).

der Tat nicht stattfinden kann, weil die instrumentalisierte Person im Sinne des Strafrechts gar keine Handlung vorgenommen hat. Wenn z.B. eine Person (B) eine andere (A) gegen einen Dritten (C) stößt und sie in dieser Weise als Mittel zur Begehung einer Körperverletzung missbraucht, dann geht A straflos aus, weil sie keinen willkürlichen Akt begangen hat, während sich B wegen Körperverletzung strafbar macht, weil er mittels A einen willkürlichen Akt begangen hat.

Von diesen Fällen zu unterscheiden sind solche, in denen das menschliche Werkzeug sehr wohl einen willkürlichen Akt begangen hat und in diesem Sinne also eine Handlung verwirklicht hat, so dass sich die Frage stellt, ob diese Handlung jemand anderem zugerechnet werden kann.[168] Dem Code zu Folge ist diese Zurechnung unter zwei Bedingungen möglich: Kausalität und Unschuld bzw. Unzurechnungsfähigkeit.

Vom Standpunkt der Kausalität aus betrachtet erscheint die Zurechnungsbestimmung des MPC zunächst als überflüssig. Sie stellt schließlich nur fest, dass eine Person dann verantwortlich für kriminelles Verhalten ist, wenn sie es auch verursacht hat. Ob sie es verursacht hat, richtet sich nach den allgemeinen Regeln über Kausalität.[169] Schwierigkeiten ergeben sich allerdings daraus, dass hier kein bestimmter Umstand (oder Erfolg) verursacht wird – wie z.B. der Tod einer Person –, sondern das Verhalten einer anderen Person. Diese andere Person ist aber vermutlich einer eigenen Entscheidung fähig, ob sie ihr Verhalten von einer „Verursachung" durch eine andere Person abhängig machen will oder nicht.

Diese Vermutung der freiwilligen Entscheidung zur Tat ist jedoch wirklich nur eine Vermutung, die eben dann widerlegt wird, wenn die betroffene Person „unschuldig oder unzurechnungsfähig" ist. Es liegt auf der Hand, dass man sich nicht für eine kriminelle Handlung entscheiden kann, wenn man sich noch nicht einmal darüber bewusst ist, dass man eine solche Handlung vornimmt. Angenommen eine Mutter erhält von einer kinderfeindlichen Nachbarin angeblich Nasentropfen für ihr erkältetes Kind; tatsächlich handelt es sich aber um ein tödliches Gift. Dann wäre die Mutter durchaus diejenige, die das objektive Handlungsmerkmal eines Tötungsdelikts erfüllt– sie hat den Tod einer anderen Person herbeigeführt. Diese Handlung wird aber der Nachbarin zugerechnet, weil diese die Handlung der „unschuldigen" Mutter „verursacht" hat. Vorausgesetzt die Nachbarin weist darüber hinaus die notwendige Vorsatzform auf, so macht sie sich eines Tötungsdelikts schuldig.

---

[168] Siehe z.B. Commonwealth v. Dusenberry, 263 S. E.2d 392 (Va. 1980) (indirekte Vergewaltigung durch Zwang).

[169] Diskutiert unten unter § 6.1.

„Unschuld" muss sich allerdings nicht unbedingt auf Unwissenheit beschränken.[170] Nehmen wir an, die Mutter weiß genau, dass es sich bei der vermeintlichen Medizin um Gift handelt, aber die Nachbarin zwingt die Mutter unter massiven Gewaltandrohungen, es dem Kind trotzdem zu verabreichen. Auch in diesem Fall wird ihr Verhalten der Nachbarin zugerechnet. Schließlich wurde sie durch die Drohung als bloßes Mittel zum kriminellen Zweck missbraucht.

Ob die Mutter in diesem Fall als „unschuldig" oder als „unverantwortlich" betrachtet wird, mag dahinstehen, da in beiden Fällen ihre Handlung der Nachbarin zugerechnet würde. Je nachdem, wie man die Verteidigungsmöglichkeit der Nötigung einordnet – insbesondere als Verteidigungsmöglichkeit in Tötungsfällen – wäre es möglich, das Verhalten der Mutter als unverantwortlich (also entschuldigt) anzusehen. Unter dem MPC – der die Nötigung im Gegensatz zum *common law* als Verteidigungsmöglichkeit bei Mord anerkennt – könnte die Mutter einer unwiderstehlichen Drohung ausgesetzt gewesen sein, die ihre Verantwortlichkeit verneint.[171]

Geht man von einem weiten Begriff strafrechtlicher „Verantwortlichkeit" aus, der alle Entschuldigungsgründe mit einschließt, so würde man zu dem Schluss kommen, dass die Handlung einer „unverantwortlichen" (also entschuldigten) Person immer dann der Person zugerechnet wird, die die Umstände herbeiführt, welche die Entschuldigung begründen (also wie die Nachbarin in unserem Beispiel). Man denke z.B. an den Vorgesetzen, der einen rechtswidrigen Befehl erteilt oder den Lockspitzel, der einen Verdächtigten zur Straftat provoziert.

Die Reichweite des Verantwortlichkeitsbegriffs im MPC ist allerdings unklar. Der Abschnitt im allgemeinen Teil, der sich ausdrücklich mit „Verantwortlichkeit" befasst, behandelt nur zwei Arten der Unverantwortlichkeit, und zwar die Schuldunfähigkeit auf Grund seelischer Störungen (*mental disease or defect*) und die Schuldunfähigkeit Minderjähriger (*infancy*). Demzufolge würde also nur jeder, der einen „Geisteskranken" oder ein „Kind"[172] zur Begehung einer Straftat veranlasst, auf Grund der Handlungszurechnung für deren Verhalten verantwortlich gemacht.[173] Ob andere Entschuldigungsgründe, die nicht auf Schuld**unfähigkeit** abstellen, eine ähnliche Zurechnung bewirken, bleibt offen.

---

[170] Der prozessrechtliche Begriff der Unschuld passt eigentlich nicht so recht in die materiellrechtliche Zurechungslehre.

[171] Siehe § 2.09.

[172] Komm. § 2.06, S. 302; siehe z.B. Johnson v. State, 38 So. 182 (Ala. 1905).

[173] Komm. § 2.06, S. 300; siehe allgemein hierzu Commonwealth v. Tavares, 382 Pa. Super. 317 (1989).

b) Teilnahme (complicity)

Zwar können unschuldige oder unverantwortliche menschliche Werkzeuge eine Handlungszurechnung begründen. In der großen Mehrzahl der Fälle haben wir es allerdings weder mit unschuldigen, noch mit unverantwortlichen Tätern zu tun. Wie kann nun das Verhalten einer solchen Person einer anderen zugerechnet werden?

Die Ableitung der Strafbarkeit einer Person von der Handlung einer anderen, schuldigen und verantwortlichen, Person wird durch das Rechtsinstitut der Teilnahme (*complicity*) geleistet.[174] Die Person, die ein im Strafgesetz pönalisiertes Verhalten verwirklicht hat, gilt als der Haupttäter (*principal*). Die Person, auf die die strafrechtliche Verantwortlichkeit des Haupttäters übertragen wird, ist der Teilnehmer (*accomplice*).

Der MPC hat die Lehre von Täterschaft und Teilnahme des *common law* wesentlich vereinfacht.[175] Das *common law* differenzierte zwischen einer Reihe verschiedener Beteiligungsformen.

> Bei Verbrechen wurden die Beteiligten in vier Gruppen zerlegt: (1) Haupttäter ersten Grades (*principals in the first degree*), die tatsächlich die Straftat begangen haben; (2) Haupttäter zweiten Grades, die sich tatsächlich oder unterstellterweise am Ort der Tat befanden und ihre Begehung unterstützten oder zu ihr anstifteten (*aided or abetted*); (3) Gehilfen vor der Tat (*accessories before the fact*), die ihre Begehung unterstützten oder dazu anstifteten, aber sich nicht am Ort der Straftat befanden; sowie (4) Gehilfen nach der Tat (*accessories after the fact*), die nach der Vollendung der Tat Unterstützung leisteten.[176]

Der MPC ersetzte diese einzelnen Regeln durch einen einzigen und flexiblen Standard. Statt vier verschiedenen Beteiligungsformen gab es nur zwei: Haupttäter und Teilnehmer. Der Haupttäter ersten Grades wurde zum Haupttäter. Der Haupttäter zweiten Grades und der Gehilfe vor der Tat wurden zum Teilnehmer. Und der Gehilfe nach der Tat wurde als Beteiligungsform ganz fallen gelassen. Darüber hinaus wur-

---

[174] Der MPC enthält deshalb einen eigenständigen Tatbestand der Beihilfe zum Selbstmord, weil sich die Strafbarkeit des Gehilfen nicht aus der strafbaren Handlung des Selbstmörders ableiten lässt aus dem einfachen Grund, weil Selbstmord keine Straftat ist. § 210.5(2); vgl. jedoch People v. Duffy, 79 N. Y.2d 611 (1992) (Verursachung des Selbstmords eines anderen als Tötungsdelikt). Im *common law* dagegen war der Selbstmord über Jahrhunderte hinweg ein Verbrechen, weshalb eine Teilnahme am Selbstmord durchaus denkbar war.

[175] Hierbei ist zu beachten, dass die Differenzierung verschiedener beteiligter Personen an einer Straftat nicht nur als Relikt des *common law* anzusehen ist. Im deutschen Strafrecht findet sich beispielsweise auch eine ähnlich aufwendige Unterscheidung.

[176] Standefer v. United States, 447 U. S. 10, 15 (1980); siehe ebenso *Blackstone*, Commentaries on the Laws of England, Bd. 4, S. 34–35 (1769). Im Falle eines Vergehens gab es diese feinen Unterschiede nicht; hier war jeder ein Täter.

den Haupttäter und Teilnehmer von nun an gleich bestraft und die Akzessorietätshaftung über Verbrechen hinaus auf alle Straftaten ausgedehnt. Im *common law* machten sich Gehilfen nur eines Vergehens schuldig. Haupttäter wurden dagegen als Verbrecher bestraft unabhängig vom Grad ihrer Beteiligung. Bei Vergehen (und beim Hochverrat) gab es keine Gehilfen; alle Beteiligten wurden als Haupttäter bestraft.

Statt den Beschuldigten als Haupttäter ersten oder zweiten Grades bzw. als Gehilfen vor oder nach der Tat einzustufen, stellt der MPC ohne Umschweife darauf ab, ob dem Beschuldigten als Teilnehmer die Handlung des Haupttäters zugerechnet werden kann. Laut dem MPC ist

> eine Person Teilnehmer an der Straftat einer anderen Person (...), wenn sie in der Absicht, die Tat zu fördern oder zu erleichtern
> (i) einen anderen anwirbt, sie zu begehen; oder
> (ii) einen anderen beim Planen oder Begehen der Tat unterstützt oder einwilligt oder versucht, ihn zu unterstützen.[177]

Trotz vieler Änderungen übernahm die Teilnahmelehre des MPC doch den materiellen Kern des *common law.* Was im *common law* „aiding" und „abetting" genannt wurde, heißt nun „aiding" oder „soliciting." Darüber hinaus bleibt Absicht die für die Teilnahme vorgeschriebene Vorsatzform.

Das Hauptanliegen der Verfasser des MPC war, die dogmatische Aufmerksamkeit weg von der formalen Unterscheidung einzelner Formen von Täterschaft und Teilnahme auf das materielle Hauptproblem zu lenken, nämlich das Verhältnis zwischen mutmaßlichem Teilnehmer und Haupttäter, welches die Zurechnung der Handlung des einen auf den anderen erst ermöglicht.

Zusätzlich versuchten sie, die beiden Teilnahmeformen (also Unterstützung und Anwerbung) deutlicher herauszuarbeiten. Insbesondere der Begriff des *abetting* hatte den Gerichten immer Schwierigkeiten bereitet. Der MPC definiert daher das Anwerben (*soliciting*) folgendermaßen: „In der Absicht, eine Straftat zu fördern oder zu erleichtern, einem anderen befehlen, ihn ermutigen oder ihn ersuchen, das zu tun, was eine solche Straftat oder ihren Versuch darstellen würde."[178]

Der MPC klärte auch die Reichweite des Unterstützens (*aiding*) und dehnte sie zugleich auf die Verantwortlichkeit als Teilnehmer für bloße Unterstützungs*versuche* aus. Das *common law* verlangte dagegen nicht,

---

[177] § 2.06(3): „A person is an accomplice of another person in the commission of an offense if ... with the purpose of promoting or facilitating the commission of the offense, he (i) solicits such other person to commit it; or (ii) aids or agrees or attempts to aid such other person in planning or committing it."

[178] § 5.02(1). Die ursprüngliche Fassung verwies nicht auf diese Bestimmung, sondern definierte eigenständig, was Anwerbung meint: "command[ing], request[ing], encourag[ing] or provok[ing]." Tentative Draft No. 1, § 2.04(3).

dass Teilnahme eine *conditio sine qua non* der Haupttat ist. Es reichte stattdessen aus, dass die Handlungen des Teilnehmers in irgendeiner Weise zur Haupttat beigetragen hatten.[179] Der MPC hingegen ließ jegliche Bedingung eines kausalen Zusammenhangs zwischen Teilnahme und Haupttat fallen und erweiterte die Verantwortlichkeit eines Teilnehmers auf die Fälle, in denen der verhinderte Teilnehmer dem Haupttäter in keiner Weise nützlich gewesen ist, dies aber sein wollte. Vom Behandlungsgrundsatz her gesehen ist die strafrechtliche Diagnose der Gefährlichkeit die gleiche unabhängig davon, ob der Handelnde ein Delikt verwirklicht, oder einfach alles tut, was er tun kann, um das Delikt zu begehen, am Ende jedoch (aus welchem Grund auch immer) scheitert. Dies trifft auf den verhinderten Haupttäter ebenso zu wie auf den verhinderten Teilnehmer.[180]

Gleichzeitig hat der Code die sog. Pinkerton-Regel zurückgewiesen, nach der eine Verschwörung automatisch auch eine Teilnehmerhaftung begründet.[181] In dem Fall *United States v. Pinkerton*[182] war jedes Mitglied einer Verschwörung automatisch auch als Teilnehmer für jede Handlung verantwortlich, die ein Mitverschwörer zur Förderung der Verschwörung begangen hatte, vorausgesetzt die Handlung war vernünftigerweise vorhersehbar (*reasonably foreseeable*). Die Verschwörung an sich war Grund genug, eine Teilnahme anzunehmen, auch wenn es keine Beweise dafür gab, dass der angebliche Teilnehmer etwas getan hatte – oder auch nur versucht hatte, etwas zu tun – und er nichts von den einzelnen Delikten wusste, welche die vermeintlichen Mitverschwörer begangen hatten.

Da sich die Verantwortlichkeit als Teilnehmer akzessorisch zur Verantwortlichkeit des Haupttäters verhält, indem das Verhalten des Haupttäters dem Teilnehmer zugerechnet wird und dieser so behandelt wird, als ob er selbst die Tat begangen hätte, lenkt der MPC das Hauptaugenmerk auf das Verhalten des Täters bei der Haupttat, anstatt auf eine vorangegangene Absprache zwischen dem Haupttäter und einem anderen. Die Frage ist demnach, ob der vermeintliche Teilnehmer dem vermeintlichen Haupttäter tatsächlich bei der Begehung eines konkreten Delikts geholfen hat oder zumindest versucht hat zu helfen. Eine Verschwörung – d.h. eine Absprache, ein bestimmtes Delikt zu begehen – kann ausreichend sein, um das Merkmal „Unterstützen" oder „Anstiften" zu erfüllen. Aber das ist nicht zwangsläufig so. Um eine Teilnahme festzustellen, ist eine Verschwörung nur Indiz. Allein begründet sie eine Teilnahme allerdings nicht.

---

[179] Siehe z.B. State v. Tally, 15 So. 722, 738–39 (Ala. 1894).
[180] Zum Versuch, siehe unten § 6.2(a).
[181] Komm. § 2.06, S. 307.
[182] 328 U. S. 640 (1946).

Ob die Zurückweisung der Pinkerton-Regel, die allerdings im Strafrecht vieler Staaten und im Bundesstrafrecht weiterlebt, mehr als von theoretischer Bedeutung ist, ist eine andere Frage.[183] Der MPC verwandelte einen materiellrechtlichen Schluss (von Verschwörung auf Teilnahme) in eine beweisrechtliche Frage, um bei der Tatsachenfeststellung (theoretisch durch die Jury, praktisch jedoch durch den Richter oder vielmehr der für „plea bargaining" zuständige Staatsanwalt) einen größeren Ermessensspielraum zu eröffnen. Fraglich ist allerdings, ob dieser neu geschaffene Spielraum auch genutzt wird, um ein abweichendes Ergebnis zu erreichen – d.h. um dort keine Teilnahme zu finden, wo *Pinkerton* zur Annahme einer Teilnahme gezwungen hätte.

Diese Frage stellt sich im MPC immer dann, wenn die Verfasser versuchten, materiellrechtliche Probleme mit beweisrechtlichen Mitteln zu lösen. Das wichtigste Beispiel dieser Vorgehensweise bietet die Handhabung der seit Jahrzehnten heftig umstrittenen sog. *felony murder* Regel. Diese Verbrechensmord-Regel des *common law* besagt, dass ein Mord (*murder*) immer dann vorliegt, wenn bei der Begehung bestimmter Verbrechen (*felony*) jemand zu Tode kommt.[184] Die Härte dieser Regel besteht darin, dass sie keinerlei Vorsatzform bezüglich des Mordtatbestands voraussetzt.[185] Es kommt darüber hinaus auch nicht unbedingt darauf an, wer wen tötet – in einigen Staaten kann ein Bankräuber wegen *felony murder* an seinem Mittäter verurteilt werden, selbst wenn der tödliche Schuss von ihm oder einem zufälligerweise bewaffneten Bankkunden abgefeuert wurde.[186] Ebenso wäre er des Mordes schuldig, wenn ein Opfer ein anderes oder einen Passanten tötet, oder aber wenn ein Polizist einen anderen versehentlich erschießt.[187]

Der MPC weist die *felony murder* Regel als einen besonders krassen Fall der schuldunabhängigen Haftung zurück. Trotzdem findet sich im Mordparagraphen eine Bestimmung, die diese Regel doch wieder unter der Hand zu bestätigen scheint.[188] Dort wird Mord normiert als rück-

---

[183] New York folgte allerdings dem MPC. People v. McGee, 49 N. Y.2d 48 (1979).

[184] Die Verbrechen, die einer Haftung wegen *felony murder* zugrunde liegen können sind in der Regel auf gefährliche Verbrechen beschränkt. Im New York Penal Law gehören dazu Raub, Einbruchdiebstahl, Kidnapping, Brandstiftung, Vergewaltigung und andere schwere Sexualverbrechen, sowie Gefängnisausbruch. N. Y. Penal Law § 125.25(3).

[185] Der *United State Supreme Court* hat bisher keine verfassungsrechtlichen Bedenken an der *felony murder* Regel geltend gemacht. Er hat allerdings entschieden, dass ein Teilnehmer wegen *felony murder* nicht *zum Tode* verurteilt werden kann, es sei denn es liegen Indizien dafür vor, dass er sich zum Tod des Opfers zumindest fahrlässig verhalten hat. Siehe Tison v. Arizona, 481 U. S. 137 (1987); Enmund v. Florida, 458 U. S. 782 (1982).

[186] People v. Washington, 62 Cal. 2d 777, 402 P.2d 130 (1965) (Opfer-Mittäter).

[187] People v. Hickman, 12 Ill.App. 3d 412, 297 N. E.2d 582 (1973) (Polizist-Polizist).

[188] § 210.2(1)(b). Siehe *Binder*, Felony Murder and Mens Rea Default Rules: A Study in Statutory Interpretation, 4 Buff. Crim. L. Rev. 399 (2000).

sichtlose Tötung unter „Umständen, die eine extreme Gleichgültigkeit gegenüber dem Wert des menschlichen Lebens erkennen lassen." Auf die einschlägige Rücksichtslosigkeit und Gleichgültigkeit des Täters kann aber dann geschlossen werden, wenn der Tod des Opfers während der Begehung bestimmter Gewaltverbrechen erfolgte.[189] Diese Beweisvermutung muss der Beschuldigte widerlegen, wenn er eine Verurteilung wegen Mordes verhindern will. Es ist sicher richtig, dass die Verfasser des MPC auf diese Weise behaupten konnten, sie hätten die *felony murder* Regel abgeschafft. Gleichzeitig ist zu bezweifeln, dass es vielen Gewaltverbrechern gelingen wird, sich gegen diese beweisrechtliche Version der *felony murder* Regel erfolgreich zu verteidigen.

Die aus der Abschaffung der Pinkerton-Regel resultierende Einschränkung des Teilnahmebegriffs wurde darüber hinaus durch eine Erweiterung des Teilnahmebegriffs wieder wettgemacht. Man denke hier nur an die sehr großzügige Definition der Unterstützung als „einem anderen beim Planen oder Begehen der Tat unterstützen, einwilligen oder versuchen, ihn zu unterstützen."[190]

Diese Ausführungen zum *actus reus* der Teilnahme sollen genügen. Die *mens rea* der Teilnahme war eine der zentralen Streitfragen des allgemeinen Teils. *Wechsler* favorisierte Wissentlichkeit, während der hochangesehene Bundesrichter *Learned Hand* Absicht befürwortete. Hand setzte sich durch.[191] Die Bestimmung, nach der für Teilnahme die bloße **Kenntnis** ausreichte, dass man die Straftat eines Anderen unterstützte, wurde aus dem Entwurf des MPC gestrichen.[192]

Nach dem MPC ist für eine Teilnahmestrafbarkeit also Absicht erforderlich.[193] Die Grenze zwischen den beiden Vorsatzformen Absicht und

---

[189] Und zwar Raub, Vergewaltigung, Brandstiftung, Einbruchdiebstahl, Kidnapping oder Gefängnisausbruch. § 210.2(1)(b).

[190] § 2.06(3).

[191] Komm. § 2.06, S. 318–19. Vgl. United States v. Peoni, 100 F. 2d 401 (2d Cir. 1938) (Hand, J.) (Absicht), mit Backun v. United States, 112 F. 2d 635 (4th Cir. 1940) (Parker, J.) (Wissentlichkeit).

[192] Tentative Draft No. 1, § 2.04(3): „A person is an accomplice of another in commission of a crime if ... acting with knowledge that such other person was committing or had the purpose of committing the crime, substantially facilitated its commission."

[193] Genau genommen wird Absicht nur benötigt, um das Verhalten des Täters dem Teilnehmer zuzurechnen, nicht aber wenn das Verhalten eines Werkzeuges dem Hintermann gem. § 2.06(2)(a) zugerechnet werden soll. Komm. § 2.06, S. 302–03. Unschuldige und unverantwortliche Personen werden in gewisser Weise wie Sachen behandelt – wie z. B. ein Hammer oder ein ferngesteuerter Roboter – die aber trotzdem in der Lage sind, einen willkürlichen Akt und somit eine Handlung zu begehen. Die strafrechtliche Verantwortung des Hintermannes hängt daher ganz von der etwaigen Vorsatzform ab, die in der Definition der Haupttat vorausgesetzt wird. Wenn man also z. B. sagt, der Hintermann habe sein menschliches Werkzeug nur rücksichtslos (statt absichtlich) veranlasst, eine Straftat zu begehen, dann ist das nur ein anderer Ausdruck dafür, dass er selbst rücksichtslos in Bezug auf die begangene Tat handelte

Wissentlichkeit kann jedoch fließend sein. Das Strafrecht im Allgemeinen und das Rechtsinstitut der Teilnahme im Besonderen hat seit langem Wege gefunden, von bloßer Kenntnis auf Absicht zu schließen.[194]

Dass wissentliche Unterstützung für eine Teilnahmestrafbarkeit nicht ausreicht – also für die Zurechnung des Verhaltens einer anderen Person – heißt aber nicht, dass sie nicht strafbar wäre. So haben einige vom MPC beeinflusste Strafgesetzbücher eine separate Strafvorschrift eingefügt, die die „Erleichterung" (*facilitation*) einer Straftat unter Strafe stellt. Diese Vorschriften kriminalisieren das Verhalten, was unter die aus dem Model Code gestrichene Regelung der wissentlichen Teilnahme gefallen wäre.[195] Im MPC findet sich eine solche Vorschrift allerdings nicht.

Zusammengefasst ist die Teilnahme unter dem MPC also das absichtliche Unterstützen (*aiding*) oder Anwerben (*soliciting*) eines Delikts, das von einer anderen Person begangen wird. In diesem Fall wird der eine zum Haupttäter und der andere zum Teilnehmer, so dass das Verhalten des Haupttäters dem Teilnehmer zugerechnet werden kann. Der Teilnehmer ist dann „rechtlich verantwortlich" für das Verhalten des Haupttäters.

Die Einzelheiten der Teilnahmelehre im MPC lassen sich aus diesem Grundbegriff der Teilnahme ableiten. Da es bei einer Teilnahme um die Zurechnung einer Handlung geht, und eine Handlung auch durch Unterlassen verwirklicht werden kann, so überrascht es nicht, dass eine Unterlassung in Zusammenhang mit einer Rechtspflicht zur Teilnahme werden kann.[196]

Weiterhin ist es einleuchtend, dass sich die Absicht der Teilnahme nicht auf ein etwaiges Erfolgsmerkmal des Haupttatbestands ausdehnen

---

und daher für ein Delikt verantwortlich ist, das Rücksichtslosigkeit voraussetzt. Der Kommentar nennt hierfür das Beispiel eines Täters, „der rücksichtslos einer unverantwortlichen Person, die für ihre wilde Fahreigenschaften bekannt ist, seine Autoschlüssel überlässt." Dieser soll dann „für jegliches Tötungsdelikt verantwortlich sein, das die unverantwortliche Person auf Grund ihrer wilden Fahrweise begeht." Ebenda, S. 302.

[194] Siehe z.B. People v. Lauria, 251 Cal. App. 2d 471, 59 Cal. Rptr. 628 (1967).

[195] Siehe z.B. N. Y. Penal Law § 115.00: "A person is guilty of criminal facilitation in the fourth degree when, believing it probable that he is rendering aid ... to a person who intends to commit a crime, he engages in conduct which provides such person with means or opportunity for the commission thereof and which in fact aids such person to commit a felony." Beachtlich ist hier, dass diese Bestimmung weniger als Wissentlichkeit ausreichen lässt. Es genügt der Glaube an eine Wahrscheinlichkeit der Unterstützung. Gleichzeitig wird der Straftatbestand der Erleichterung aber auch auf Verbrechen begrenzt. Obwohl das New York Penal Law die Erleichterung als sog. unvollständiges Delikt behandelt, zeigt sie doch ihre Wurzeln im Rechtsgebiet der Teilnahme, da für die Erleichterung anders als bei den unvollständigen Delikten die erleichterte Tat begangen werden muss. Zu den unvollständigen Delikten s. unten § 6.2.

[196] § 2.06(3)(iii).

muss.[197] Ein Teilnehmer zu sein, heißt schließlich nur, dass man für die **Handlung** eines anderen „rechtlich verantwortlich“ gemacht wird, nicht aber notwendigerweise auch für den etwaigen Erfolg dieser Handlung. Das Institut der Teilnahme versetzt eine Person in die Lage einer anderen, indem es ihr deren Handlung zuschreibt. Dadurch erfüllt das Verhalten der ersten Person indirekt das Handlungsmerkmal der von der zweiten begangenen Haupttat. Ob es auch ein etwaiges Erfolgsmerkmal erfüllt, ist eine ganz andere Frage.

Wenn nun das Erfolgsmerkmal des Haupttatbestands eine bestimmte Vorsatzform voraussetzt, so hängt die strafrechtliche Verantwortlichkeit des **Teilnehmers** für diesen Erfolg davon ab, ob er diese Vorsatzform bezüglich des Erfolgsmerkmals aufwies. Sie ist in dieser Hinsicht völlig unabhängig von der Strafbarkeit des Haupttäters. Falls Teilnehmer und Haupttäter bezüglich dem Erfolgsmerkmal der Haupttat unterschiedliche Vorsatzformen aufweisen, kann sich ihre Strafbarkeit daher auch unterscheiden. Nimmt man die Tötungsdelikte als Beispiel, so können Haupttäter und Teilnehmer unterschiedliche Delikte begangen haben. Hat der Haupttäter beispielsweise mit einem zielgerichteten Erfolgswillen den Tod des Opfers verursacht, so verwirklicht er den Tatbestand des Mordes. Hat der Teilnehmer in seiner unterstützenden oder anwerbenden Beteiligung dagegen nur mit Rücksichtslosigkeit hinsichtlich eines möglichen Todes des Opfers gehandelt, so verwirklicht er nur den Tatbestand des Totschlags.[198]

Die Vorsatzform der Teilnahme im Hinblick auf das **Handlungselement** der Haupttat ist also Absicht. Im Hinblick auf das **Erfolgselement** richtet sich die Vorsatzform der Teilnahme dagegen nach der in der Tatbestandsdefinition festgelegten Vorsatzform. Die Frage nach der Vorsatzform für Teilnahme bei **begleitenden Umständen** lässt der Code offen.[199]

Der Grund, weshalb der MPC nur im Bezug auf das Handlungselement Absicht verlangt, ist wohl der, dass es das Handlungselement ist, welches erst die für die Zurechnung kritische Verbindung zwischen Täter und Teilnehmer darstellt. Ist diese Verbindung erst einmal hergestellt, so wäre es angemessen, wenn jeder strafrechtliche Verantwortung in dem Maße tragen würde, wie er die im Gesetz bestimmten Voraussetzungen erfüllt.

Aus diesem Grund ist es unter dem MPC auch möglich, Teilnehmer an einer nicht-absichtlichen Tat zu sein.[200] Während die Vorsatzform

---

[197] § 2.06(4).

[198] Siehe z. B. Maiorino v. Scully, 746 F. Supp. 331 (S. D. N. Y. 1990) (Mord und versuchter Mord für den einen, Totschlag und tätlicherer Angriff für den anderen).

[199] Komm. § 2.06, S. 311 Fn. 37. Siehe ebenso Komm. § 5.03, S. 408–14 (conspiracy).

[200] Siehe z. B. People v. Flayhart, 72 N. Y. 2d 737 (1988) (Teilnahme an fahrlässiger Tötung).

des Teilnehmers im Hinblick auf seine Handlung Absicht sein muss, spielt die Vorsatzform des Haupttäters in Bezug auf verschiedene Tatbestandselemente für die Strafbarkeit des Teilnehmers keine Rolle, obwohl sie selbstverständlich von entscheidender Wichtigkeit für die strafrechtliche Verantwortlichkeit des Haupttäters selbst wäre. Der Haupttäter fungiert also nur als Platzhalter, dessen tatsächliches Verhalten dem Teilnehmer als unterstelltes Verhalten zugerechnet wird.

Das *common law* verstand die Teilnahmelehre anders. Anstatt Täter und Teilnehmer nur durch den dünnen Faden der Handlung miteinander verbunden zu sehen, sprach das *common law* von einem „geteilten Vorsatz" (*shared intent*) zwischen Täter und Teilnehmer (oder besser gesagt zwischen den verschiedenen Kategorien von Haupttätern und Gehilfen). Ob die Teilnahme an einer nicht-absichtlichen Tat möglich war, hing davon ab, ob besonderer Vorsatz restriktiv als Absicht oder großzügiger als Absicht oder Wissentlichkeit (oder vielleicht sogar auch als Rücksichtslosigkeit) ausgelegt wurde.[201] Eine unterschiedliche Strafbarkeit des Teilnehmers und des Haupttäters war dagegen nicht möglich, da beide denselben Vorsatz teilen mussten.

Wenn der Haupttäter als Platzhalter des Teilnehmers fungiert, so wäre es auch möglich, denjenigen als Teilnehmer zur Verantwortung zu ziehen, der außerstande war, die Haupttat zu begehen.[202] So könnte sich jemand beispielsweise als Teilnehmer wegen eines Amtsdelikts der Annahme von Bestechungsgeld (*receiving a bribe*) strafbar machen, auch wenn er selbst kein Amtsträger ist und folglich die Haupttat als Täter nicht verwirklichen könnte. Die Teilnahmeverantwortlichkeit verhält sich somit parasitär zur Handlung des Haupttäters, so dass der Teilnehmer jedes Delikt verwirklicht, dass der Täter begeht. Die Verantwortung des Teilnehmers hängt von der Tat des Haupttäters ab. Begeht er als Amtsperson eine Straftat, so macht sich auch der Teilnehmer strafbar.

Wie verhält es sich allerdings bei Fällen, in denen die Zahlung des Bestechungsgelds (*bribery*) an sich schon einen Tatbestand erfüllt? Wenn die Unterstützung des Empfängers der Bestechung darin bestanden hat, dass der Täter das Bestechungsgeld bezahlt hat, so wäre er zweimal strafbar: Zum einen wegen der Zahlung des Bestechungsgeldes (als Täter) und zum anderen wegen der Annahme (als Teilnehmer).[203] (Hätte der Amtsträger die Bestechung angeworben, so wäre er auch zweimal verantwortlich: Als Haupttäter der Annahme von Bestechungsgeld und

---

[201] Siehe oben Übersicht 3 (besonderer Vorsatz).

[202] § 2.06(5).

[203] Siehe z.B. Standefer v. United States, 447 U. S. 10 (1980). Ein anderes Beispiel ist das Verhältnis von Käufer und Verkäufer (oder von Verteiler und Besitzer), das im Drogenstrafrecht eine große Rolle spielt. Siehe People v. Manini, 79 N. Y.2d 561 (1992).

als Teilnehmer an der Bestechung.) In diesen Fällen[204] bestimmte der MPC, dass sich eine Strafbarkeit wegen Teilnahme nicht auf Handlungen erstreckt, die mit der Haupttat „notwendigerweise verbunden" sind.[205] Die Verfasser des MPC gingen allerdings nicht davon aus, diese Begrenzung folge zwingend aus der Teilnahmelehre.[206] Es steht Gesetzgebern also frei, Handlungen, die notwendigerweise mit der Haupttat verbunden sind, zu bestrafen. Sie müssen diese Entscheidung nur klar zum Ausdruck bringen.[207]

Gesetzt den Fall, Teilnahmeverantwortlichkeit wird über die Handlung eines Täters auf einen anderen übertragen, so kann dieser trotzdem noch eine Strafbarkeit als Teilnehmer vermeiden, indem „er seine Teilnahme vor Begehung der Haupttat beendet."[208] Diese Beendigungsklausel entspricht der Rücktrittsvorschrift im Bereich des Versuchs, ist aber weniger großzügig.[209] Beim Versuch reicht es für den strafbefreienden Rücktritt aus, vom Tatplan Abstand zu nehmen. Wenn es sich um einen Einzeltäter handelt, dann bedeutet das Abstandnehmen vom Tatplan bereits, dass die Straftat nicht begangen wird. Wenn dagegen nur der Teilnehmer von seinen strafbaren Handlungen Abstand nimmt, kann die Straftat trotzdem noch vom Haupttäter begangen werden. Deshalb wird zur Strafbefreiung bei der Teilnahme vorausgesetzt, dass der Teilnehmer nicht nur seine Teilnahmehandlungen beendet – also aufhört, den Haupttäter zu unterstützen oder anzuwerben –, sondern dass er auch das ungeschehen macht, was er bisher getan hat. Dem Model Penal Code verlangt nun nicht, dass der Teilnehmer die Straftat verhindern muss oder auch nur, dass er alles in seiner Macht stehende unternehmen muss, um sie zu verhindern. Es ist vielmehr erforderlich, dass man die bisheri-

---

[204] Die Verfasser des MPC dachten hier auch an bestimmte Fälle, in denen die Teilnahme keine unabhängige Straftat ausmacht. In diesen Fällen könnte sich der Gesetzgeber entschließen, von der Strafbarkeit der Teilnahme abzusehen. So nahmen die Verfasser z.B. eine „Ambivalenz in der öffentlichen Meinung" bezüglich einer Teilnahmestrafbarkeit der schwangeren Frau in Abtreibungsfällen gegen den Arzt wahr. Hier sollte man von einer kategorischen Anwendung der Teilnahmelehre absehen, da „die Unterstützung der Öffentlichkeit vollständig verloren gehen kann, wenn man strafrechtliche Verantwortlichkeit bis an ihre logische Grenze ausweitet." Komm. § 2.06, S. 325.

[205] § 2.06(6) („inevitably incident"). Der Code legt darüber hinaus ausdrücklich fest, dass das Verhalten des Opfers niemals eine Teilnahmeverantwortlichkeit auslösen kann. § 2.06(6)(a).

[206] Auch das verfassungsrechtliche Verbot der Doppelbestrafung (*ne bis in idem*) würde hier nicht zur Anwendung kommen, da die amerikanische Verfassung lediglich vorsieht, dass niemand „wegen der gleichen Straftat zweimal um Leib oder Leben bangen soll" ("be subject for the same offense to be twice put in jeopardy of life or limb"). U.S. Constitution, Amendment V. Wechselseitige Straftaten gelten aber nicht als „gleich."

[207] § 2.06(6).

[208] § 2.06(6)(c) ("terminates his complicity prior to the commission of the offense").

[209] Siehe unten § 6.2(d).

gen Teilnahmehandlungen „ihrer Wirksamkeit bezüglich der Begehung der Tat entzieht," was bedeutet, dass der Teilnehmer die anhaltende Wirkung seines Verhaltens auf die Haupttat beseitigen muss – nicht aber ihre etwaige Funktion als anfängliche *conditio sine qua non*. Was das genau für den Einzelfall bedeutet, hängt von der konkreten Teilnahmehandlung ab. Wenn der Teilnehmer dem Täter Mittel für die Tatbegehung zur Verfügung gestellt hat (z.B. Waffen oder Einbruchswerkzeuge), so muss er sie zurücknehmen. Wenn er den Täter zur Tatbegehung ermutigt hat, so sollte wohl eine Entmutigung genug sein. Der Teilnehmer kann aber auch andere Maßnahmen ergreifen, um die Begehung der Straftat zu verhindern, indem er etwa die Polizei alarmiert oder das Opfer warnt. Wie bereits erwähnt, müssen diese Bemühungen aber nicht notwendigerweise erfolgreich sein.

Die Beendigungsvorschrift regelt also solche Ausnahmefälle, in denen ein absichtliches Helfen oder Anwerben einer anderen Person zu einer Straftat für den Teilnehmer nicht zu einer Strafbarkeit führt. Wenn er seinen kriminellen Plan aufgibt und geeignete Maßnahmen zur Verhinderung der Tat ergreift, so wird ihm das Verhalten des Haupttäters nicht zugerechnet.

Zum Abschluss wenden wir uns einer Vorschrift zu, die nur schwer mit dem allgemeinen Ansatz des MPC in Einklang zu bringen ist, dass Teilnahme abgeleitete (parasitäre) Verantwortung für die Handlung eines anderen ist. Danach kann ein vermeintlicher Teilnehmer selbst dann wegen seiner Teilnahmehandlung verurteilt werden, wenn der vermeintliche Haupttäter freigesprochen wurde. Wie kann es aber sein, dass sich ein Teilnehmer ohne einen Haupttäter strafbar machen kann, wenn doch die Handlung des Haupttäters dem Teilnehmer zugerechnet werden soll?[210]

Die Antwort auf diese Frage hängt mit der Institution der Jury zusammen. Juries sind dafür bekannt, dass sie gelegentlich widergesetzliche und widersprüchliche Urteile fällen. Widergesetzliche Urteile sind dann möglich, wenn die Jury ihre Aufhebungsmacht (*power of jury nullification*) ausübt, indem sie einen Beschuldigten entgegen der Beweislage freispricht, weil eine Verurteilung zwar gesetzesmäßig, aber ungerecht wäre. Ein widersprüchliches Urteil ist z.B. möglich wenn die Jury aus allgemeinen Gerechtigkeitserwägungen beschließt, dass es ein Angeklagter nur verdient, wegen einer Tat bestraft zu werden, obwohl die Sachlage keinen Zweifel daran lässt, dass er auch eine zweite begangen haben muss (z.B. ein bewaffneter Bankräuber wird wegen Bankraubs freigesprochen, aber wegen Waffenbesitzes verurteilt). Widersprüchliche und insbesondere klar widergesetzliche Urteile kommen selten vor. Bereits die Tatsache allerdings, dass ein Freispruch auf einem

---

[210] Siehe z.B. People v. Taylor, 12 Cal. 3d 686 (1974).

solchen Urteil basieren könnte, bedeutet, dass ein Freispruch nicht unbedingt mit der Schuld des Beschuldigten unvereinbar ist.

Im Falle eines Freispruchs des Haupttäters auf Grund eines widersprüchlichen oder widergesetzlichen Urteils wäre es laut dem MPC unangebracht, diesen „falschen" Freispruch auf einen etwaigen Teilnehmer des Haupttäters auszudehnen. Die Verurteilung eines Teilnehmers auf Grund seiner Unterstützung eines freigesprochenen Haupttäters stellt nun allerdings ebenfalls eine eklatante Widersprüchlichkeit dar. Hierzu erklärt der Kommentar zum MPC, dass die inkonsistente Behandlung des vermeintlichen Täters und seines Gehilfen „ein geringeres Übel zu sein scheint als dem Teilnehmer deshalb Immunität zu gewähren, nur weil der Freispruch des Täters eine Ungerechtigkeit darstellt."[211] Die Frage, ob dieser Freispruch tatsächlich „ungerecht" war, bleibt hier aber offen. Wer kann schließlich sagen, ob der Freispruch des Täters unangemessen war oder aber die Verurteilung des Teilnehmers? Der Kommentar zum MPC weist in dieser Beziehung darauf hin, dass die Strafbarkeit des Teilnehmers nach wie vor voraussetzt, dass die Tat begangen wurde, was deshalb für die Teilnahme ausreichen soll, weil sich die Teilnahmeverantwortung an der Tat aufhängt, nicht aber am Täter.[212]

Trotzdem bleiben noch einige wichtige Fragen ungeklärt. Was ist für den Fall vorgesehen, in dem der Haupttäter nicht deshalb freigesprochen wird, weil er die Tat nicht begangen hat, sondern weil er erfolgreich eine Verteidigungsmöglichkeit geltend machen konnte? Wenn der Täter z.B. gerechtfertigt gehandelt hat, müsste der Teilnehmer ebenfalls straflos ausgehen, nicht weil er kein Teilnehmer war, sondern vielmehr, weil er ebenfalls den Rechtfertigungsgrund für sich in Anspruch nehmen kann, also gerade *weil* er an der Rechtfertigung des Täters teilnimmt. Schließlich steckt ihn das Rechtsinstitut der Teilnahme in die Schuhe des Täters. Ebenso unklar bleibt im MPC, ob dieselbe Theorie auch im Bereich der Entschuldigungsgründe trägt, ob also ein Teilnehmer verurteilt werden kann, selbst wenn der Haupttäter entschuldigt ist.[213]

c) Körperschaften

Die Strafbarkeit juristischer Personen ist im amerikanischen Strafrecht fest verankert.[214] Sowohl Handlung als auch Vorsatz von natürlichen Personen, die im Dienst einer Körperschaft (*corporation*) stehen, können der Körperschaft zugerechnet werden. Darüber hinaus kann in-

---

[211] Komm. § 2.06, S. 328; Vgl. dazu Standefer v. United States, 447 U. S. 10 (1980).

[212] Vgl. aber § 5.01(3) (Versuchsstrafbarkeit im Falle der Hilfeleistung zu einer Straftat, die nicht begangen wurde).

[213] Siehe United States v. Lopez, 662 F. Supp. 1083 (N. D. Cal. 1987).

[214] Siehe *Coffee*, Corporate Criminal Responsibility, in *Kadish* (Hg.), Encyclopedia of Crime and Justice, 1. Bd, S. 253 (New York 1983).

nerhalb der Körperschaft das Verhalten einer natürlichen Person einer anderen zugerechnet werden.

Im *common law* waren Körperschaften ursprünglich nicht strafbar.[215] Das änderte sich aber im Laufe des neunzehnten Jahrhunderts. Ende des neunzehnten Jahrhunderts war das Körperschaftsstrafrecht bereits fest etabliert:

> Da eine Körperschaft mittels ihrer leitenden Angestellten [*officers*] und Beauftragten [*agents*] handelt, gehören ihr auch deren Absichten, Beweggründe und Vorsatz. Wenn z.B. das unsichtbare und unfassbare Luftwesen, das wir Körperschaft nennen, Berge einebnen, Täler auffüllen, Eisenbahngleise verlegen und Eisenbahnen auf ihnen fahren lassen kann, so kann es dies auch vorsätzlich tun, und zwar sowohl mit gutem als auch mit bösem Vorsatz.[216]

Der *United States Supreme Court* bestätigte kurz darauf diese Entwicklung in einer Grundsatzentscheidung im Fall *New York Central & Hudson River Railroad v. United States*:[217]

> „Die Zurechnung des besonderen Vorsatzes (*specific intent*) auf eine Körperschaft bereitet in strafrechtlichen Fällen keine größeren Schwierigkeiten als in zivilrechtlichen Fällen. Eine Körperschaft kann weder in einem strafrechtlichen noch in einem zivilrechtlichen Fall verhaftet oder eingesperrt werden, aber ihr Eigentum kann sowohl zum Zweck der Wiedergutmachung eines privaten Übels als auch zum Zweck der Bestrafung eines öffentlichen Übels eingezogen werden." [Telegram Newspaper Co. v. Commonwealth, 172 Mass. 294, 297 (1899)] .... Wir sehen keinen rechtlichen oder sonstigen Grund, weshalb die Körperschaft, die von einem Geschäftsgang profitiert und nur mittels ihrer Beauftragten und leitenden Angestellten handeln kann, nicht mit Geldstrafe belegt werden sollte wegen der Wissentlichkeit und dem Vorsatz ihrer Beauftragten, die sie mit der [einschlägigen] Vollmacht versehen hat und deren Wissentlichkeit und Vorsatz ihr sehr wohl zuzurechnen sind. Obwohl das Recht die Rechte aller achten sollte, und zwar die Rechte von Körperschaften nicht weniger als die Rechte natürlicher Personen, so kann es doch nicht die Tatsache übersehen, dass die große Mehrzahl der Geschäftsgänge in modernen Zeiten durch diese Institutionen getätigt werden ... und Körperschaften Immunität gegen jegliche Strafe zu gewähren auf Grund der alten und gesprengten Maxime, dass eine Körperschaft keine Straftat begehen kann, würde dem einzig wirksamen Mittel gegen Missbräuche auf diesem Gebiet ein Ende bereiten.[218]

Der MPC zieht eine Körperschaft strafrechtlich zur Verantwortung für das Verhalten ihrer Beauftragten (*agents*), die in ihrem Namen handeln.[219] Die Verantwortung einer Körperschaft stellt somit eine

---

[215] Siehe z.B. *Blackstone*, Commentaries on the Law of England, 1. Bd, S. 464 (1765) ("a corporation cannot commit ... crime in its corporate capacity").

[216] *Bishop*, New Commentaries on the Criminal Law § 417.

[217] 212 U. S. 481 (1909).

[218] Ebenda S. 492, S. 495–96.

[219] Section 2.07. Liability of Corporations ...

(1) A corporation may be convicted of the commission of an offense if:

Teilnahme dar, insofern sie auf Zurechnung der Handlung einer anderen Person beruht. Der Unterscheid zur herkömmlichen Teilnahme besteht nun aber offensichtlich in der Tatsache, dass es sich beim Empfänger der Zurechnung (also eigentlich dem Teilnehmer) nicht um eine zweite natürliche, sondern um eine juristische Person handelt. Diese juristische Person ist jedoch selbst nicht fähig zu handeln, so dass die Handlung eines ihrer Vertreter ihr nicht so einfach zugerechnet werden kann. Wenn eine solche Zurechnung dennoch möglich wäre, so hätte man zusätzlich die Schwierigkeit, dass eine Körperschaft nicht die zur Teilnahme erforderliche Vorsatzform der Absicht formen könnte, die aber Voraussetzung für eine Zurechnung im Rahmen der Teilnahme ist. Wegen dieser dogmatischen Schwierigkeiten muss die strafrechtliche Verantwortlichkeit einer Körperschaft auf eine andere Theorie zurückgreifen, eben die schon erwähnte Beauftragungs- oder Organtheorie (*agency*).[220]

Die Körperschaftsstrafbarkeit des MPC ist vergleichsweise eng gefasst. Mit Ausnahme von Übertretungen (*violations*), macht der MPC eine Körperschaft nur für die Handlungen ihrer Geschäftsführer (*high managerial agents*) verantwortlich. Ein Geschäftsführer ist ein „leitender Angestellter ... der so viel Verantwortung trägt, dass billigerweise anzunehmen ist, sein Handeln stelle die Politik der Körperschaft dar."[221] Das *common law* rechnete dagegen der Körperschaft das Verhalten eines jeglichen Angestellten zu unabhängig davon, welche Position er in ihrem Gefüge einnahm, solange dieses Verhalten im Namen der Körperschaft (*on behalf of the corporation*) begangen wurde. Diese aus dem Zivilrecht stammende Theorie des *respondeat superior* findet sich nach wie vor in mehreren Staaten.[222]

(a) the offense is a violation or the offense is defined by a statute other than the Code in which a legislative purpose to impose liability on corporations plainly appears and the conduct is performed by an agent of the corporation acting in behalf of the corporation within the scope of his office or employment ...; or

(b) the offense consists of an omission to discharge a specific duty of affirmative performance imposed on corporations by law; or

(c) the commission of the offense was authorized, requested, commanded, performed or recklessly tolerated by the board of directors or by a high managerial agent acting in behalf of the corporation within the scope of his office or employment.

[220] Diese Theorie der Zurechnung findet auf jegliches Verhalten der Vertreter Anwendung, unabhängig davon, welches Verbrechen es darstellt. Siehe z.B. Commonwealth v. Penn Valley Resorts, 343 Pa. Super. 387 (1985) (Tötung); People v. Warner-Lambert, 51 N. Y.2d 295 (1980).

[221] § 2.07(4)(c) („an officer of a corporation or an unincorporated association, or, in the case of a partnership, a partner, or any other agent of a corporation or association having duties of such responsibility that his conduct may fairly be assumed to represent the policy of the corporation or association").

[222] S. z.B. Commonwealth v. Beneficial Finance Co. 275 N. E.2d 33 (Mass. 1971).

Der MPC weist diese Theorie auch für die Zurechnung unter natürlichen Personen **innerhalb** einer Körperschaft zurück. Ein Vorgesetzter ist daher nicht ohne Weiteres für die Handlungen eines Untergebenen verantwortlich. Er haftet nur dann für das Verhalten eines Untergebenen, wenn er ihn nach den üblichen Regeln der Teilnahmelehre unterstützt oder angeworben hat. Die bloße Verbindung der beiden durch ihre Mitgliedschaft in derselben Körperschaft – oder durch ihr Arbeitsverhältnis als Arbeitgeber und Arbeitnehmer – kann nicht zur strafrechtlichen Zurechnung führen. Auch hier weicht das Recht vieler Staaten vom MPC ab, so dass ein Arbeitgeber oder ein Vorgesetzter dort auf Grund der *respondeat superior* Theorie für das strafbare Verhalten eines Arbeitnehmers bzw. Untergebenen zur strafrechtlichen Verantwortung gezogen werden kann.[223] In solchen Fällen stehen dem Beschuldigten nur wenige Verteidigungsmöglichkeiten offen. Die Zurechnung findet statt, es sei denn der Vorgesetzte kann nachweisen, dass er tatsächlich außerstande war, das strafbare Verhalten des Untergebenen zu verhindern.[224] Diesen Nachweis der „Machtlosigkeit" zu erbringen, ist allerdings gerade auf Grund der notwendigerweise überlegenen Machtposition des Vorgesetzten gegenüber dem Untergebenen nicht immer leicht zu bewerkstelligen.

§ 6. Verletzung und Gefährdung

Bis hierher haben wir uns mit dem ersten – und traditionell wichtigsten – Bestandteil einer Straftat beschäftigt, der tatbestandsmäßigen Handlung. Gem. § 1.02 MPC verlangt die strafrechtliche Verantwortlichkeit darüber hinaus, dass diese Handlung „ungerechtfertigt und unentschuldbar persönlichen oder öffentlichen Interessen erheblichen Schaden zufügt oder androht."

Das traditionelle anglo-amerikanische Strafrecht hat sich ausführlich mit den beiden Hauptelementen einer Straftat, *actus reus* und *mens rea*, beschäftigt. Der Model Penal Code hat diese beiden Konzepte in ein System aus Tatbestandsmerkmalen und Vorsatzformen ausdifferenziert. Im Folgenden wenden wir uns dem Verhältnis zwischen einer im Tatbestand definierten Handlung und dem Schaden zu, den sie den einschlägigen Interessen zugefügt oder zumindest angedroht hat.[225]

---

[223] S. z.B. Dotterweich v. United States, 320 U. S. 277 (1943); Commonwealth v. Koczwara, 397 Pa. 575 (1959).

[224] Park v. United States, 421 U. S. 658, 672–73 (1975).

[225] Siehe unten § 7.

1. Kausalität

Die Kausalität ist der Rechtsbegriff, der sich mit der Verbindung von Handlung und Schaden, oder genauer gesagt zwischen den Tatbestandsmerkmalen der Handlung und des Erfolgs, befasst.[226] Die Frage der Kausalität stellt sich nur bei Erfolgsdelikten, wie z.B. den Tötungsdelikten, die im Model Penal Code folgendermaßen definiert sind:

„Eine Person ist wegen eines Tötungsdelikts zu bestrafen, wenn sie absichtlich, wissentlich, rücksichtslos oder fahrlässig den Tod eines anderen Menschen verursacht."[227]

Wie die Person den Tod verursacht, spielt keine Rolle, nur **dass** sie den Tod durch ihre Handlung verursacht hat. Im Hinblick auf eine Strafbarkeit wegen eines Tötungsdeliktes macht die Handlung an sich – Vergiften, Schießen oder Überfahren – keinen Unterschied. Irgendeine Handlung wird selbstverständlich auch vorausgesetzt (sogar bei einer Tötung durch Unterlassung), aber entscheidend ist die Verbindung zwischen der Handlung, die im Tatbestand nicht genauer definiert wird, und dem Erfolg, also dem Tod. Bei bloßen Tätigkeitsdelikten – wie Trunkenheit im Straßenverkehr, Ehebruch, Drogenbesitz oder Landstreicherei – spielt Kausalität keine Rolle. Hier wird das Verhalten unabhängig von schädigenden Konsequenzen kriminalisiert.

Im anglo-amerikanischen Strafrecht und im MPC besteht die Kausalität aus zwei Komponenten. Die erste Komponente heißt faktische (*factual*), oder *sine qua non* (*but-for*) Kausalität. Das bedeutet, dass eine Handlung die *conditio sine qua non* für einen Erfolg darstellen muss, um strafrechtlich kausal zu wirken. Die zweite Komponente wird als rechtliche (*legal*) oder unmittelbare (*proximate*) Kausalität bezeichnet. Damit Kausalität insgesamt bejaht werden kann, muss sowohl faktische als auch rechtliche Kausalität gegeben sein.

Der Begriff der rechtlichen Kausalität ist schwer zu fassen. Unumstritten ist nur, das er all das mit einschließt, was Kausalität neben einer faktischen Kausalität noch erfordert. Der Model Penal Code macht dies gleich zu Beginn seiner Kausalitätsbestimmung deutlich:

Eine Handlung ist Ursache eines Erfolges, wenn:
(a) sie eine Vorbedingung des Erfolgs ist, der ohne sie nicht eingetreten wäre; und
(b) die Beziehung zwischen der Handlung und dem Erfolg all jenen zusätzlichen Kausalitätserfordernissen entspricht, die vom Strafgesetzbuch oder dem gesetzlichen Tatbestand aufgestellt werden.[228]

---

[226] 2.03. Vgl. *Karp*, Causation in the Model Penal Code, 78 Colum. L. Rev. 1249 (1978).

[227] § 210.1(1).

Der Schwerpunkt der Kausalitätsproblematik liegt in Lehre und Praxis auf der zweiten Komponente, der rechtlichen Kausalität. So beschäftigen sich die weiteren Absätze der Kausalitätsvorschrift im MPC auch nur noch mit „jenen zusätzlichen Kausalitätserfordernissen …, die vom Strafgesetzbuch … aufgestellt werden." Diese zusätzlichen Voraussetzungen hängen dabei von der jeweiligen Vorsatzform ab, die in Bezug auf den Erfolg des in Frage kommenden Straftatbestandes gefordert wird.[229]

Befassen wir uns aber zunächst kurz mit der faktischen Kausalität. Der Model Penal Code fügte hier der traditionellen Kausalitätsdogmatik des *common law* nichts Neues hinzu. Probleme der faktischen Kausalität entstehen meist bei Sachverhalten mit zwei möglichen faktischen Ursachen. Wenn zwei voneinander unabhängige Handlungen gegeben sind, von denen jede ausreichend gewesen wäre, um den Erfolg in seiner konkreten Gestalt herbeizuführen, dann gilt jede von ihnen als kausal für den Erfolg. Wenn beispielsweise zwei unabhängig voneinander handelnde Täter einen tödlichen Schuss auf einen Dritten abfeuern, so wäre streng genommen keiner der beiden Schüsse faktisch kausal (*conditio sine qua non*), weil das Opfer auch gestorben wäre, wenn er nicht abgefeuert worden wäre. Trotzdem betrachten das *common law* und der MPC beide Schüsse als faktisch kausal. Dieses Ergebnis wird durch eine Kausalitätsanalyse ermöglicht, die auf den konkreten Schaden zu einem konkreten Zeitpunkt auf eine konkrete Art abstellt anstatt auf das Eintreten des im Strafgesetz voraussetzten abstrakten Schadens (bei einem Tötungsdelikt also „Tod eines Menschen"). Der konkrete Schaden wurde in unserem Beispiel faktisch durch beide Schüsse verursacht. Im Ergebnis werden die beiden Schüsse daher zu einem einzigen kumulativen faktischen Grund zusammengefasst, auch wenn jeder für sich nicht die faktische Ursache gewesen ist. Nur dann sind sie gemeinsam eine *conditio sine qua non*: Wäre weder der eine noch der andere Schuss abgefeuert worden, dann wäre das Opfer nicht verstorben.

Die Bedingung der *sine qua non* Kausalität ist also nicht sonderlich anspruchsvoll. Sie verlangt allerdings mehr von einer vermeintlich ursächlichen Handlung als z.B. die Kausalbeziehung der Teilnahmestrafbarkeit im *common law*. Wie wir bereits oben gesehen haben, muss für eine Teilnahmestrafbarkeit die Unterstützungshandlung keine *conditio sine qua non* für die Haupttat sein.[230] Hier folgt der MPC der Re-

---

[228] § 2.03(1).

[229] Dieses enge Verhältnis von (rechtlicher) Kausalität und Vorsatz im MPC erschwert im amerikanischen Strafrecht die Einordnung der Kausalität als eine Frage der *objektiven* Erfolgszurechnung. Siehe aber *Schönke/Schröder*, vor § 13 Rn. 71.

[230] Die faktische Kausalität des Deliktsrechts erfordert ebenfalls weniger als eine *conditio sine qua non*. Es reicht aus, wenn die Handlung „ein gewichtiger Faktor für den Eintritt des Erfolges ist." Restatement (Second) of Torts § 431(a).

gelung des *common law*, das in der folgenden Passage aus dem Urteil im bekannten Fall *State v. Tally* deutlich veranschaulicht wird:

> Die geleistete Unterstützung muss nicht in der Weise zum strafbaren Erfolg beitragen, dass der Erfolg ohne sie nicht hätte eintreten können. Es ist ausreichend, wenn durch sie ein Ergebnis gefördert wurde, das auch ohne sie eingetreten wäre. Es genügt somit, dass die Hilfe es dem Haupttäter lediglich erleichtert hat, das von ihm und seinem Gehilfen beabsichtigte Ergebnis zu erreichen, obwohl er es nach menschlichem Ermessen auch ohne sie erzielt hätte.[231]

Erstens ist nicht jede Vorbedingung eine beitragende Ursache, zweitens, ist nicht jede beitragende Ursache eine *conditio sine qua non*, und drittens, ist nicht jede *conditio sine qua non* eine rechtliche – oder unmittelbare – Ursache. Die Hauptprobleme im Bereich der Kausalität liegen regelmäßig auf dieser dritten und letzten Stufe der Auswahl unter der Vielzahl der Vorbedingungen eines konkreten Schadens, dessen Zufügung im Erfolgsmerkmal eines Tatbestands bestimmt wird.

Kausalitätsregeln ähneln also in gewisser Hinsicht den Teilnahmeregeln. Bei beiden dreht sich alles um eine Zurechnung oder Zuschreibung. Die Teilnahmeregeln stellen die Voraussetzungen auf, unter denen man das Verhalten einer Person einer anderen zurechnen kann. Die Kausalitätsregeln legen fest, wann genau ein bestimmter Schaden – ein „Erfolg" – dem Verhalten einer Person zugerechnet werden kann.

Es gibt einen sehr direkten Weg, die erforderliche Kausalverbindung zwischen einer Handlung und einem Erfolg zu bejahen und damit die Zurechnung des Erfolges an jedweden Handelnden auszulösen: Man müsste schlicht festlegen, dass faktische Kausalität, oder Kausalität im engeren Sinne, ausreichend ist.[232]

Der MPC weist dagegen auch auf den normativen Aspekt der Kausalitätsanalyse hin. Anstatt wie das *common law* nur von einer Kausalkette zu sprechen, die durch sog. unterbrechende oder begleitende Ursachen (*intervening* bzw. *concurring causes*) gebrochen werden kann, stellt der Model Code auf eine normative Analyse ab, die das Problem der rechtlichen Kausalität offen als eine Frage der Schuldhaftigkeit und gerechten Zurechnung angeht. Die Frage ist daher nicht mehr nur, ob ein konkretes Verhalten ursächlich für einen konkreten Erfolg war, sondern vielmehr, ob ein Erfolg gerechterweise einer Person zugerechnet werden kann, die eine bestimmte Handlung vorgenommen hat.

Auf dem Gebiet der Kausalität ersetzt der MPC somit einmal mehr einzelne *common law* Regeln, wie man mit bestimmten Fallkonstellationen umgeht, durch einen allgemein gültigen, flexiblen Standard. Letztlich entschlossen sich die Verfasser des MPC doch dagegen, der Ju-

---

[231] 15 So. 722, 738–39 (Ala. 1894).

[232] So z.B. im Deliktsrecht. Siehe Restatement (Second) of Torts § 435 (Vorhersehbarkeit des Schadens für Kausalität unbeachtlich).

ry ausdrücklich aufzugeben, solche Erfolge unberücksichtigt zu lassen, die „zu fern liegend und zufällig sind, um **gerechterweise** für die Verantwortlichkeit des Handelnden oder der Schwere des Delikts beachtlich zu sein." Diese allzu offene Einladung zu Gerechtigkeitserwägungen wurde stattdessen buchstäblich eingeklammert.[233]

Wie bereits erwähnt, ähnelt der Kausalitätsbegriff im MPC dem Teilnahmebegriff, da beide sich mit dem Phänomen der Zurechnung befassen. Die Kausalität lässt sich aber auch mit zwei weiteren Rechtsinstituten vergleichen: Vorsatz und Versuch. Wie im Fall der Teilnahme liegt der Schwerpunkt der kausalen Zurechnung in der Frage der Schuldhaftigkeit, genauer gesagt der Vorsatzformen. Damit soll nicht gesagt werden, dass Kausalität und Vorsatz gleichzusetzen sind. Stattdessen ist der Vorsatz der erste Schritt in der Analyse der Schuldhaftigkeit, und zwar auf der abstrakten Ebene des Tatbestands. Wenn die im Tatbestand verlangte Vorsatzform nicht gegeben ist, so kann die Frage der Kausalität regelmäßig dahinstehen.

Gesetzt den Fall, Vorsatz im Bezug auf das abstrakte Erfolgstatbestandsmerkmal ist gegeben, so fragt die rechtliche Kausalität nach der Schuldhaftigkeit auf der konkreten Ebene der tatsächlichen Begebenheiten. Wenn beispielsweise festgestellt wurde, dass der Beschuldigte die im Gesetz festgelegte Vorsatzform (z.B. Absicht) bezüglich des im Gesetz festgelegten Erfolgsmerkmals aufweist (z.B. Tod eines Menschen), dann lautet gemäß der Kausalitätsbestimmung des MPC die nächste Frage, ob eine ähnliche Verbindung zwischen seiner konkreten Handlung und dem tatsächlich entstandenen Schaden besteht (also z.B. Tod durch Erstechen, durch Erschießen, usw.). Nachdem der im Tatbestand abstrakt definierte Schadenstyp gem. § 2.02 dem Vorsatztest unterzogen wurde, wird der konkret entstandene Schaden gem. § 2.03 dem rechtlichen Kausalitätstest unterzogen. Die Einzelheiten der Schadenszufügung werden im einschlägigen Tatbestand (hier ein Tötungsdelikt) nicht genannt, und trotzdem entscheiden sie letztlich darüber, ob ein konkreter Erfolg der konkreten Handlung einer konkreten Person kausal zugerechnet werden kann. Vereinfacht ausgedrückt, wird im Rahmen des Vorsatzes nur allgemein fragt, ob der Beschuldigte den Tod des Opfers „gewollt" hat, während man bei der kausalen Zurechnung dann fragt, ob der Beschuldigte den Tod in der konkreten Form „gewollt" hat.

Die Kausalitätsanalyse des MPC ähnelt demnach einer konkretisierten (weil auf die Einzelheiten des jeweiligen Falles zugeschnittenen) und in gewisser Weise vereinfachten Version der Vorsatzanalyse. Zählt man

---

[233] § 2.03(2)(b) & (3)(b) ("too remote or accidental in its occurrence to have a [just] bearing on the actor's liability or on the gravity of his offense"); siehe Komm. § 2.03, S. 261.

strict liability mit, so gibt es fünf subjektive Tatbestandsmerkmale. Demgegenüber gibt es im MPC nur drei unterschiedliche Kausalitätsanalysen, und zwar eine für Absicht und Wissentlichkeit (oder vielmehr für Delikte, die Absicht oder Wissentlichkeit im Bezug auf einen Erfolg voraussetzen; Mord wäre ein Beispiel), eine zweite für Rücksichtslosigkeit und Fahrlässigkeit (z.B. Totschlag und fahrlässige Tötung), sowie eine dritte für *strict liability* (z.B. *felony murder*).

Die Analyse der rechtlichen Kausalität richtet sich nun nach der Vorsatzform, die im einschlägigen Tatbestand dem Erfolgsmerkmal zugeordnet ist. Ist Absicht oder Wissentlichkeit in Bezug auf einen abstrakten Erfolg (Tod) vorausgesetzt, so ist „Absicht" oder „Erwägung" in Bezug auf den Erfolg in seiner konkreten Gestalt (Tod durch Strangulieren) notwendig. Ist dagegen Rücksichtslosigkeit oder Fahrlässigkeit die erforderliche Vorsatzform in Bezug auf den (abstrakten) Erfolg, so muss der tatsächlich eingetretene Erfolg nicht beabsichtigt oder erwogen worden sein. Es reicht stattdessen aus, dass im Falle der Rücksichtslosigkeit der Erfolg innerhalb des vom Handelnden erkannten Risikos lag, bzw. bei Fahrlässigkeit innerhalb des Risikos, dessen sich der Handelnde hätte bewusst sein müssen.[234]

Der MPC behandelt darüber hinaus zwei Fallkonstellationen, in denen Abweichungen vom erstrebten (beabsichtigten, erwogenen, usw.) Erfolg trotz der allgemeinen Kausalitätsregeln unerheblich sind, und zwar immer dann, wenn das tatsächliche Ergebnis von der Vorstellung des Täters abweicht, weil ein anderes **Opfer** zu Schaden kommt oder weil ein anderer **Schaden** eintritt.

Eine Identitätsverwechslung in Bezug auf das **Opfer** ist regelmäßig irrelevant. Wenn also der eingetretene Erfolg in der Weise von dem erstrebten Erfolg abweicht, dass eine andere Person betroffen ist (oder eine andere Sache), so wird der Erfolg gleichwohl dem Täter kausal zugerechnet. Nehmen wir beispielsweise an, A zielt auf den Kopf von B in der Absicht, ihn zu töten und drückt den Abzug. Der B duckt sich jedoch im allerletzten Moment und weicht so der Kugel aus, was zur Folge hat, dass der hinter ihm stehende C getroffen wird. Aufgrund der rechtlichen Kausalitätsanalyse des Model Codes würde C's Tod ohne Weiteres A's Handlung (Zielen und Schießen) kausal zugerechnet werden, obwohl er eigentlich den B töten wollte.[235] Der A hätte sich also des Mordes (d.h. der absichtlichen bzw. wissentlichen Tötung) an C schuldig gemacht, anstatt des versuchten Mordes an B.[236] Dieses Ergebnis lässt

---

[234] Erinnern wir uns, dass der MPC Rücksichtslosigkeit als bewusstes Missachten eines Risikos und Fahrlässigkeit als ein schuldhaftes Nicht-Erkennen eines Risikos definiert. § 2.02.

[235] §§ 2.03(2)(a) & (3)(a).

[236] Dies wäre auch dann der Fall, wenn A versehentlich C erschießt, weil er ihn im Dunkeln mit B verwechselt hat. Hier würde es sich allerdings nicht um ein Kausali-

sich nur schwer mit der allgemeinen Kausalitätsvoraussetzung in Einklang bringen, war es doch gerade nicht A's Absicht, den C zu töten. Obwohl der A den im Tatbestand für das abstrakte Erfolgsmerkmal des Todes vorgeschriebenen Vorsatz hatte, fehlte ihm die für die kausale Zurechnung des konkreten Ergebnisses nötige subjektive Einstellung. Der MPC folgt hier ohne weitere Erläuterung dem *common law*.[237]

Unterschiede zwischen dem tatsächlichen und dem beabsichtigten **Schaden** können dagegen in manchen Fällen beachtlich sein je nachdem, ob der tatsächliche Schaden mehr oder weniger schwerwiegend ist als der beabsichtigte. Wenn der Täter davon ausging, dass er einen größeren Schaden verursachen würde als den tatsächlich eingetretenen, so wird ihm der tatsächliche Erfolg trotzdem kausal zugerechnet.[238] Anders verhält es sich dagegen, wenn er einen Schaden verursacht, der **größer** ist als er eigentlich beabsichtigt hat.

Nehmen wir an, der A hat mit einer Schusswaffe auf die Magengegend des B gezielt in der Absicht, ihn zu töten. Sollte B diesen Angriff überleben, kann der A wegen eines Körperverletzungsdelikts strafbar sein, obwohl er ursprünglich Tötungsvorsatz hatte. Darüber hinaus würde natürlich auch eine Strafbarkeit wegen versuchten Mordes in Frage kommen.

Wenn A stattdessen nur Körperverletzungsvorsatz hatte, sein Verhalten aber zum Tod des Opfers führt, so ist er nicht wegen Mordes strafbar. In diesem Fall lässt er nämlich schon den nötigen Vorsatz in Bezug auf das abstrakte Tatbestandsmerkmal „Tod" vermissen, so dass sich die Frage einer kausalen Zurechnung des nicht beabsichtigten konkreten Erfolgs gar nicht erst stellt. Das heißt jedoch nicht, dass er nicht wegen eines anderen Tötungsdelikts strafbar sein kann. Selbst wenn der Tod nicht beabsichtigt war, könnte trotzdem eine rücksichtslose oder zumindest eine fahrlässige Tötung in Betracht kommen.

Der MPC tut sich wesentlich schwerer mit Grenzfällen, die in keine dieser beiden Kategorien des Abweichens des tatsächlichen vom angestrebten Erfolg fallen, d.h., wenn es sich nicht um ein anderes Opfer oder um einen anderen Schaden handelt. Die schwierigsten Kausalitätsprobleme entstehen regelmäßig dann, wenn das beabsichtigte Opfer den beabsichtigten Schaden erlitten hat, dieser aber trotzdem gerechterweise dem Täter nicht kausal zugerechnet werden kann. Nehmen wir an, im tiefen Winter versetzt der A seinem ahnungslosen Nachbarn B voller Wut und mit Tötungsabsicht mit seiner Schneeschaufel einen festen

---

tätsproblem handeln, sondern um einen unerheblichen, weil nicht tatbestandsausschließenden, Irrtum.

[237] Siehe z.B. Mayweather v. State, 29 Ariz. 460, 242 P. 864 (1926) (A tötet versehentlich seinen Freund C anstatt seines Feindes B).

[238] §§ 2.03(2)(a) & (3)(a).

Hieb auf den Hinterkopf, weil B den Schnee regelmäßig von seinem Grundstück auf die Einfahrt des A geschaufelt hat. Danach beruhigt sich der A jedoch wieder und fährt seinen leicht blutenden Nachbarn voller Reue ins nächstgelegene Krankenhaus, wo die Ärzte und Krankenschwestern dann allerdings nicht wegen einer Platzwunde am Hinterkopf behandeln, sondern versehentlich wegen einer Blinddarmentzündung operieren und dabei auch noch gröbste Fehler begehen. Nehmen wir weiter an, der B reißt am nächsten Morgen nach dem Erwachen in seinem Krankenbett alle Beatmungsschläuche ab und verstirbt daraufhin.[239]

Statt eine dogmatische Lösung eines solchen Falles auszuarbeiten, entschieden sich die Verfasser des MPC, diese Angelegenheit der Jury zu überlassen. Der Code erklärt hierzu nur, dass fernliegende und zufällige Erfolge dann nicht zurechenbar sein sollen, wenn sie „*zu* fernliegend oder zufällig"[240] sind. Wie die Jury bloß fernliegende von zu fernliegenden Erfolgen unterscheiden soll, bleibt offen. Der MPC bestimmt lediglich, dass der eingetretene Erfolg nur dann kausal zugerechnet werden soll, wenn er „gerechterweise für die Verantwortlichkeit des Handelnden oder der Schwere des Delikts beachtlich" ist.

Dieser Standard ersetzte eine Vielzahl von Kausalitätsregeln des *common law*, die auf bestimmte Umstände abstellten wie z.B. „unterbrechende oder begleitende Ursachen natürlicher oder menschlicher Art; die Unterscheidung von tödlichen und nicht tödlichen Wunden" und was wohl am wichtigsten war, die tatsächliche oder angenommene Vorhersehbarkeit des Erfolgs.[241] Ein Alternativentwurf des MPC hätte den letztgenannten Faktor in die Kausalitätsanalyse mit einbezogen, indem getestet werden sollte, ob der Erfolg „auf eine Weise eintrat, von der der Handelnde wusste oder hätte wissen müssen, dass ihr Auftreten durch sein Verhalten wesentlich wahrscheinlicher gemacht wurde."[242]

Der flexible Standard des MPC erklärt die Kausalitätskasuistik des *common law* allerdings nicht für gänzlich irrelevant.[243] Er wandelt die dispositiven Regeln des *common law* dagegen in Richtlinien für die Anwendung eines Standards um, der das grundlegende Problem der Zurechnung offen darlegt, auch wenn er dadurch wesentlich an Bestimmtheit einbüßt. Folglich ist z.B. die Vorhersehbarkeit durchaus in den Kausalitätsre-

---

239 United States v. Hamilton, 182 F. Supp. 548, 549 (D.D.C.1960).

240 §§ 2.03(2)(b) & (3)(b) (Hervorhebung vom Verf.).

241 Hier könnte man ebenfalls die sog. Jahr-und-ein-Tag Regel (*year-and-a-day-rule*) erwähnen, die eine kausale Zurechnung dann verbot, wenn zwischen der tatbestandlichen Handlung und dem Erfolg mehr als ein Jahr verstrichen war. Vgl. Rogers v. Tennessee, 532 U. S. 451 (2001).

242 Komm. § 2.03, S. 261 Fn. 17 (zitiert wird: Tentative Draft No. 4, S. 16 (1955)).

243 Die umfassendste und anspruchsvollste Darstellung des Kausalitätsproblems im *common law* ist nach wie vor *Hart/Honoré*, Causation in the Law (1959).

geln des amerikanischen Strafrechts lebendig, sogar in Staaten, deren Recht stark am MPC orientiert ist wie z.B. in New York und in New Jersey.[244]

Strict liability Delikte (oder genauer gesagt Delikte, die ein *strict liability* Erfolgsmerkmal enthalten) passen eigentlich nicht in eine Dogmatik, die Kausalität als Zurechnungsmedium ansieht, das ein schuldhaftes Handeln voraussetzt. Wenn sich ein Täter strafbar machen kann, ohne dass er bezüglich des im Tatbestand genannten **abstrakten** Erfolgs mit Vorsatz gehandelt haben muss, so ist seine Strafbarkeit erst recht unabhängig von einem eventuellen Vorsatz bezüglich eines **konkreten** Erfolgs. Kausalität wäre somit auf eine bloß faktische Kausalität, die *conditio sine qua non*, reduziert. So stand es auch in der ursprünglichen Fassung der Kausalitätsvorschrift des MPC.[245] Darüber hinaus verzichtete die Rechtsprechung sogar bei dem wohl schwerwiegendsten *strict liability* Delikt, *felony murder*, oft auf rechtliche Kausalität. Schließlich kommt, wie bereits erwähnt, dieses Delikt ohne Vorsatz hinsichtlich des Erfolgsmerkmals beim Mord aus.[246]

Die endgültige Fassung des MPC schreibt auch bei *strict liability* eine rechtliche Kausalität vor. Das konkrete Ergebnis muss zumindest „wahrscheinlich" gewesen sein, wobei hier ein objektiver Maßstab angelegt wird, so dass es auf die subjektiven Vorstellungen des Täters, wie z.B. dass er sich eines Risikos hätte bewusst sein müssen, nicht mehr ankommt. Jede andere Lösung wäre laut dem Kommentar zum MPC einfach „ungerecht."[247]

Wir wenden uns nun der Frage zu, was passiert, wenn die „kausale Verknüpfung von Handlung und Erfolg"[248] nicht eng genug ist, um die Zurechnung eines etwaigen Schadens zur Handlung des Beschuldigten zu gestatten. Wenn die Strafbarkeit (bei einem Erfolgsdelikt) Kausalität erfordert, so bedeutet deren Fehlen nämlich nicht Straflosigkeit. Es besteht schließlich immer noch die Möglichkeit einer **Versuchsstrafbarkeit**.

2. Unvollständige Delikte (*inchoate offenses*)

Versuch zählt im amerikanischen Strafrecht zu den sog. unvollständigen (*inchoate*) oder vorbereitenden (*preparatory*) Delikten.[249] Verschwö-

---

[244] Siehe z.B. People v. Kibbe, 35 N.Y.2d 407 (1974); People v. Warner-Lambert, 51 N.Y.2d 295 (1980); Commonwealth v. Rementer, 410 Pa. Super. 9 (1991); vgl. People v. Griffin, 80 N.Y.2d 723 (1993) („supervening cause").

[245] Komm. § 2.03, S. 264 Fn. 21.

[246] Siehe z.B. People v. Stamp, 2 Cal. App. 3d 203, 82 Cal. Rptr. 598 (1969). Zum *felony murder*, s.o. § 5.4(b).

[247] Komm. § 2.03, S. 264.

[248] § 2.03.

[249] Siehe allgemein *Wechsler* u.a., The Treatment of Inchoate Crimes in the Model Penal Code of the ALI: Attempt, Solicitation, and Conspiracy, 61 Colum. L. Rev. 571 (1961).

rung (*conspiracy*), Anwerbung (*solicitation*) und Besitz (*possession*) sind weitere unvollständige Delikte.[250] Die Bezeichnung dieser Delikte als unvollständig, unvollkommen (*incomplete*[251]), vorgelagert (*anticipatory*[252]) oder vorbereitend (*preparatory*)[253] zeigt an, dass es sich bei diesen Delikten in gewisser Hinsicht überhaupt nicht um Delikte handelt, jedenfalls insofern als strafbares Verhalten eine Handlung voraussetzt, die unter einen gesetzlichen Tatbestand subsumierbar ist. Ein versuchter Mord ist eben **kein** Mord. Im modernen amerikanischen Strafrecht aber hat die Regel „knapp daneben ist auch vorbei" keinen Platz. Man macht sich bereits strafbar, wenn man nur nahe genug an die tatsächliche Begehung eines Delikts herankommt.

Unvollständige Delikte sind also keine eigenständigen Delikte, sondern bieten vielmehr einen Weg, sogar denjenigen strafrechtlich zur Verantwortung zu ziehen, der streng genommen keine strafrechtliche Norm verletzt hat. Eine Verurteilung erfolgt also nicht wegen „Versuchs", sondern wegen versuchten Mordes, nicht wegen „Verschwörung" an sich, sondern wegen Verschwörung zum Drogenhandel. Die Strafbarkeit eines unvollständiges Delikts leitet sich also von der Strafbarkeit der vollständigen Form desselben Delikts ab.

Beachtlich ist ebenfalls, dass der MPC, so wie das gesamte amerikanische Strafrecht, die unvollständigen Delikte als Delikte allgemeiner Anwendung betrachtet.[254] Ein Versuch – oder eine Verschwörung oder eine Anwerbung – ist stets strafbar ganz gleich, wie geringfügig das Delikt auch sein mag.[255] Die Unvollständigkeit stellt somit tatsächlich eine allgemeine Theorie der strafrechtlichen Verantwortung dar, statt nur die

---

[250] Einige Strafgesetzbücher enthalten darüber hinaus eine Vorschrift zur Erleichterung (*facilitation*) einer Straftat. Siehe z.B. N. Y. Penal Law § 115.00. Da im Rahmen der Erleichterung die Begehung der Haupttat vorausgesetzt ist, stellt sie eine Art unvollständiger Teilnahme dar, und zwar die nichtabsichtliche *Unterstützung* einer Straftat. Zur Erleichterung, s.o. § 5.4(b). Auch der Einbruchdiebstahl (*burglary*) wird oft als (unechtes) unvollständiges Delikt bezeichnet, da er aus einem Hauseinbruch (*trespass*) und der Absicht besteht, im Haus eine weitere Straftat (z.B. Diebstahl) zu begehen. Im Gegensatz zu den echten unvollständigen Delikten setzt der Einbruchdiebstahl also eine vollständige Straftat, den Einbruch, voraus.

[251] Siehe z.B. Chisler v. State, 553 So. 2d 654 (Ala. Crim. App. 1989) (zitiert Ala. Code § 13A-2–23 cmt., S. 40).

[252] Siehe z.B. N. Y. Penal Law tit. G ("Anticipatory Offenses").

[253] Siehe z.B. Texas Penal Code ch. 15 ("Preparatory Offenses"). Die Bezeichnung „vorbereitend" ist deshalb etwas unglücklich, weil die bloße Vorbereitung als Vorstufe zum Versuch stets straflos ist.

[254] Siehe z.B. Prop. New Fed. Crim. Code ch. 10 (1971) („offenses of general applicability").

[255] Das was nicht immer so. Der Ursprung der modernen Versuchsdogmatik wird allgemein in einem englischen Fall aus dem Jahre 1784, Rex v. Scofield, Cald. 397 (1784), gesehen. *Sayre*, Criminal Attempts, 41 Harv. L. Rev. 821 (1928). Bei bestimmten Delikten (z.B. Raub) war der Versuch allerdings schon lange vorher strafbar. *Blackstone*, Commentaries on the Laws of England, 4. Bd., S. 241 (1769).

Reichweite einzelner Straftatbestände zu erweitern.[256] Allein schon aus diesem Grund verdient die Unvollständigkeit in ihren verschiedenen Spielarten unsere besondere Aufmerksamkeit.

Die unvollständigen Delikte nehmen gerade im MPC eine Schlüsselstellung ein. Denn hier wird der Behandlungsgrundsatz des MPC am deutlichsten sichtbar. Ein Versuch wird bestraft, weil er eine abnormale kriminelle Neigung einer Person aufdeckt. Das gleiche trifft auf die anderen unvollständigen Delikte zu. Da eine kriminelle Neigung ausreichend für Strafbarkeit ist, besteht kein Anlass, an der alten *common law* Regel festzuhalten, dass Versuche milder zu bestrafen sind als das vollendete Delikt.[257] Die unvollständige Form eines Delikts ist ebenso symptomatisch für die einschlägige kriminelle Neigung wie seine vollendete Form. Wenn die Strafverfolgungsorgane das Glück haben, den Straftäter zu fassen, bevor er seine Tat begeht, so besteht kein Grund, ihn anders zu bestrafen als nach einer vollendeten Tat. Seine strafrechtliche Diagnose bleibt dieselbe, genau so wie die indizierte strafrechtliche Behandlung.[258] Weiterhin ist auch, in Abweichung vom *common law*, jeder untaugliche Versuch strafbar.[259] Strafbar ist ebenfalls die „einseitige" Verschwörung[260] und die „nicht mitgeteilte" versuchte Anwerbung.[261]

a) Versuch (attempt)

Die Nichtherbeiführung des im Gesetz vorausgesetzten Erfolgs stellt nur eine Möglichkeit dar, dass ein Verhalten nicht zur Vollendung eines

---

[256] Der Code kennt darüber hinaus auch eine Anzahl von spezifischen unvollständigen Delikten in seinem besonderen Teil. Zum *Versuch*, siehe z.B. §§ 211.1 (assault), 221.1(2)(a) (burglary), 224.7(3) (deceptive business practices), 241.6(1) (witness tampering); zur *Anwerbung* siehe §§ 210.5(2) (aiding suicide), 224.8 (commercial bribery), 224.9(2) (rigging publicly exhibited contest), 240.1 (official bribery), 240.3 (compensation for past official action), 240.5 (gifts to public servants), 240.7 (selling political endorsement), 241.6(3) (witness tampering), 251.2(2)(d) & (h) (prostitution), 251.3 (loitering to solicit deviate sexual relations); zur *Verschwörung*, siehe z.B. §§ 224.8 (commercial bribery), 224.9(2) (rigging publicly exhibited contest), 240.1 (official bribery), 240.3 (compensation for past official action), 240.5 (gifts to public servants), 240.6(2) (compensating public servant for assisting private interests), 240.7 (selling political endorsement), 241.6(3) (witness tampering), 251.2(2)(h) (prostitution), 251.4(2) (obscenity).

[257] Siehe § 5.05(1). (Nur bei Schwerverbrechen wird die unvollständige Form geringer bestraft.)

[258] Gleiche Behandlung für gleiche Diagnose bedeutet auch die Abschaffung anderer Regeln des *common law*, wie z.B. (1) die teilweise *härtere* Bestrafung einer unvollständige Tat und (2) die doppelte Bestrafung der unvollständigen *und* der vollendeten Version einer Straftat. Siehe z.B. United States v. Pinkerton, 328 U. S. 640 (1946); Callanan v. United States, 364 U. S. 587 (1961).

[259] Siehe § 5.01; Komm. § 5.01, S. 307–20.

[260] Siehe § 5.04.

[261] Siehe § 5.02(2).

Delikts führt. Wenn der A beispielsweise den B durch einen Messerstich in die Rippen töten will, ihn dabei aber nur leicht verletzt, dann erfüllt sein Verhalten jedes Tatbestandsmerkmal des Mordes (absichtlich oder wissentlich den Tod eines Menschen verursachen) mit Ausnahme des erforderlichen Erfolgs. B ist ein Mensch und A handelte absichtlich. Er konnte lediglich den beabsichtigten Erfolg (Tod) nicht herbeiführen. Da er aber ein Verhalten an den Tag legte, das den Tatbestand des Mordes erfüllen würde, wenn er erfolgreich gewesen wäre, erfüllt er zwar nicht den Tatbestand des Mordes, ist aber gleichwohl wegen versuchten Mordes strafbar.

Im vorliegenden Fall besteht übrigens kein Kausalitätsproblem, weil der abstrakte, im Gesetz beschriebene Erfolg (Tod eines Menschen) in der Realität nie eingetreten ist. Mangels abstrakten Erfolgs stellt sich hier erst gar nicht die Frage, ob der konkrete Erfolg dem Verhalten des Täters kausal zugerechnet werden könnte.

Nehmen wir jetzt einmal an, dass B tatsächlich gestorben sei, aber erst infolge anderer Ursachen und unvorhersehbarer Ereignisse, die seinen Tod gem. § 2.03 als „zu fernliegend" erscheinen lassen. Die von A verursachte Stichverletzung erfüllt dann nicht die Voraussetzung der rechtlichen Kausalität. In diesem Fall wäre A ebenfalls straffrei hinsichtlich des vollendeten Delikts, obwohl die meisten Tatbestandsvoraussetzungen erfüllt wären (Absicht, Tod eines Menschen). Eine ist aber nicht gegeben: Kausalität („verursachen"). Gibt es in diesem Fall zwar einen toten Menschen, so fehlt es doch an einer kausalen Verknüpfung zwischen der Handlung des A und dem *corpus delicti*. Gleichwohl ist der Täter aber verantwortlich für versuchten Mord, da er alles getan hat, um alle Tatbestandselemente, einschließlich der Kausalität, zu verwirklichen.[262]

Im Unterschied zur Kausalität stellt sich die Frage einer Versuchsstrafbarkeit nicht nur bei Erfolgsdelikten. Ein Versuch kann immer dann vorliegen, wenn ein beliebiges Tatbestandsmerkmal nicht erfüllt wird. Den **Erfolg** nicht herbeiführen zu können, stellt nur eine Möglichkeit dar. Nehmen wir beispielsweise an, ein Lobbyist steckt einem Touristen im Weißen Haus einen Umschlag mit Bestechungsgeldern zu, den er irrtümlich für den amerikanischen Vizepräsident hält. In diesem Fall fehlt ein **begleitender Umstand**, dass nämlich der Empfänger von Bestechungsgeld ein Amtsinhaber sein muss.[263] Stellen wir uns dann den Fall eines verbitterten jungen Mannes vor, der das von ihm mit Benzin übergossene Wohnhaus seiner Ex-Freundin deswegen nicht abbrennen kann, weil sich seine feuchten Streichhölzer nicht entzünden. Hier fehlt die im Tatbestand vorausgesetzte **Handlung**, wenn wir annehmen, dass der Tatbestand der Brandstiftung ein Tatbestandsmerkmal „in Brand stecken" enthält.[264]

---

[262] Vgl. People v. Dlugash, 41 N. Y.2 d 725 (1977).
[263] § 240.1(1).
[264] § 220.1(1).

Aus der Sicht des MPC beweist ein Täter bereits durch den ernsthaften Versuch, eine Straftat zu begehen, dass er strafrechtliche Behandlung benötigt. „Die entscheidende Frage ist, ob die Absichten und Handlungen eines Individuums, auch wenn sie nicht in einem strafrechtlich beachtlichen Schaden manifest werden, eine so große Gefahr für die organisierte Gesellschaft darstellen, dass sie die Verhängung strafrechtlicher Sanktionen erfordern.“[265] Anders ausgedrückt, ist „der Hauptzweck der Versuchsstrafbarkeit die Neutralisation gefährlicher Individuen.“[266] Es geht darum, die alles entscheidenden „Anzeichen zu entdecken, dass der Handelnde nicht nur in diesem einzelnen Fall, sondern generell geneigt ist, Straftaten zu begehen.“[267]

Dem Code zu Folge ist in Versuchsfällen eine kriminelle Gefährlichkeit dann indiziert, wenn zwei Voraussetzungen vorliegen: ein „wesentlicher Schritt“ (der *actus reus* des Versuchs) und Absicht (*mens rea*). Das Hauptgewicht liegt allerdings zweifelsohne auf der Absicht. Denn ein Schritt ist wesentlich, sofern er Absicht manifestiert, d.h., „wenn die strafbare Absicht des Täters aus ihm klar hervorgeht.“[268] Nun ist Absicht selbst nur ein Platzhalter für kriminelle Gefährlichkeit.[269] Wie wir bereits bei unserer Diskussion der verschiedenen Vorsatzformen gesehen haben, steht Absicht an der Spitze der Hierarchie der Vorsatzformen und verlangt daher nach der intensivsten Form strafrechtlichen Einschreitens. Absichtlich handelnde Täter sind somit die gefährlichsten; sie haben es schließlich gerade auf die Zufügung eines Schadens abgesehen. Zweck der Versuchsstrafbarkeit ist es, diese besonders gefährlichen Individuen aufzudecken und der ihnen angemessenen Behandlung zuzuführen.

Das Hauptproblem des *actus reus* des Versuchs ist seit jeher die Abgrenzung zwischen strafloser Vorbereitungshandlung und strafbewährtem Versuch. Nachdem die Verfasser des MPC den Kern der Versuchslehre in der Diagnose anomaler krimineller Gefährlichkeit ausgemacht hatten, reduzierten sie die Unterscheidung zwischen Vorbereitung und Versuch auf einen flexiblen Standard („ein wesentlicher Schritt“), der die Menge althergebrachter Regeln des *common law* ersetzte. Viele dieser Regeln wurden in beweiserhebliche Indizien umgewandelt, die dazu

---

[265] People v. Dlugash, 41 N. Y.2d 725 (1977).

[266] Komm. § 5.01, S. 323.

[267] Komm. Art. 5, S. 294 (Einleitung). Der Versuch ist nicht deshalb strafbar, weil auch ein fehlgeschlagener Versuch eventuell dem Opfer einen (psychischen) Schaden zufügen kann. Anders als im Deliktsrecht kommt es beim strafbaren Versuch nicht darauf an, ob das Opfer ihn überhaupt bemerkt hat. Vgl. Restatement (Second) of Torts § 22.

[268] § 5.01(2).

[269] Siehe auch *Posner*, Economic Analysis of Law, 4. Ausg., S. 208 (1992) („words like ‘intent’ and ‘negligence’ denote degrees of dangerousness, nothing more“).

dienen können, den Standard in konkreten Fällen anzuwenden. Anders als z.B. in der Kausalitätslehre nennt der Code hier ausdrücklich einige der überkommenen *common law* Regeln:[270]

(a) auf der Lauer liegen, nach dem ausgewählten Opfer der Tat suchen oder ihm folgen;
(b) das ausgewählte Opfer locken oder zu locken versuchen, sich an den für die Begehung der Tat vorgesehenen Ort zu begeben;
(c) Auskundschaften des vorgesehenen Ortes;
(d) unrechtmäßiges Betreten eines Gebäudes, eines Fahrzeuges oder einer Einzäunung, wo nach dem Tatplan die Tat erfolgen soll;
(e) der Besitz von Gegenständen, die bei Begehung der Tat verwendet werden sollen, und die entweder für einen solchen rechtswidrigen Nutzen besonders bestimmt sind, oder die unter den gegebenen Umständen keinem rechtmäßigen Zweck des Täters dienen können;
(f) der Besitz, das Sammeln oder Herstellen von Gegenständen, die bei der Begehung der Tat verwendet werden sollen und sich an oder nahe dem Ort befinden, der für die Begehung vorgesehen ist, und wo der Besitz, das Sammeln oder Herstellen unter den gegebenen Umständen keinem rechtmäßigen Zweck des Täters dienen kann;
(g) einen Unbeteiligten für ein Verhalten anzuwerben, durch welches ein Merkmal einer Straftat verwirklicht wird.[271]

Es wird oft bemerkt, dass sich der MPC bei der Unterscheidung von Vorbereitung und Versuch nicht auf das konzentriert, was der Täter noch zu tun hatte, sondern stattdessen auf das, was er bereits getan hat.[272] Der Versuch verlangt einen „wesentlichen Schritt", nicht den zeitlich letzten Akt vor Vollendung des geplanten Delikts. Das macht deswegen Sinn, weil der MPC den Versuch nicht deswegen bestraft, weil er fast zu einem vollendeten Delikt geführt hätte. Worauf es ankommt, ist die anomale Gefährlichkeit des Täters, die sich nur irgendwie nach außen hin manifestiert haben muss, ganz gleich ob in einer unvollständigen oder in einer vollendeten Tat. Die Vorbereitung wird somit an dem Punkt zum Versuch, wo sich die feste Absicht und somit die anomale Gefährlichkeit des Täter gezeigt hat.

Die vielbeachtete formell-dogmatische Grenze zwischen Vorbereitung und Versuch, die das *common law* über Jahrhunderte hinweg beschäftigt hat, tritt also im MPC gegenüber der materiellen Grenze zwischen normaler und anomaler Gefährlichkeit in den Hintergrund. So lässt sich auch das unvollständigste unter den unvollständigen Delikten

[270] Präzise ausgedrückt werden nicht die Regeln als solche aufgelistet („last proximate act," „physical proximity," „dangerous proximity," „indispensable element," „probable desistance," „abnormal step," and *„res ipsa loquitur"*), sondern vielmehr werden die Fallkonstellationen beschrieben, in denen sie zur Anwendung kommen.

[271] § 5.01(2)(a)-(g).

[272] Komm. § 5.01, S. 329; siehe beispielsweise Commonwealth v. Donton, 439 Pa. Super. 406 (1995).

des MPC erklären, der Besitz.[273] Im Gegensatz zu den anderen unvollständigen Delikten im Code ist Besitz ein eigenständiges Delikt. Der Code kennt zwei weitgefasste Besitzdelikte, die der Staatsmacht erlauben, gefährliche Personen ausfindig und unschädlich zu machen, bevor ihr Handeln das Stadium der Vorbereitungshandlung oder gar des Versuchs erreicht. Der Besitz eines „Tatwerkzeugs" oder einer „Angriffswaffe" wird als Vergehen bestraft.[274]

Besitz eines Tatwerkzeugs erfordert die „Absicht, es kriminell einzusetzen." Der Besitz einer Angriffswaffe hat diese Voraussetzung dagegen nicht. Die kriminelle Verwendungsabsicht lässt sich dabei leicht feststellen, dank einer Reihe von beweisrechtlichen Vermutungen, die sich auf den Besitz „einer Schusswaffe oder einer anderen Waffe beziehen, die eine Person bei sich trägt, mit sich im Auto führt oder auf andere Weise jederzeit einsatzbereit hat". Zusätzlich wird die Annahme des Besitzes selbst, der dann wiederum kriminelle Absicht vermuten lässt, durch weitere „Regelungen über die Vermutung von Besitz in Kraftfahrzeugen" erleichtert. Ergebnis: Zunächst wird vermutet, dass eine Person eine Waffe besitzt, die sich in ihrem Fahrzeug befindet und aufgrund dieses vermuteten Besitzes wird dann vermutet, dass die Person sie auch zu kriminellen Zwecken einsetzen will.

Es besteht, wie gesagt, gar nicht erst die Notwendigkeit, eine kriminelle Absicht nachzuweisen, wenn der in Rede stehende Gegenstand als Angriffswaffe und nicht bloß als Werkzeug einer Straftat qualifiziert werden kann. Die Definition einer Angriffswaffe ist hierbei recht allgemein gehalten und umfasst „Bomben, Maschinengewehre, abgesägte Schrotflinten, Schusswaffen, die speziell dafür angefertigt wurden, um sie verdeckt zu tragen oder sie ohne Lärm zu betätigen, Totschläger, Sandsäcke, Metallschlagringe, Dolche oder jeden andere Gegenstand, der dazu geeignet ist, erhebliche körperliche Verletzungen herbeizuführen und keinem gewöhnlich rechtmäßigem Zweck dient." Sollte ein Gegenstand, der sich im Besitz einer Person befindet, nicht in eine dieser weiten Kategorien einer Angriffswaffe passen, so kann es gut sein, dass er stattdessen als „Werkzeug einer Straftat" gelten kann. Dieses Merkmal umfasst „(a) alles, was für verbrecherischen Gebrauch besonders hergestellt oder hergerichtet ist; oder (b) alles, was gewöhnlich für verbrecherische Zwecke verwendet wird, und was der Täter in seinem

---

[273] Siehe oben § 5.1(d). Der Besitz verlagert die strafrechtliche Verantwortung nicht nur vor den Versuch. Sogar der versuchte Besitz ist strafbar. People v. Ryan, 82 N. Y.2d 497 (1993).

[274] §§ 5.06, 5.07 Besitzdelikte spielen eine absolut zentrale Rolle im amerikanischen Krieg gegen das Verbrechen (*war on crime*). Ausführlich hierzu *Dubber*, Policing Possession: The War on Crime and the End of Criminal Law, 91 J. Crim. L. & Criminology 829 (2002); *Dubber*, Victims in the War on Crime: The Use and Abuse of Victims' Rights (New York 2002).

Besitz hat unter Umständen, die einen unrechtmäßigen Zweck nicht ausschließen."

Wir haben im Rahmen der Darstellung des Handlungsgrundsatzes bereits gesehen, wie wenig eng das Verhältnis zwischen einer Person und einem Gegenstand sein muss, um als „Besitz" zu zählen. Wenn wir nun das flexible Konzept des Besitzes mit der Vielzahl von Gegenständen verbinden, deren Besitz strafbar ist, so enden wir bei einer Straftat mit außerordentlich weitem Anwendungsbereich. Das Schlüsselelement ist hierbei wie bei allen unvollständigen Delikten stets die „Absicht" als Anzeichen für strafrechtliche Gefährlichkeit. Besitz soll nur dann strafbar sein, wenn sich darin eine kriminelle Absicht manifestiert.[275] Besitz gilt im Hinblick auf die gesetzliche Vermutung als Beweis der Absicht und endet in einer Diagnose der kriminellen Gefährlichkeit mit Verordnung von strafrechtlicher Behandlung, es sei denn, der Täter kann diese Vermutung schlüssig widerlegen.[276]

Der Versuch ist ebenso auf Absicht als Platzhalter für Gefährlichkeit fixiert wie der Besitz. Der MPC unterscheidet drei Arten des Versuchs – also drei verschiedene Arten der Nichtvollendung des Delikts – , bei denen die Absicht eine wichtige, obwohl letztendlich doch nur indizierende Funktion einnimmt.[277]

Im ersten Fall gem. § 5.01 (1)(a) handelt sich um einen sog. **beendeten Versuch;** der Handelnde tat alles, was er sich vorgenommen hatte, und trotzdem konnte die angestrebte Straftat nicht verwirklicht werden, weil äußere Umstände nicht so waren, wie sie sein sollten. Ein Beispiel hierfür wäre der Taschendieb, der in eine leere Tasche greift. Der Täter hat hier alles getan, um den Tatbestand des Diebstahls zu erfüllen, der im Code definiert wird als „das unrechtmäßige Wegnehmen des beweglichen Eigentums eines Anderen in der Absicht, es diesem zu entziehen." Gleichwohl wurde eines der wichtigsten Elemente des Diebstahls, die Wegnahme, nicht erfüllt. Solange der Täter aber in die Manteltasche des Opfers gegriffen hat *in der Absicht*, ihm etwas wegzunehmen, so ergibt sich eine Strafbarkeit wegen versuchten Diebstahls. Wir unterstellen hierbei, dass er auch „mit allen weiteren im Delikt erforderlichen Vorsatzformen" gehandelt hat,[278] wie zum Beispiel der „Absicht," dem Opfer „bewegliches Eigentum" zu „entziehen." Ohne diese Entziehungsabsicht, ein Überbleibsel des ehrwürdigen *animus furandi* des *common law*, gäbe es weder einen vollendeten, noch einen versuchten Diebstahl.

[275] Hier ist zu beachten, dass sogar die Nähe zu einem Gegenstand im Rahmen einer beweisrechtlichen Vermutung des Besitzes strafbar sein kann, wenn der Täter diese Vermutung nicht widerlegen kann. Siehe z. B. § 5.06(3).

[276] Siehe §§ 5.06(1)(b), 5.07.

[277] Vgl. *Sayre*, Criminal Attempts, 41 Harv. L. Rev. 821 (1928).

[278] § 5.01(1).

Im *common law* war dieser Taschendiebfall einer der beliebtesten Beispiele für einen faktisch untauglichen, strafbaren, Versuch (*factually impossible attempt*). Auch gem. § 5.01 (1)(a) macht sich der verhinderte Taschendieb strafbar. Sein Irrtum über die äußeren Umstände ist unerheblich. Die Unerheblichkeit der faktischen Untauglichkeit im MPC wäre eigentlich kaum erwähnenswert, wäre sie nicht symptomatisch für die Unerheblichkeit jeglicher Untauglichkeit. Der MPC weist also auch die rechtliche Untauglichkeit als Verteidigungsmöglichkeit zurück. Das war im *common law* anders. Rechtliche, im Gegensatz zur faktischen, Untauglichkeit wird oft mit einem Beispiel aus dem 19. Jahrhundert veranschaulicht, in dem Lady Eldon versuchte, französische Spitze nach England zu schmuggeln. Der Versuch war jedoch vergebens, weil die Spitze in Wirklichkeit nicht französischer, sondern englischer Herkunft war, also nicht nur wesentlich weniger wert, sondern auch nicht zollpflichtig war.[279] Der klassische amerikanische Fall zur rechtlichen Untauglichkeit ist *People v. Jaffe*, der erste in einer ganzen Reihe von Fällen, die sich mit der Frage beschäftigten, ob ein Versuch der „Annahme gestohlener Ware" strafbar sein kann, wenn der Täter sie fälschlicherweise für gestohlen hielt.[280]

Der Code weist dagegen jegliche Einwendungen eines untauglichen Versuchs als unerheblich zurück, indem er auf „die begleitenden Umstände, von denen der Handelnde ausging"[281] abstellt anstatt auf die tatsächlichen Begebenheiten. Vom Behandlungsgrundsatz des MPC aus gesehen macht es schlicht keinen Unterschied, ob ein Versuch untauglich war, denn entscheidend ist die Gefährlichkeit des Täters und nicht etwa die Möglichkeit eines Schadenseintritts. Ein untauglicher Versuch signalisiert den gleichen Grad an Gefährlichkeit wie ein vollendeter Versuch: „die kriminelle Absicht des Täters hat sich klar gezeigt; er ging so weit, wie es ihm möglich war, diese kriminelle Absicht umzusetzen; daraus folgt seine Gefährlichkeit."[282]

Gegen die *common law* Regel sprach außerdem, dass sie auf einer Abgrenzung beruhte, die sich über Jahrhunderte hinweg nicht bewähren konnte. In fast jedem Fall eines untauglichen Versuchs beschwerten sich die Gerichte, dass der Unterschied zwischen (strafbarer) faktischer Untauglichkeit und (strafloser) rechtlicher Untauglichkeit völlig unklar war.[283] Das gleiche galt, wie bereits erwähnt, auch für die *common law*

---

[279] People v. Dlugash, 41 N. Y.2d 725, 363 N. E.2d 1155 (1977).

[280] People v. Jaffe, 185 N. Y. 497 (1906) (nicht strafbar); Booth v. State, 398 P.2d 863 (nicht strafbar, allerdings mit der Empfehlung an den Gesetzgeber, die Versuchsbestimmungen des MPC zu übernehmen); Commonwealth v. Henley, 504 Pa. 408 (1984) (strafbar unter Anwendung der Versuchsbestimmungen des MPC).

[281] § 5.01(1)(a).

[282] Komm. § 5.01, S. 309.

[283] Siehe z.B. Booth v. State, 398 P.2d 863 (Ct. Crim. App. Okla. 1964); People v. Dlugash, 41 N. Y.2d 725 (1977). Vgl. People v. Schmidt, 216 N. Y. 324 (1915).

Unterscheidung von (straflosem) Tatsachenirrtum und (strafbarem) Rechtsirrtum.[284] Überhaupt haben der untaugliche Versuch und der Irrtum einiges gemein. Faktische und rechtliche Untauglichkeit beinhalten **strafbegründende** Tatsachen- und Rechtsirrtümer (z.B. dass die Tasche, in die der Täter greift, mit Diamanten gefüllt wäre oder dass die Spitze, die der Täter einschmuggelt, französisch wäre), während sich die Irrtumslehre mit **entlastenden** Tatsachen- und Rechtsirrtümern befasst. Gleichzeitig sieht der MPC in beiden Fällen einen eng gefassten Entschuldigungsgrund vor. Beim Irrtum, den wir unten näher behandeln werden,[285] kann die irrtümliche Annahme des Täters, dass sein Verhalten von keinem Tatbestand erfasst wird, die Gesetzesübertretung entschuldigen (Verbotsirrtum). Beim Versuch entschuldigt dementsprechend die irrtümliche Annahme des Täters, dass sein Verhalten mit Strafe bedroht sei, obwohl es tatsächlich keinen entsprechenden Straftatbestand gibt (Wahndelikt).[286]

Wenn Untauglichkeit belanglos ist, dann ist auch ihre jeweilige Erscheinungsform als faktische, rechtliche oder sonstige Unmöglichkeit unerheblich.[287] „Die Verwendung der Untauglichkeit als Indikator für eine gefährliche Persönlichkeit bereitet erhebliche Schwierigkeiten," und sollte daher in keinem strafrechtlichen System verwendet werden, dass eine angemessene Analyse von Gefährlichkeit ermöglichen will.[288]

Wie bei der ersten Versuchsvariante, gem. § 5.01(1)(a), handelt es sich auch bei der zweiten, gem. § 5.01 (1) (b), um einen beendeten Versuch. Der Täter konnte sein kriminelles Ziel nicht herbeiführen, obwohl er das aus seiner Sicht Nötige getan hat, um die Straftat zu vollenden. Während es in der ersten Versuchsform dem Täter nicht gelingt, die im Tatbestand vorausgesetzte **Handlung** zu begehen, schafft er es in der zweiten nicht, den erforderlichen *Erfolg* herbeiführen.

Nehmen wir also an, der Täter hat seine kriminelle Handlung wie geplant ausgeführt, die dann aber nicht den beabsichtigten Erfolg bewirkt hat. So kann der Täter seine Schusswaffe laden, zielen, den Abzug betätigen und trotzdem vorbeischießen. Diese Versuchsform findet selbstverständlich bei Tätigkeitsdelikten keine Anwendung. Wenn z.B. die bloße Handlung des Abfeuerns der Waffe schon für sich gesehen straf-

[284] Siehe oben § 5.3 (b).

[285] Siehe unten § 15.

[286] Komm. § 5.01, S. 318. Siehe Commonwealth v. Henley, 504 Pa. 408 (1984).

[287] Nach dem Code ist ein versuchtes Wahndelikt ebenso wenig strafbar wie eine Verschwörung zu einem solchen Delikt. Siehe unten § 6.2(b).

[288] Wenn die Handlung eines Täters allerdings „so offensichtlich ungeeignet erscheint, zu einer Straftat zu führen, so dass weder die Handlung noch der Täter eine öffentliche Gefahr darstellen," hat das erkennende Gericht die Möglichkeit, die Strafe zu mildern oder gar ganz von Strafe abzusehen. § 5.05(2). Es handelt sich hier um Fälle, in denen der Versuch eine Straftat zu begehen und die damit einhergehende Absicht *ausnahmsweise* keine außerordentliche Gefährlichkeit anzeigen.

bar wäre,[289] so wäre es bedeutungslos, ob das anvisierte Ziel getroffen wird oder nicht. Der Täter hätte sich dann wegen eines vollendeten und nicht wegen eines versuchten Delikts strafbar gemacht.

Beachtlich bei der Behandlung dieser Versuchsform im Code ist eigentlich nur die Tatsache, dass hier keine Absicht für die Versuchsstrafbarkeit vorausgesetzt wird. Während die Absicht, den Erfolg herbeizuführen, selbstverständlich ausreicht, genügt in diesem Fall auch schon „der Glauben daran, dass die Handlung den Erfolg herbeiführen wird."[290] Hier wird die lediglich beweisrechtliche Bedeutung der allgemeinen Voraussetzung der Absicht (die *mens rea* des Versuchs) einmal mehr deutlich. Absicht im Hinblick auf einen Erfolg ist laut dem Kommentar zum MPC deshalb nicht erforderlich für eine Versuchsstrafbarkeit, weil beim bloßen Glauben des Täters, dass seine Handlung zu einem Erfolg führen wird, die „Manifestation der Gefährlichkeit des Täters genau so groß – oder fast so groß – ist wie bei absichtlichem Handeln."[291]

Damit hätten wir Versuche behandelt, bei denen die im Tatbestand vorausgesetzte **Handlung** nicht begangen wurde (§ 5.01(1)(a)) oder der vorausgesetzte **Erfolg** nicht herbeigeführt werden konnte (§ 5.01(1)(b)). Aber wie ist es mit dem dritten möglichen Tatbestandselement, dem **begleitenden Umstand** (§ 5.01 (1) (c))? Wir wissen bereits, dass eine Versuchsstrafbarkeit im Hinblick auf eine Handlung Absicht voraussetzt (auch wenn der Tatbestand des versuchten Delikts eine mindere Vorsatzform ausreichen lässt) und Absicht oder Glauben bezüglich eines Erfolgs.[292] Für begleitende Umstände nun erfordert eine Versuchsstrafbarkeit nicht mehr oder weniger als das, was im Tatbestand der versuchten Straftat vorausgesetzt ist. Das heißt, wenn der betroffene Straftatbestand keine *mens rea* hinsichtlich seiner begleitenden Umstände voraussetzt – z. B. das Alter des Opfers beim Tatbestand der Vergewaltigung – so tut das die Versuchsstrafbarkeit auch nicht. Wenn ein begleitender Umstand also ein *strict liability* Tatbestandsmerkmal bei der versuchten Straftat ist, dann gilt dies auch im Rahmen einer Versuchsstrafbarkeit.[293]

---

[289] Das ist der Fall im Model Penal Code. Siehe § 211.2 ("recklessly endangering another person").

[290] § 5.01(1)(b).

[291] Komm. § 5.01, S. 305. Das setzt voraus, dass eine schwächere *mens rea* als Absicht – Wissentlichkeit oder weniger – ausreichend ist, um wegen des Erfolgsdeliktes verurteilt zu werden. Dies ist jedoch meistens der Fall. Denn ansonsten hätte der Täter nicht „mit der für die Begehung der Tat erforderlichen Vorsatzform gehandelt" § 5.01(1).

[292] Absicht oder Wissentlichkeit meint eigentlich *„intent"*. *Intent* ist hier das allgemeine und umfassende Konzept, welches sowohl Absicht als auch Wissentlichkeit enthält. Siehe Komm. § 5.01, S. 305. Im Bereich der Versuchstrafbarkeit konnten die Verfasser des MPC die Verwendung dieses unbeliebten Begriffs einfach nicht vermeiden.

[293] Komm. § 5.01, S. 301–02.

Nehmen wir einmal an ein erboster Fußballfan lädt seine Schusswaffe und zielt damit in Tötungsabsicht auf den Schiedsrichter. Sein Freund schlägt ihm aber noch in letzter Sekunde die Waffe aus der Hand, noch bevor er den Abzug drücken kann. Auch hier konnte der angestrebte Erfolg nicht herbeigeführt werden, so dass der Tatbestand des Mordes nicht vorliegt. Das besondere an diesem Fall ist allerdings, dass der Täter überhaupt nicht dazu kam, den geplanten Erfolg herbeizuführen (es handelt sich daher um einen sog. **unbeendeten Versuch**). Dadurch, dass er nicht schießen konnte, konnte er auch nicht vorbeischießen.

Gem. § 5.01(1)(c) ist auch ein solcher Versuch strafbewährt. In der dritten und letzten Versuchsform des MPC hat der Täter noch nicht alles getan, was aus seiner Sicht notwendig war, um die Straftat zu begehen. Wenn seine Handlung jedoch einen „wesentlichen Schritt" darstellt, so kann er sich des Versuchs strafbar gemacht haben. Obwohl wir in unserem Beispiel ein Erfolgsdelikt (Mord) verwendet haben, wäre eine Versuchsstrafbarkeit aufgrund eines „wesentlichen Schritts" gem. § 5.01(1)(c) genau so gut auch bei Tätigkeitsdelikten möglich. So wäre auch der Mathematiker in einem bekannten kalifornischen Fall wegen versuchten Raubes strafbar, weil er Büroräume über einer Bank anmietete, sich Werkzeuge und schweres Gerät besorgte, und dann anfing, Löcher in den Fußboden zu bohren.[294] Den wütenden Fußballfan in unserem Beispiel würde das gleiche Schicksal treffen, da er ebenfalls einen „wesentlichen Schritt" in Richtung Mord begangen hat.

Da wir uns bereits mit dem Begriff des „wesentlichen Schritts" im Rahmen des *actus reus* des Versuchs eingehend befasst haben, genügt es hier, daran zu erinnern, dass ein wesentlicher Schritt jede Handlung ist, die genügend Anhaltspunkte dafür bietet, dass man auf die kriminelle Neigung, oder genauer gesagt die Absicht des Täters, schließen kann.

Zum Abschluss stellt sich noch die Frage, ob der Versuch bei Straftaten, die keine Absicht im Hinblick auf eines oder mehrere Tatbestandsmerkmale voraussetzen, strafbar ist. Diese Frage stellt sich oft bei den Tötungsdelikten, vor allem bei rücksichtsloser und fahrlässiger Tötung (d.h. bei den Tötungsdelikten, die in Bezug auf das Erfolgsmerkmal weder Absicht noch Wissentlichkeit voraussetzen). Die Meinungen zu diesem Thema gehen in der amerikanischen Rechtsprechung auseinander.[295] Der MPC dagegen spricht sich in diesen Fällen gegen eine Versuchsstrafbarkeit aus. Denn um ein Delikt zu versuchen, das die Verursachung eines bestimmten Erfolgs voraussetzt (wie beispielsweise den Tod bei den Tötungsdelikten), muss der Täter etwas tun (oder unterlassen) in der Absicht oder im Glauben, dass dadurch der Erfolg be-

---

[294] People v. Staples, 6 Cal. App. 3 d 61, 85 Cal. Rptr. 589 (1970).

[295] Siehe z.B. State v. Lyerla, 424 N. W.2 d 908 (1988).

wirkt wird.[296] Für die Versuchsstrafbarkeit in solchen Fällen wird die Vorsatzform gefordert, die sich auf den Erfolg bezieht, hier also Absicht oder Glauben und nicht die Form, die das geplante Delikt vorsieht, in unserem Beispiel also Rücksichtslosigkeit oder Fahrlässigkeit. Der Versuch, eine rücksichtslose oder fahrlässige Tötung zu begehen, wäre also gem. dem MPC von einem Versuch, eine absichtliche oder wissentliche Tötung zu begehen, nicht zu unterscheiden. In beiden Fällen benötigte man Absicht oder Glauben in Bezug auf das Erfolgsmerkmal (Tod). Wenn aber Absicht oder Glauben bezüglich des Erfolgsmerkmals vorhanden sind, dann ist der Tatbestand des Mordes erfüllt und nicht nur des Totschlags oder der fahrlässigen Tötung. Anders ausgedrückt sind alle versuchten Tötungsdelikte notwendigerweise ein Mordversuch.[297]

Die Straflosigkeit des Versuchs rücksichtsloser oder fahrlässiger Delikte bedeutet allerdings nicht sofort Straflosigkeit für eine Person, die rücksichtslos eine nicht unerhebliche Wahrscheinlichkeit missachtet, dass jemand zu Schaden kommen könnte – beispielsweise indem er im Vorbeifahren ohne Tötungsabsicht auf die Insassen eines Autos schießt[298] – er aber das Glück hat, dass kein Schaden eintritt. Für solche Fälle des „nicht vorsätzlichen Versuchs“[299] haben die Verfasser des MPC das Delikt der rücksichtslosen Gefährdung geschaffen (*reckless endangering*), eine neuartige und weitreichende Strafvorschrift, die ein Verhalten unter Strafe stellt, „das eine andere Person in die Gefahr des Todes oder einer schweren Körperverletzung bringt oder bringen könnte.“[300] Rücksichtslose Gefährdung füllt allerdings nicht völlig die Lücke, die im Bereich eines rücksichtslosen oder fahrlässigen Versuchs bleibt. Erstens wird die fahrlässige Gefährdung nicht erfasst. Zweitens handelt es sich bei dem Delikt nur um ein Vergehen. Diese Einschränkung ist wohl im Hinblick auf die Reichweite der Vorschrift zu erklären, die sogar *möglicherweise* gefährliches Verhalten mit einschließt, passt aber eigentlich kaum zum Behandlungsgrundsatz des MPC, der insbesondere den Regelungen zum Versuch zugrunde liegt. Denn derje-

---

[296] Der MPC stellt hier auf einen Glauben bezüglich des Erfolgs anstatt auf ein Wissen ab, weil das Wissen um einen fast sicheren Erfolg mit einem bloßen Versuch unvereinbar wäre. Im Falle der Wissentlichkeit wäre der Erfolg auch eingetreten und eine Versuchsstrafbarkeit stünde nicht zur Debatte. Die Absicht hingegen, die gem. § 2.02 als „zielgerichteter Wille“ definiert ist, erfordert keinerlei Sicherheit bezüglich ihres Objekts, so dass sie sowohl auf erfolgreiche als auch auf fehlgeschlagene Versuche Anwendung finden kann; für die Absicht macht es keinen Unterschied, ob man sein Ziel erreicht hat oder nicht. Siehe auch Komm. § 5.01, S. 305.

[297] Siehe *Smith*, Two Problems in Criminal Attempts, 70 Harv. L. Rev. 422, 434 (1957).

[298] Siehe State v. Lyerla, 424 N. W.2 d 908 (S. D. 1988).

[299] Dieser Versuch ist *nicht vorsätzlich*, sofern beim Täter Absicht oder Glauben bezüglich des Erfolgs fehlt. Es liegt ein *Versuch* vor, sofern der Erfolg nicht eintrat.

[300] § 211.2.

nige, der sich einer rücksichtslosen Gefährdung einer anderen Person schuldig macht und dabei um Haaresbreite sein Ziel verfehlt, zeigt bereits eine signifikante kriminelle Neigung, die einer strafrechtlichen Behandlung bedarf. Tatsächlich würde man meinen, dass hier eine Gefährlichkeit vorläge, die von der Gefährlichkeit eines vollendeten Totschlags kaum zu unterscheiden ist, bei dem der Täter nicht das Glück hatte, dass der Erfolg nicht eintrat und deswegen wegen eines Verbrechens und nicht wegen eines Vergehens bestraft wird.

Die Entscheidung der Verfasser, keine Strafbarkeit von versuchten nichtvorsätzlichen Erfolgsdelikten vorzusehen, beruht nicht auf „logischer Unmöglichkeit" oder anderen Spitzfindigkeiten, die zum Teil im *common law* zu finden sind.[301] Das Problem besteht nicht darin, dass es „unmöglich" wäre, einen unbeabsichtigten Versuch zu begehen, weil ein Versuch eine Absicht bereits voraussetzt.[302] Vielmehr wäre „die Reichweite der Versuchsstrafbarkeit unerträglich, wenn man sich jedes Mal wegen eines Versuchs strafbar machen würde, wenn man rücksichtslos oder fahrlässig das Risiko eines Schadens herbeiführt, dessen tatsächlicher Eintritt zu einer Strafbarkeit führen würde."[303]

b) Verschwörung (conspiracy)

Das unvollständige Delikt der Verschwörung bemüht sich ebenso wie der Versuch, kriminelle Absichten im Keim zu ersticken. Bei der Verschwörung ist das Bedürfnis auf ein frühzeitiges Einschreiten des Strafrechts ganz besonders stark, da es sich hier nicht nur um ein gefährliches Individuum handelt, sondern gleich um eine ganze Bande. Die Gefährlichkeit für die öffentliche Sicherheit vervielfältigt sich angeblich schlagartig mit der Zusammenkunft mehrerer Personen, die ihre kriminellen Energien in der Übereinkunft bündeln:

> Eine kollektive kriminelle Verabredung – eine verbrecherische Partnerschaft – beinhaltet eine größere potentielle Gefahr für die Allgemeinheit als ein Einzeltäter. Konzertiertes Handeln steigert die Wahrscheinlichkeit, dass das Ziel der kriminellen Bemühungen erreicht wird und reduziert die Möglichkeit, dass die Beteiligten ihren kriminellen Pfad verlassen. Gruppenbildung für kriminelle Zwecke ermöglicht

---

[301] Im Code ist die versuchte Begehung eines rücksichtslosen oder fahrlässigen Erfolgsdelikts nur insofern „unmöglich", als jeder Versuch, ein rücksichtsloses oder fahrlässiges Erfolgsdelikt zu begehen, automatisch ein Versuch wäre, ein absichtliches oder wissentliches Delikt zu begehen, wenn man an dem Erfordernis der Vorsatzform Absicht oder Gauben bezüglich des Erfolgs festhält.

[302] Dagegen jedoch z.B. State v. Lyerla, 424 N. W.2d 908 (S. D. 1988); People v. Campbell, 72 N. Y.2d 602, 605 (1988).

[303] Komm. § 5.01, S. 304. Der Versuch der rücksichtslosen Gefährdung ist übrigens durchaus strafbar. Hier handelt es sich nämlich in den Augen der Verfasser des MPC um ein Tätigkeitsdelikt. Ebenda Fn. 16.

> häufig, wenn nicht regelmäßig, die Verfolgung komplexerer Ziele, als der Einzelne erreichen könnte. Außerdem ist die Gefahr einer verschwörerischen Gruppe nicht auf ihr jeweiliges Ziel beschränkt. Die Verbindung für ein Verbrechen macht die Begehung weiterer Verbrechen wahrscheinlicher, die mit dem ursprünglichen Zweck der Gruppe nichts zu tun haben. Zusammengefasst ist die Gefährlichkeit einer Verschwörung also nicht auf das konkrete Delikt beschränkt, welches sich das Unternehmen als unmittelbares Ziel gesetzt hat.[304]

Diese traditionsreiche Sicht der Verschwörung passt hervorragend in den am Behandlungsgrundsatz orientierten Model Penal Code. Die Verfasser des MPC hegten keinerlei Zweifel an der Notwendigkeit einer weitläufigen Kriminalisierung der Verschwörung:

> Es besteht kaum ein Zweifel daran, dass ein Strafgesetz als Basis für präventive Eingriffe der Strafverfolgungsbehörden und für die Behandlung von Personen, die kriminelle Neigungen erkennen lassen, richtigerweise eine Bestimmung enthält, die eine Verschwörung zur Begehung einer Straftat selbst zur Straftat macht.[305]

Genau wie im *common law* liegt der Kern einer Verschwörung auch im Model Penal Code in der Verabredung. Genauer gesagt, die Verschwörungsbestimmung des MPC, § 5.03, „beruht auf der Uridee der Verabredung als Herzstück der Verschwörungstheorie."[306] Diese Verabredung löst Strafbarkeit aus, indem sie den bloßen Gedanken im Kopf eines einzelnen, machtlosen Menschen zu einem kriminellen Plan heranwachsen lässt. Durch die Verabredung mit einer anderen Person lässt der Einzelne erkennen, dass er eine anomale Neigung zur Begehung von Straftaten besitzt, die ihn von all denen unterscheidet, die zwar ähnliche Gedanken in sich tragen, sie aber nicht mit anderen teilen, geschweige denn danach handeln. Die Entscheidung, kriminell Gleichgesinnte ausfindig zu machen und sich mit ihnen zusammenzutun, um ein gemeinsames kriminelles Ziel zu erreichen, ist aber nicht nur symptomatisch für eine außerordentliche Gefährlichkeit. Vielmehr wird durch die Verbindung der gefährlichen Kräfte des einen Täters mit anderen, ähnlich gefährlichen Personen seine Gefährlichkeit durch die Macht der Verbindung vervielfacht.

Wie beim Versuch so entpuppen sich auch bei der Verschwörung *actus reus* und *mens rea* als Indizien der Gefährlichkeit. Der *actus reus* ist die Verabredung. Was genau unter einer Verabredung zu verstehen ist, sagt der Code jedoch nicht. Es ist davon auszugehen, dass jegliche Form der Übereinkunft, ob förmlich oder formlos, schriftlich oder mündlich, ausdrücklich oder stillschweigend ausreicht. Das war im *common law* auch nicht anders.

[304] Callanan v. United States, 364 U. S. 587, 593–94 (1961).
[305] Komm. § 5.03, S. 388.
[306] Komm. § 5.03, S. 421.

Eine Neuerung stellt allerdings die Tatsache dar, dass nach dem Model Code schon eine nur **scheinbare** Übereinkunft eine Verschwörung ausmachen kann. Der MPC entwickelte die sog. „einseitige Theorie" der Verschwörung *(unilateral conspiracy).*[307] Diese auf den ersten Blick etwas befremdende Theorie einer einseitigen Verabredung zwischen zwei Seiten macht dann Sinn, wenn man sich die Funktion des Verschwörungsdelikts als Mittel zum Zweck der Identifikation gefährlicher Personen vor Augen hält. Vom Behandlungsgrundsatz her besteht kein Unterschied zwischen einer Person, die etwas tut und einer Person, die glaubt, etwas zu tun. Genau so wenig wie es untaugliche Versuche gibt, so gibt es auch keine untauglichen Verschwörungen. Sogar wenn eine konkrete Verschwörung keinerlei Gefährlichkeit aufweist, z.B. eine Scheinabmachung mit einem Polizeispitzel, so verschreibt der Code dem einzelnen verhinderten Verschwörer die indizierte strafrechtliche Behandlung.[308] Die „Unfähigkeit, Unverantwortlichkeit oder gar Immunität" des auserkorenen Mitverschwörers ist schlicht irrelevant, wenn es um die Analyse der Gefährlichkeit des einzelnen Täters geht.[309]

Das *common law* forderte neben der Verabredung eine weitere Voraussetzung für eine Verantwortlichkeit als Verschwörer: eine „offenkundige" Handlung, die für die vorangehende Verabredung förderlich sein muss. Der Model Code behält die Voraussetzung des offenkundigen Akts bei, nimmt aber schwerwiegende Verschwörungen aus, d.h. Verschwörungen, ein Verbrechen ersten oder zweiten Grades zu begehen.[310] Ein Übereinkommen, eine schwerwiegende Straftat zu begehen, ist an sich schon ausreichend, um auf eine Gefährlichkeit schließen zu lassen, die strafrechtliche Behandlung erfordert. Hier ist ein weiteres Anzeichen dieser Gefährlichkeit durch eine zusätzliche, die Verabredung umsetzende, Handlung nicht erforderlich.

Eine Verschwörung benötigt einen *actus reus*, der einen Rückschluss auf die geforderte Vorsatzform, also die kriminelle Gefährlichkeit, erlaubt. Es ist von zweitrangiger Bedeutung, ob der *actus reus* aus einer ein- oder zweiseitigen Verabredung oder einer offenkundigen Handlung besteht. Wie schon beim Versuch ist der *actus reus* also in erster Linie ein Indiz auf die *mens rea.* Ebenso wie beim Versuch ist die erforderli-

---

[307] Siehe People v. Berkowitz, 50 N. Y.2d 333 (1980) (Freispruch des „Mitverschwörers" unbeachtlich).

[308] Siehe People v. Schwimmer, 411 N. Y. S.2d 922 (1978).

[309] Das ist im Bereich der Teilnahme genauso. Siehe § 2.06(7).

[310] § 5.03(5). Es gibt im MPC noch Verbrechen dritten Grades, sowie Vergehen und Übertretungen. Zu den Verbrechen ersten und zweiten Grades zählen u. a. Mord, Totschlag, schwere Körperverletzung, Menschenraub (*kidnaping*), Vergewaltigung, Brandstiftung, und Einbruchsdiebstahl. Die Verschwörung ist bei allen Straftaten strafbar, also bei allen Verbrechen und Vergehen. Übertretungen (*violations*) sind ausgeschlossen, da sie laut dem MPC keine Straftaten sind.

che *mens rea* auch hier Absicht. Nur Absicht, die höchste Vorsatzform im Code, rechtfertigt eine staatliche Intervention im Vorfeld einer Straftat. Die Auffassung des einflussreichen Bundesrichters *Learned Hand,* dass nur Absicht und nicht Wissen für eine Teilnahme erforderlich ist, konnte sich auch bei der Verschwörung durchzusetzen.[311]

Eine Verschwörung erfordert Absicht nicht nur im Hinblick auf die **Handlung**, sondern auch im Hinblick auf den tatbestandlichen **Erfolg**. Wie oben erwähnt, verlangt der Versuch dagegen bei näherer Betrachtung Absicht nur im Hinblick auf die Handlung, während er sich im Hinblick auf das Erfolgsmerkmal der versuchten Straftat mit Glauben zufrieden gibt. Die Verschwörungsstrafbarkeit ist also in dieser Hinsicht etwas enger gefasst als die Versuchsstrafbarkeit. Was die **begleitenden Umstände** betrifft, so erfordert ein Versuch bekanntlich die Vorsatzform, die das vollendete Delikt voraussetzen würde. Die Frage, ob das auch für eine Verschwörung ausreichen würde – oder ob auch hier Absicht erforderlich ist – haben die Verfasser des MPC bewusst offen gelassen.[312]

Da Absicht die erforderliche Vorsatzform für eine Verschwörung ist, stellt sich wie beim Versuch die Frage, wie der Code mit Verschwörungen zur Begehung eines nicht absichtlichen Deliktes umgeht. Wenn es sich um eine Verschwörung zu einem **Erfolgsdelikt** handelt (wie z. B. ein Tötungsdelikt) und die erforderliche Vorsatzform im Hinblick auf den Erfolg (Tod eines Menschen) Rücksichtslosigkeit oder Fahrlässigkeit ist (so wie beim Totschlag oder der fahrlässigen Tötung), so bestimmt der Code wie beim Versuch, dass Strafbarkeit wegen Verschwörung entfällt.

Ebenfalls wie beim Versuch nehmen die **Tätigkeitsdelikte** auch bei der Verschwörung eine Sonderstellung ein. So lange die Verschwörungshandlung (also die Verabredung) als solche absichtlich geschieht, ist bei Tätigkeitsdelikten auch die Verschwörung strafbar. Im Falle eines „Straftatbestands, der ein Verhalten unter Strafe stellt, dass das Risiko der Verletzung anderer birgt, wie rücksichtloses Autofahren oder Überschreiten einer Geschwindigkeitsbegrenzung, würde es für Verschwörungsstrafbarkeit genügen, dass die Absicht des Täters darin bestand, ein solches Verhalten zu unterstützen oder zu erleichtern – zum Beispiel, wenn der Täter den Fahrer dazu anfeuerte, immer schneller zu fahren."[313]

Die Ausrichtung des MPC auf die Identifizierung gefährlicher Individuen mag schwer mit dem Begriff der Verschwörung als Verabredung in Einklang zu bringen sein. Die Verschwörungslehre des MPC ist jedoch einem anderen Ansatz vorzuziehen, der die Verschwörung nicht als eine Verabredung, sondern als eine Kabale betrachtet. Verschwörungshaf-

[311] Komm. § 5.03, S. 406.
[312] Komm. § 5.03, S. 413.
[313] Komm. § 5.03, S. 408.

tung wird dann nämlich zur Gruppenhaftung. In der Tat wurde die Verschwörung häufig dazu benutzt, um Verbünde aufzudecken und zu zerschlagen, die von den Kriminalbehörden aus dem einen oder anderen Grund für gefährlich gehalten wurden. Die Geschichte des amerikanischen Verschwörungsrechts ist somit auch eine Geschichte seines Missbrauchs zu politischen oder anderen unangemessenen Zwecken. Das wichtigste Beispiel bildet wohl der Einsatz gegen Gewerkschaften und andere Arbeiterverbände in Arbeitskämpfen des neunzehnten und frühen zwanzigsten Jahrhunderts.[314]

In Anbetracht ihrer historischen Wurzeln und der Zweideutigkeit des Verschwörungsbegriffs selbst scheint die Verschwörungshaftung eines der oft angestrengten Grundprinzipien des amerikanischen Strafrechts zu umgehen, dass die Schuld personenbezogen ist (*guilt is personal*).[315] Die Versuchung ist groß, Verschwörungshaftung als Gruppenhaftung zu behandeln, von der sich die persönliche Verantwortung der einzelnen Mitglieder aus der **Gruppenschuld** ableitet. Allzu leicht wird dann auch innerhalb dieser kriminellen Gruppe von der Schuld eines Mitglieds auf die eines anderen geschlossen **(Stellvertreterschuld)**. Zu guter letzt missachtet die Kollektivhaftung, indem sie statt einer Tat nur den Mitgliedsstatus bestraft, ein weiteres grundlegendes Prinzip des anglo-amerikanischen Strafrechts, den Handlungsgrundsatz **(Statusschuld)**.

Der Model Code versuchte, diese Missstände des traditionellen Verschwörungsbegriffs des *common law* in verschiedener Weise zu beheben. Zunächst wurde der Verschwörungstatbestand auf solche Verabredungen beschränkt, die auf die Begehung einer *Straftat* zielen, anstatt auf „korruptes, ungebührliches, betrügerisches, unmoralisches oder sonst unrechtmäßiges," aber eben nicht notwendigerweise strafbares, Verhalten.[316] Durch diese Formulierung wurde der Anwendungsbereich der Verschwörung eingeengt und näher bestimmt.[317] Trotzdem bleibt die Verschwörung bei jeder noch so geringen Straftat strafbar, wurde also nicht auf Verbrechen oder gar auf bestimmte Verbrechen beschränkt. Gleichzeitig verengte der Code den Blickwinkel von der Gruppe auf die Person, indem er das Hauptgewicht auf die Gefährlichkeit des einzelnen Verschwörers legte statt auf die Gefährlichkeit „der Verschwörung."

Ebenso wichtig ist die Tatsache, dass die Verfasser des MPC die Pinkerton-Regel ablehnten, die sie als besonders eindeutiges Anzeichen für die Abkoppelung der Verschwörungshaftung des *common law* vom

---

[314] Siehe dazu *Sayre,* Criminal Conspiracy, 35 Harv. L. Rev 393 (1922).

[315] Siehe z. B. People v. McGee, 49 N. Y.2d 48, 60 (1979).

[316] State v. Kemp, 126 Conn. 60, 78 (1939) (unter Bezugnahme auf State v. Parker, 114 Conn. 354, 360 (1932)).

[317] Siehe Komm. § 5.03, S. 391–93.

Prinzip der personengebundenen Schuld betrachteten. Wie wir bereits im Rahmen der Teilnahme festgestellt haben, bewirkt diese Regel, die immer noch im Strafrecht mehrerer Staaten und des Bundes lebendig ist, dass jeder Verschwörer für eine Straftat seines Mitverschwörers als Teilnehmer verantwortlich ist, wenn sie „zur Förderung“ der Verschwörung begangen wurde. Die Pinkerton-Regel löst also die Unterscheidung zwischen Verschwörung und Teilnahme auf, indem erstere als ausreichender Grund für letztere betrachtet wird, und so jeder Verschwörer zum Gehilfen seines Mitverschwörers wird. Diese Ansicht ist nur sinnvoll, wenn man die Verschwörung als kriminelle Einheit ansieht, in der jedes Mitglied stellvertretend für das Verhalten der anderen Mitglieder haftet. Die Basis für eine Teilnahmezurechnung ist gemäß der Pinkerton-Regel nicht die Verbindung der einzelnen Person zu einer bestimmten Straftat, sondern die Verbindung einer bestimmten Straftat zur verschwörerischen Einheit („zur Förderung“). Nimmt man die erforderliche Verbindung zwischen Straftat und krimineller Vereinigung an, so ergibt sich die strafrechtliche Verantwortlichkeit jedes Mitglieds aus seiner Verbindung zur Vereinigung (Mitgliedschaft). Die Verschwörung als solche rückt damit in den Mittelpunkt der Analyse strafrechtlicher Verantwortlichkeit.

Der Model Code versucht dagegen, die Verschwörung von der Teilnahme zu trennen. Verschwörer sollen dieselbe Behandlung erfahren wie jeder andere mutmaßliche Teilnehmer, indem die strafrechtliche Verantwortung jedes Mitglieds einer konspirativen Verabredung individuell bewertet wird. Die Frage ist also nicht, ob eine Straftat funktional mit der Vereinigung verbunden werden kann, sondern ob das individuelle Verhalten einer Person bei der Begehung einer Straftat einer anderen Person über die Verabredung mit Hilfe der Teilnahmelehre zugerechnet werden kann. Diese besagt aber, dass:

> Teilnehmer bei Begehung der Tat eines anderen ist, wer:
> in der Absicht, die Tat zu fördern oder zu erleichtern,
> (i) einen anderen anwirbt, sie zu begehen; oder
> (ii) einen anderen beim Planen oder Begehen der Tat unterstützt oder einwilligt oder versucht, ihn zu unterstützen.[318]

Eine „Einwilligung“ kann also durchaus zu einer Teilnahmeverantwortlichkeit führen. Folglich kann Verschwörung durchaus eine Teilnahme enthalten. Das eine folgt allerdings nur aus dem anderen, wenn die Verabredung spezifisch genug ist, um als Verabredung zu gelten, die in der Absicht erfolgte, die **bestimmte, nun zuzurechnende** Tat „zu fördern oder zu erleichtern.“ Ein allgemeiner Plan, kriminellen Schaden anzurichten oder eine kriminelle Organisation zu bilden, mag zur Verschwörungshaftung ausreichen. Eine Teilnahme an einzelnen, „in För-

---

[318] § 2.06(3).

derung" dieses Plans begangenen Straftaten ergibt sich daraus aber noch nicht. Anders ausgedrückt ist es also der genaue Rahmen der Verabredung und nicht deren bloße Existenz, die den Rahmen einer Teilnahmeverantwortlichkeit absteckt, denn „das Recht würde jeden Sinn eines gerechten Schuldausgleichs verlieren, wenn man schlicht wegen einer Verschwörung für tausende neuer Delikte verantwortlich sein kann, von denen man noch nicht einmal Kenntnis hatte und die man in keiner Weise beeinflusst hat."[319]

Trotz alledem wird der Model Penal Code in den meisten Fällen zu demselben Ergebnis kommen wie die Pinkerton-Regel, besonders dann, wenn eine Voraussetzung einer „vernünftigen Vorhersehbarkeit" den Anwendungsbereich der Pinkerton-Regel einschränkt.[320] Der Unterschied liegt vielmehr im dogmatischen Ansatz. Um seinem auf die kriminelle Energie des Einzelnen fixierten Behandlungsgrundsatz treu zu bleiben, bemüht sich der Code nach Kräften, diesem für seine Formlosigkeit berüchtigten Gruppendelikt Form zu geben. Anstatt die Verschwörungshaftung, die „so vage ist, dass sie sich praktisch jeder Definition entzieht,"[321] insgesamt abzuschaffen, versuchten die Verfasser, sie durch die Abschaffung der Pinkerton-Regel zu bändigen.[322]

Hätte man die Verschwörung als allgemeines unvollständiges Delikt abgeschafft, so hätte man sich von einem bequemen und außerordentlich flexiblen Mittel zur Erkennung der alles entscheidenden kriminellen Gefährlichkeit trennen müssen. Tatsächlich wird also die anscheinende Schwäche des Verschwörungsrechts, seine Unbestimmtheit, in eine strafrechtliche Stärke verwandelt.

Sobald die anomale kriminelle Neigung des Verschwörers entdeckt wurde, ergibt sich die Notwendigkeit einer angemessenen Strafbehandlung von selbst. Weil der mit Absicht handelnde Verschwörer genauso gefährlich ist wie der Täter, der das Ziel der Verschwörung herbeiführt, ordnet der Code für beide dieselbe strafrechtliche Behandlung an und steht damit in Einklang mit der allgemeinen Theorie über unvollständige Delikte. Die Verschwörung und ihr Ziel werden gleich bestraft.

Im Recht des strafbaren Versuchs führte die Gleichbehandlung von unvollständiger und vollendeter Tat zu einer Anhebung des Strafmaßes für den Versuch, der im *common law* weniger streng bestraft worden war als das vollendete Delikt. Bei der Verschwörung hingegen führt die Gleichbehandlung zu einer umgekehrten Anpassung des Strafmaßes. Im *common law* war es üblich gewesen, die Verschwörung zusätzlich und

---

[319] Komm. § 2.06, S. 307.
[320] Siehe Pinkerton v. United States, 328 U. S. 640, 648 (1946).
[321] Krulewitch v. United States, 336 U. S. 440, 446 (1949) (Urteil von Jackson, J.) (zitiert in Komm. § 5.03, S. 402).
[322] Komm. § 2.06, S. 307.

teilweise sogar härter als die eigentliche Straftat zu bestrafen mit der Begründung, dass die Verschwörer eine weitere Gefahr geschaffen hätten, die über die Gefahr der Deliktsbegehung hinausginge und unabhängig von dieser bestehe.[323]

In einigen Entscheidungen des *common law* fand sich aber auch die gegensätzliche Regel, die Verschwörungshaftung bei Vollendung einer Straftat automatisch ausschloss. Auch diese modifizierte der MPC. Während die Verfasser des MPC sich gegen die härtere Bestrafung einer Verschwörung wandten, so erlaubten sie doch eine kumulative Bestrafung in Fällen, bei denen die Verschwörung noch andere Straftaten umfasste als das tatsächlich begangene Delikt. Dann hätte der Angeklagte nämlich die Art und Intensität an krimineller Gefährlichkeit gezeigt, die zur Begehung sowohl des tatsächlich begangenen Delikts als der nichtbegangenen Delikte erforderlich ist.[324]

c) *Anwerbung (solicitation)*

Für eine Verschwörung, also eine kriminelle Verabredung, reicht im MPC bereits eine sog. „einseitige" Verabredung aus. Ausgehend vom Behandlungsgrundsatz macht der MPC keinen Unterschied zwischen einer Person, die nur denkt, dass sie sich mit einer anderen Person verschwört und einer Person, die tatsächlich ein verschwörerische Vereinbarung eingeht. Wenn sich aber aus dieser Sicht ein unvollständiges von einem vollendeten Delikt nicht unterscheidet, dann besteht auch kein Unterschied zwischen der unvollständigen Version des unvollständigen Delikts und dem unvollständigen Delikt selbst, usw. Es kommt immer nur darauf an, ob genügend Indizien der Gefährlichkeit vorliegen, wobei die dogmatische Entfernung zum vollendeten Delikt an sich nebensächlich ist.

Der Code erkennt tatsächlich ein gewissermaßen doppelt unvollständiges Delikt als eigenständigen Straftatbestand an, die Anwerbung (*solicitation*), die vom Kommentar zum MPC „als eine Art versuchte Verschwörung" bezeichnet wird.[325] Vom Behandlungsgrundsatz her ergibt sich „ohne Zweifel," dass „die absichtliche Anwerbung eine Gefahr offenbart, die eines präventiven Eingriffs bedarf und die in ausreichendem Maße eine Veranlagung zu krimineller Tätigkeit belegt, um eine Strafbarkeit zu rechtfertigen."[326]

---

[323] Da gemäß dem MPC jedes der unvollständigen Delikte demselben Zweck dient, die kriminelle Gefährlichkeit des Beschuldigten festzustellen, lässt der MPC Verurteilungen aufgrund von mehr als einem unvollständigen Delikt pro vollendetem Delikt nicht zu. § 5.05(3).

[324] Komm. § 5.06, S. 390.

[325] Komm. § 5.02, S. 365–66. Zu den doppelt unvollständigen Delikten, siehe allgemein *Robbins*, Double Inchoate Crimes, 26 Harv. J. Legis. 1 (1989).

[326] Komm. § 5.02, S. 366.

Die Anwerbung bietet die Grundlage für strafrechtliche Behandlung anomal gefährlicher Personen, die durch das bereits recht fein gewebte Strafbarkeitsnetz zweier unvollständiger Delikte geschlüpft sind. Sie verbindet den Versuch und die Verschwörung zu einer neuen Straftat, die den Bereich des strafrechtlichen Zugriffs weiter ausdehnt und vorverlegt.

Beachtlich bei der Anwerbung ist dann auch ihr Anwendungsbereich. Wie wir bereits wissen, sind einseitige Verschwörungen, d.h. Verabredungen mit sich selbst, genau so strafbar wie tatsächliche Verschwörungen. Wir wissen auch, dass die Anwerbung den Versuch einer einseitigen Verabredung bestraft. Darüber hinaus behandelt die Anwerbung einen fehlgeschlagenen Anwerbungsversuch – „die nicht kommunizierte Anwerbung" – genauso wie eine erfolgreich vermittelte Anwerbung. Das Anwerbungsdelikt im MPC reicht also bis zum Versuch eines Versuchs, eine einseitige kriminelle Vereinbarung einzugehen.[327]

Unterstellt man die nötige Absicht, so wäre die Ehefrau, die einen Brief, der einem verdeckten Ermittler eine Prämie von $ 1000 für den Mord an ihrem Ehemann anbietet, versehentlich in den Rückgabeschacht einer Videothek steckt, anstatt in den Briefkasten direkt daneben, wegen vollendeter (nicht wegen nur versuchter) Anwerbung strafbar. Es würde keinen Unterschied für ihre strafrechtliche Verantwortlichkeit machen, ob der gemeinte Leser überhaupt die Absicht hatte oder jemals haben könnte, der Aufforderung tatsächlich oder auch nur anscheinend zu folgen.[328] Worauf es letztendlich ankommt, ist die kriminelle Absicht des Täters, die wir schon lange als Indikator für anomale Gefährlichkeit kennen. Bei der Anwerbung „liegt die entscheidende Manifestation der Gefährlichkeit in dem Bemühen, die strafbegründende Nachricht einer anderen Person zu vermitteln, wobei es unerheblich ist, ob der andere die Nachricht jemals erhalten hat."[329]

Die Anwerbung ist aber nicht nur der Versuch einer Verschwörung – also eine doppelte Unvollständigkeit. Sie kann darüber hinaus noch als Grundlage der Teilnahmeverantwortlichkeit fungieren. Eine Möglichkeit, einer Person das Verhalten einer anderen Person zuzurechnen, besteht in dem Fall, in dem der eine den anderen „anwirbt," eine Straftat zu begehen.[330] Die Zurechnung des Verhaltens einer Person zu

---

[327] § 5.02(2); vgl. People v. Lubow, 29 N.Y.2d 58, 62 (1971) (Anwerbung eine „neue Art von Delikt, das einfacher strukturiert ist als Versuch oder Verschwörung, und allein auf einem Akt der Kommunikation beruht, ohne eine daraus folgende Tätigkeit zu erfordern").

[328] Da die Anwerbung eine versuchte Verschwörung darstellt, verwundert es nicht, dass bei ihr Untauglichkeit ebenso wie bei Versuch und Verschwörung unerheblich ist. Zu beachten ist allerdings auch hier die Ausnahme der völligen Untauglichkeit Komm. § 5.02, S. 370 (unter Bezugnahme auf § 5.05(2)).

[329] Komm. § 5.02, S. 381.

[330] § 2.06(3).

einer anderen setzt jedoch voraus, dass dieses Verhalten tatsächlich stattgefunden hat (auch wenn der Haupttäter nicht unbedingt für sein Verhalten strafrechtlich belangt wurde). Anwerbungshaftung setzt dies dagegen nicht voraus. Die Anwerbung ist also letzten Endes nicht nur eine versuchte Verschwörung, sondern auch eine versuchte Teilnahme.[331]

d) Rücktritt

Für jedes unvollständige Delikt im Code – Versuch, Verschwörung und Anwerbung – besteht die Möglichkeit eines strafbefreienden Rücktritts (*renunciation*).[332] Der Rücktritt muss sowohl vollständig als auch freiwillig sein:

> Ein Rücktritt ist nicht freiwillig, wenn er ganz oder teilweise durch Umstände veranlasst ist, die zu Beginn der Tathandlung weder gegeben noch ersichtlich waren, und welche die Entdeckung oder Ergreifung wahrscheinlicher machen oder das Erreichen des kriminellen Ziels erschweren. Ein Rücktritt ist nicht vollständig, wenn der Täter sich entschieden hat, die kriminelle Handlung auf einen günstigeren Zeitpunkt zu verschieben oder die Tat an einem anderen, aber gleichartigen Gegenstand oder Opfer zu begehen.[333]

Ein Täter, der seinen Überfall auf eine Tankstelle abbricht, weil die Polizei auf dem Weg ist, erfüllt die Voraussetzung eines Rücktritts im Sinne des MPC also nicht.[334]

---

[331] Eine Art der versuchten Teilnahme wird auch in der Vorschrift über den Versuch behandelt. Dabei geht es um eine Handlung, die für eine Strafbarkeit wegen Teilnahme an sich ausreichen würde, bei der aber die geplante Haupttat nicht ausgeführt wird, so dass eine Zurechnung der Handlung des Haupttäters an den Teilnehmer nicht möglich ist. § 5.01(3) definiert jedes Verhalten als strafbaren Versuch, „das dazu bestimmt ist, einen anderen bei Begehung einer Straftat zu *unterstützen* und das gleichzeitig eine Teilnahme begründen würde, wenn die Straftat tatsächlich begangen würde." (Hervorhebung vom Verf.) Der Grund hierfür ist, dass der Täter, „der versucht zu unterstützen, die gleiche Gefährlichkeit aufzeigt wie derjenige, der versucht, eine Straftat zu begehen." Komm. § 5.01, S. 356. Die Anwerbungsbestimmung befasst sich dagegen mit dem fehlgeschlagenen Versuch, einen andern für eine Straftat *anzuwerben*, statt ihn zu unterstützen. Siehe § 2.06(3)(i) (Teilnahme durch Anwerben) & (ii) (Teilnahme durch Unterstützen). Demzufolge wäre ein Polizist, der vergeblich versucht, Glücksspieler vor einer Razzia zu warnen, die schon längst stattgefunden hat, wegen Versuchs gem. § 5.01(3) und nicht wegen Anwerbung nach § 5.02 zu bestrafen. Siehe Commonwealth v. Haines, 147 Pa. Super. 165 (1942).

[332] §§ 5.01(4), 5.02(3), 5.03(6). Nicht alle Staaten betrachten den Rücktritt als Verteidigungsmöglichkeit. Siehe z.B. People v. Staples, 85 Cal.Rptr. 589 (Cal. App. 1970) (kein Rücktritt vom Versuch nach kalifornischem Strafrecht).

[333] § 5.01(4).

[334] Z. B. Stewart v. State, 85 Nev. 388 (1969).

Beim Rücktritt handelt es sich um eine sog. affirmative Verteidigungsmöglichkeit (*affirmative defense*), die der Angeklagte glaubhaft zu machen hat, was bedeutet, dass der Angeklagte zwar nicht die Beweislast trägt, er aber zumindest einige Indizien vorbringen muss, die auf diese Verteidigungsmöglichkeit schließen lassen.[335] Die allgemeine Rücktrittsvorschrift findet keine Anwendung auf für das noch verbleibende, im allgemeinen Teil behandelte unvollständige Delikt, den Besitz. Man kann zwar vom Besitz „zurücktreten," in dem man ihn sofort nach seiner Wahrnehmung aufgibt. In einem solchen Fall handelt es sich dann allerdings gar nicht erst um einen Besitz.[336] Darüber hinaus erkennt der MPC eine eng gefasste Verteidigungsmöglichkeit, für den Fall, dass der Besitzer „eine Waffe ausschließlich als Rarität oder für eine Aufführung besaß, sie nur eine kurze Zeit lang besaß, nachdem er sie gefunden oder einem Angreifer abgenommen hatte, oder sich auf andere Umstände berufen kann, die seine Absicht ausschließen."[337]

Da es bei den unvollständigen Delikten um die Gefährlichkeit des Täters geht, trifft das auch auf die Verteidigungsmöglichkeit des Rücktritts zu. Laut dem Kommentar zum MPC führt ein Rücktritt zu einer „wesentlichen Negierung der Gefährlichkeit des Täters."[338] Zeigt der Täter durch die Vorbereitung der Tat eine kriminelle Absicht, so wird daraus auf eine anomale Gefährlichkeit geschlossen, die dann allerdings durch Beweise des Gegenteils widerlegt werden kann. Ein Rücktritt kann als ein solcher Beweis des Gegenteils dienen und die Vermutung von Gefährlichkeit entkräften: „In Fällen," so der Kommentar, „in denen der Täter die Grenze einer bloßen Vorbereitungshandlung überschritten hat und dadurch *prima facie* genügende Festigkeit der Absicht gezeigt hat, sollte man ihm gleichwohl die Möglichkeit geben, solch eine Schlussfolgerung dadurch zu widerlegen, dass er den Mangel einer solchen festen Absicht beweist, indem er sein Vorhaben zur Begehung einer Straftat völlig aufgibt."[339]

Beim Versuch setzt ein Rücktritt voraus, dass der Täter „seine Bemühung, die Tat zu begehen, aufgibt, oder auf andere Weise die Begehung verhindert,"[340] bei der Anwerbung wird vorausgesetzt, dass er denjenigen, den er anwerben wollte, „überredet," die Tat nicht zu begehen oder

---

[335] § 1.12(3).

[336] § 2.01(4).

[337] § 5.07.

[338] Komm. § 5.01, S. 360. Die Verfasser erwähnen noch eine weiteren Grund für die Verteidigungsmöglichkeit des Rücktritts: Über den Rücktritt soll dem Täter ein Anreiz gegeben werden, seine kriminellen Pläne noch im letzten Moment aufzugeben, also sogar noch nachdem er seine Gefährlichkeit unter Beweis gestellt hat. Ebenda S. 359–60.

[339] Komm. § 5.01, S. 359.

[340] § 5.01(4).

dass er „auf andere Weise die Begehung der Tat verhindert,“[341] und bei der Verschwörung muss „der Erfolg der Verschwörung vereitelt werden.“[342] Bei jeder dieser Konstellationen kommt es darauf an, dass der Rücktritt auf eine Weise erfolgt, „die ein endgültiges und freiwilliges Aufgeben der strafbaren Absicht des Täters erkennen lässt.“

---

[341] § 5.02(3).

[342] § 5.03(6).

3. Teil. Rechtfertigung

Die Tatbestandsmäßigkeit reicht im amerikanischen Strafrecht zur Strafbarkeit nicht aus. Der 3. und 4. Teil beschäftigen sich mit der Frage, was neben einer Subsumtion des einschlägigen Verhaltens unter einen gesetzlichen Straftatbestand noch für eine Strafbarkeit erforderlich ist. Zunächst befassen wir uns mit der Rechtswidrigkeit, danach zum Abschluss mit der Schuld.

§ 7. Verteidigungsmöglichkeiten (*defenses*)

Das anglo-amerikanische Strafrecht zerlegt die Straftatlehre in zwei Teile, die Straftat (*offense*) und die Verteidigungsmöglichkeiten (*defenses*). Das Vorliegen aller Merkmale eines Straftatbestands bedeutet, dass *prima facie* eine Straftat begangen wurde, die eine Vermutung der Strafbarkeit begründet. Diese Vermutung kann dann der buchstäblich sich Verteidigende (*defendant*) durch die Geltendmachung einer bestimmten Verteidigung zurückweisen. Daher geht es im amerikanischen Strafrecht eigentlich nicht um Rechtswidrigkeit oder Schuld, sondern um deren Abwesenheit, also um die Rechtfertigung oder Entschuldigung einer Straftat, statt um die zusätzlichen affirmativen Bedingungen der Strafbarkeit.

Dieser prozessuale Ansatz spiegelt die Wurzeln des anglo-amerikanischen Strafprozesses im Streitverfahren (*trial by combat*) wider. Auch heute wird das Strafverfahren und insbesondere die Hauptverhandlung (*trial*) immer noch als Wettstreit angesehen, den die beiden Parteien durch Angriffe, Gegenangriffe und eben Verteidigungen austragen.

Diese Konzeption könnte jedoch missverstanden werden, wenn man daraus schließt, dass es Aufgabe der Staatsanwaltschaft sei, die Straftat zu beweisen, während es dem Angeklagten obliegt, seine Verteidigung zu entwickeln. Wir haben aber bereits gesehen, dass **tatbestandsausschließende** Verteidigungsmöglichkeiten wie Trunkenheit und Irrtum nicht durch den Angeklagten bewiesen werden müssen, sondern dass ihr Nichtvorliegen durch die Staatsanwaltschaft nachgewiesen werden muss, weil sie die Behauptung der Staatsanwaltschaft betreffen, dass der Angeklagte mit der erforderlichen Vorsatzform handelte. Ohne die erforderlichen subjektiven Tatbestandsmerkmale gibt es keine Straftat, gegen die sich der Angeklagte verteidigen müsste.

Andererseits gibt es Verteidigungsmöglichkeiten, die die Beweislast ganz oder teilweise dem Angeklagten auferlegen. Im Model Penal Code muss die Staatsanwaltschaft diese sog. affirmativen Verteidigungsmöglichkeiten (*affirmative defenses*) erst dann widerlegen, wenn sie von der Verteidigung erhoben und mit Beweisen schlüssig untermauert wurden.[1] Einige moderne Strafgesetzbücher, wie z.B. das New Yorker Strafgesetzbuch, gehen sogar weiter und verlagern die Beweislast für bestimmte Verteidigungsmöglichkeiten im Ganzen auf den Beschuldigten.[2] In einigen Fällen, insbesondere bei der Schuldunfähigkeit wegen seelischer Störung (*insanity*), muss der Beschuldigte die Verteidigungsmöglichkeit u.U. gar „über jeden vernünftigen Zweifel hinweg“ nachweisen.[3]

Trotzdem muss die Frage nach den Voraussetzungen der Strafbarkeit von der prozessualen Frage getrennt werden, wer was wie wem beweisen soll. Nun ist es im amerikanischen Strafrecht allerdings so, dass der prozessuale Schwanz dazu neigt, mit dem materiellen Hund zu wedeln, was bedeutet, dass prozessualen Fragen weit mehr Aufmerksamkeit geschenkt wird. So stellt das Verfassungsrecht zu den Voraussetzungen einer Strafbarkeit tatsächlich größtenteils einen Teil des Beweisrechts dar, das sich im Detail mit den verschiedenen Typen der Beweislast befasst (*production*, *persuasion*, *proof*, bzw. *beyond a reasonable doubt*, *clear and convincing evidence*, *preponderance of the evidence*),[4] mit der Verteilung bzw. Verlagerung dieser Beweislasten auf die Parteien,[5] während der unterschiedlichen Stufen des Strafverfahrens (*trial, sentencing*),[6]

---

[1] § 1.12.

[2] Das New York Penal Law nennt diese Verteidigungsmöglichkeiten „affirmative defenses“ und unterscheidet sich somit von der Terminologie des MPC. Was im Model Code „affirmative defenses“ sind, bezeichnet das New York Penal Law als bloße „defenses.“ N. Y. Penal Law § 25.00.

[3] Leland v. Oregon, 343 U. S. 790 (1952) (Schuldunfähigkeit wegen seelischer Störung).

[4] Vorbringung, Überzeugung, Beweis bzw. „über jeden vernünftigen Zweifel hinweg,“ „mit eindeutigen und überzeugenden Beweismitteln,“ „mit einem Übergewicht an Beweismitteln.“ Siehe In re Winship, 397 U. S. 358 (1970).

[5] Mullaney v. Wilbur, 421 U. S. 684 (1975) (provocation); Patterson v. New York, 432 U. S. 197 (1977) (extreme emotional disturbance) (extreme emotionale Störung); Martin v. Ohio, 480 U. S. 228 (1987) (self-defense) (Notwehr).

[6] McMillan v. Pennsylvania, 477 U. S. 79 (1986). Die Schuldfrage und die Strafzumessung werden im amerikanischen Strafrecht getrennt behandelt. Erst nach der Verurteilung (auf Grund eines *guilty plea* – also eines formellen Schuldeingeständnisses ohne Geständnis und ohne Hauptverhandlung – oder eines Schuldspruchs nach einer Hauptverhandlung – *trial* – mit oder ohne Jury) wird das Strafmaß festgelegt. Die Strafzumessung liegt in fast allen Fällen beim Richter. In einigen wenigen Staaten beteiligt sich die Jury bei Verbrechen an der Strafzumessung. *Dubber*, American Plea Bargains, German Lay Judges, and the Crisis of Criminal Procedure, 49 Stan. L. Rev. 547, 595 (1997). Nur die Todesstrafe kann nicht ohne die Entscheidung einer Jury verhängt werden, es sei denn, der Beschuldigte (bzw. bereits Verurteilte) verzichtet darauf. Ring v. Arizona, 536 U. S. 584 (2002). Die Beweislast bei der Strafzumessung

und über die Erleichterung des Beweises durch gesetzliche Beweisvermutungen (*rebuttable, irrebuttable, mandatory, permissive presumptions*).[7]

In Bezug auf strafrechtliche Verantwortlichkeit unterscheidet der Model Penal Code zwei Arten von Verteidigungsmöglichkeit: Rechtfertigungs- und Entschuldigungsgründe.[8] Dies wird bei der Definition eines Tatbestandsmerkmals deutlich, die auch negative Merkmale mit einbezieht, „die ... eine Entschuldigung oder eine Rechtfertigung solchen Verhaltens ausschließen."[9] Da die Staatsanwaltschaft jedes Tatbestandsmerkmal „über jeden vernünftigen Zweifel hinweg"[10] nachweisen muss, bedeutet dies – prozessual ausgedrückt – auch, dass alle in Frage kommenden Rechtfertigungs- oder Entschuldigungsgründe widerlegt werden müssen.[11] Zusammenfassend erfordert strafrechtliche Verantwortlichkeit daher eine Handlung, die (a) „unter die Voraussetzung des im Strafgesetz verbotenen Verhaltens subsumiert werden kann", einschließlich (b) „der vorausgesetzten Vorsatzform," und die (c) keine „Entschuldigung oder Rechtfertigung dieser Handlung" ausmacht."[12]

In diesem Sinne erscheinen die Elemente einer Verteidigungsmöglichkeit als Kehrseite der Tatbestandsmerkmale. Die Rechtfertigungs-

---

liegt grundsätzlich deutlich niedriger als in der Hauptverhandlung. Strafzumessungsgründe müssen im Allgemeinen nur mit einem Übergewicht an Beweismitteln, statt über jeden vernünftigen Zweifel hinweg, bewiesen werden. Dies führt dazu, dass insbesondere im amerikanischen Bundesstrafrecht Behauptungen, die von der Staatsanwaltschaft während der Hauptverhandlung nicht über jeden vernünftigen Zweifel bewiesen wurden (oder werden konnten), zur Strafzumessung in Betracht gezogen werden können. Es ist also durchaus möglich, dass ein Beschuldigter, der wegen einer bestimmten Straftat in der Hauptverhandlung (womöglich von einer Jury oder aber vom Richter) *freigesprochen* wurde, wegen eben dieser Straftat dann eine höhere Strafe erhält, vorausgesetzt er ist wegen einer anderen Straftat verurteilt worden. *Dubber*, American Plea Bargains, German Lay Judges, and the Crisis of Criminal Procedure, 49 Stan. L. Rev. 547, 593 (1997).

[7] Widerlegbare oder nicht widerlegbare, bzw. verpflichtende oder nur erlaubte Beweisvermutungen. Siehe Sandstrom v. Montana, 442 U. S. 510 (1979).

[8] Anstatt eine allgemeine Abgrenzung zwischen Rechtfertigungs- und Entschuldigungsgründen im Detail auszuarbeiten, legten die Verfasser des MPC lediglich eine „grobe analytische Unterscheidung" fest. Komm. Art. 3, Einleitung, S. 2. Die Unterscheidung von Rechtfertigung und Entschuldigung ergibt sich stattdessen aus der Dogmatik der einzelnen Rechtfertigungs- und Entschuldigungsgründe.

[9] § 1.13(9)(c).

[10] § 1.12(1).

[11] Dies trifft auch im Falle der sog. „affirmative defenses" zu, vorausgesetzt der Beschuldigte hat die Verteidigungsmöglichkeit durch Einbringung einiger Beweise ins Gespräch gebracht. Die einzige Ausnahme zu dieser Regel liegt bei den sog. „super affirmative defenses", die durch ein Übergewicht an Beweismitteln dargelegt werden müssen. Siehe z. B. §§ 2.04(4) (Rechtsirrtum), 2.07(5) (Sorgfaltspflicht), 2.13(2) (amtliche Verleitung zu einer Straftat), 5.07 (zeitweiliger Besitz), 213.6(1) (Irrtum über das Alter). Zu den superaffirmativen Verteidigungsmöglichkeiten, s. o. § 5.3(b).

[12] § 1.13(9)(a)-(c).

und Entschuldigungsgründe im allgemeinen Teil des MPC sind also unsichtbare Ergänzungen zu den Tatbestandsmerkmalen eines Delikts im besonderen Teil. Der Tatbestand des Mordes ist beispielsweise definiert als absichtliches oder wissentliches Verursachen des Todes eines anderen Menschen. Für eine Strafbarkeit wegen Mordes muss man aber noch „ohne Rechtfertigung oder Entschuldigung" ergänzen.

Darüber hinaus stuft der MPC das Fehlen von Rechtfertigungs- und Entschuldigungsgründen nicht nur als einfache Tatbestandsmerkmale ein, sondern als **wesentliche** Tatbestandsmerkmale (*material offense elements*).[13] Das bedeutet, dass die allgemeinen Regeln über Vorsatzformen (§ 2.02) nicht nur auf das verbotene Verhalten im Tatbestand, sondern auch auf Rechtfertigungs- und Entschuldigungsgründe Anwendung finden. Während es der Staatsanwaltschaft obliegt, jedes Tatbestandsmerkmal eines Delikts „über jeden vernünftigen Zweifel hinweg" zu beweisen, so ist sie nicht verpflichtet, die Vorsatzform im Hinblick auf nichtwesentliche Merkmale zu beweisen. Anders ausgedrückt findet die allgemeine *mens rea* Voraussetzung (§ 2.02(1)) keine Anwendung auf unwesentliche Tatbestandselemente, wie z.B. solche, die die Verjährung oder die sachliche oder örtliche Zuständigkeit eines Gerichts regeln.[14] Falls derartige nichtmaterielle Regelungen im Tatbestand erscheinen, sind sie als *strict liability* Merkmale zu behandeln, es sei denn, der Gesetzgeber hat im Einzelfall eindeutig etwas anderes festgelegt. Die Unterscheidung zwischen wesentlichen und unwesentlichen Merkmalen wurde unter anderem deswegen eingeführt, um den vielen Bundesstrafgesetzen gerecht zu werden, die ein Zuständigkeitsmerkmal enthalten.[15] Die Staatsanwaltschaft muss daher ein Tatbestandsmerkmal wie die Nutzung der Bundespost oder Überschreitung einer Staatengrenze „über jeden vernünftigen Zweifel hinweg" nachweisen, aber nicht auch, dass dies dem Täter bewusst war – oder dass er sonst vorsätzlich im Hinblick auf diese Zuständigkeitsmerkmale handelte.

---

[13] § 1.13(10).

[14] § 1.13(9)(d) & (e).

[15] Der sog. Unabomber, Ted Kaczynski beispielsweise, der in den 80er und 90er Jahren mehrere Personen durch mit der Post verschickte Sprengsätze tötete oder schwer verletzte, erfüllte den Bundesstraftatbestand „Transportation of an Explosive With Intent to Kill or Injure," da er laut Anklageschrift folgende Tathandlung beging: „[He] knowingly did transport and attempt to transport, and willfully did cause to be transported, in interstate commerce an explosive with the knowledge and intent that it would be used to kill, injure and intimidate an individual, and unlawfully to damage and destroy real and personal property." Indictment, United States v. Kaczynski, CR. No. S-CR-S-96–259 (E. D. Cal. June 18, 1996) (mit Verweis auf 18 U.S.C. § 844(d)); siehe auch 18 U.S.C. § 1716 („Mailing an Explosive Device With Intent to Kill or Injure").

Im Gegensatz hierzu erfordern Rechtfertigungs- und Entschuldigungsgründe eine bestimmte Vorsatzform bezüglich ihrer einzelnen Voraussetzungen. Die Widerlegung der einschlägigen Vorsatzform würde also auch die Verneinung eines Rechtfertigungs- oder Entschuldigungsgrundes bedeuten. Die Gewaltanwendung im Rahmen einer Notwehr ist beispielsweise „gerechtfertigt, wenn der Handelnde *glaubt*, diese Gewalt sei unverzüglich erforderlich, um sich gegen einen gegenwärtigen unrechtmäßigen Angriff eines anderen zu schützen."[16] Der Rechtfertigungsgrund der Notwehr kann also durch den Beweis verneint werden, dass der erforderliche „Glaube" des Handelnden im Hinblick auf die negativen Tatbestandselemente (unverzüglich erforderlich, unrechtmäßigen Angriff, etc.) fehlte.

Bemerkenswert ist, dass der Gesetzestext von „Glauben" und nicht von „Wissen" spricht. Wissen, also ein **richtiger** Glaube, ist nicht erforderlich.[17] Irrtümer sind erlaubt. Dem Anschein nach ist die Rechtfertigung sogar möglich, wenn der Täter sich über einen oder alle Voraussetzungen der Notwehr irrt.

Irrtümer sind also erlaubt – ob sie ausreichen, um ein Verhalten trotzdem zu rechtfertigen, ist eine andere Frage. Es stellt sich nämlich heraus, dass der Code auch bestimmte Arten von Irrtümer behandelt, die oft als *imperfect defenses* bezeichnet werden, da sie die Strafbarkeit zwar mildern, aber nicht völlig beseitigen. Im Einzelnen steht einem Täter diese Verteidigungsmöglichkeit gegen Delikte mit den Vorsatzformen Absicht und Wissen (zum Beispiel Mord) zur Verfügung, wenn sein Irrtum nur rücksichtslos oder fahrlässig war. Er bleibt aber strafrechtlich verantwortlich für alle Delikte, die geringere Vorsatzformen voraussetzen. Wenn dem Täter also Rücksichtslosigkeit in Bezug auf seinen Irrtum vorgeworfen werden kann, so bleibt er verantwortlich für alle Delikte, die Rücksichtslosigkeit voraussetzen (wie Totschlag). Und wenn er fahrlässig war, so ist er verantwortlich für fahrlässige Delikte (wie fahrlässige Tötung).

Der Model Code spricht dabei nicht, oder zumindest nicht direkt, von „vernünftigen" (*reasonable*) Annahmen oder Irrtümern.[18] Im *common law* und in vielen amerikanischen Staaten ist es auch heute noch so, dass Annahmen – auch unrichtige – hinsichtlich der Voraussetzungen eines Rechtsfertigungsgrundes nur dann ausreichend sind, wenn sie zumindest vernünftig sind. Irrt der Täter sich jedoch unvernünftiger-

[16] § 3.04(1) (Hervorhebung vom Verf.); siehe ebenso §§ 3.02(1) ("conduct which the actor *believes* to be necessary to avoid a harm or evil to himself"); 3.03(3) ("actor *believes* his conduct to be required or authorized"); 3.06(1) ("actor *believes* that such force is immediately necessary"); 3.07(1) (wie 3.06(1)).

[17] Vgl. § 2.02(2)(b)(i) (Wissen wird hier im Hinblick auf begleitende Umstände als das „Bewusstsein der Existenz der Umstände" definiert.).

[18] Siehe allg. *Fletcher*, The Right and the Reasonable, 98 Harv. L. Rev. 949 (1985).

weise über objektive Umstände eines Rechtfertigungsgrundes, so greift der Rechtfertigungsgrund nicht ein.[19]

Der Model Code differenziert dagegen zumindest indirekt zwischen verschiedenen Arten von unvernünftigen Irrtümern. Eine Annahme im Sinne des MPC ist dann vernünftig, „wenn der Täter zu ihr weder rücksichtslos noch fahrlässig gelangte."[20] Ein rücksichtsloser oder fahrlässiger Irrtum bedeutet aber nicht unbedingt, dass dem Täter keine Verteidigung zu Verfügung steht und er für alle Delikte verantwortlich ist, deren objektive Merkmale seine Handlung erfüllt, selbst wenn sie Absicht oder Wissen erfordern (wie Mord). Ein unvernünftiger (also rücksichtsloser oder fahrlässiger) Irrtum hat stattdessen zur Folge, dass der Täter Straffreiheit für die schwereren Delikte erlangt und nach wie vor für solche Delikte – wenn es sie gibt – strafbar ist, die mit der Art des Irrtums übereinstimmen: Rücksichtslose Delikte bei einem rücksichtslosen Irrtum, fahrlässige Delikte bei einem fahrlässigen Irrtum.[21]

Nach dieser Übersicht über die Verteidigungsmöglichkeiten im Code werden jetzt die einzelnen Verteidigungsmöglichkeiten behandelt, zunächst die Rechtfertigungsgründe.[22]

§ 8. Notstand (*choice of evils*)

Als erster Rechtfertigungsgrund wird im MPC der Notstand behandelt. Er bildet eine Art Auffangrechtfertigungsgrund, der immer dann in Betracht zu ziehen ist, wenn keine anderen Rechtfertigungsgründe eingreifen.

Die grundlegende Idee des Notstands besteht darin, dass *prima facie* strafbares Verhalten unter bestimmten Umständen im Einklang mit der Rechtsordnung insgesamt nicht rechtswidrig ist. Nehmen wir an, dass

---

[19] Siehe People v. Goetz, 68 N. Y.2d 96 (1986); vgl. *Fletcher*, Notwehr als Verbrechen: Der U-Bahn-Fall Goetz (1993).

[20] § 1.13(16).

[21] Für eine vermittelnde Position, die den Tatbestand des Mordes auf einen Totschlag im Falle eines unvernünftigen Irrtums über Gegebenheiten einer Notwehrsituation reduziert, siehe Weston v. State, 682 P.2d 1119 (Ak. 1984). Dieses Konzept, das als *imperfect self-defense* (unechte Notwehr) bezeichnet wird, gleicht dem Ansatz des MPC darin, dass die Verteidigungsmöglichkeit bei unvernünftigen Irrtümern nicht gänzlich gesperrt wird. Anders als im Model Code wird die strafrechtliche Verantwortlichkeit allerdings nicht von der Art des Irrtums abhängig gemacht. Rücksichtslose und fahrlässige unvernünftige Irrtümer führen beide zu einer Bestrafung wegen Totschlags. Vgl. State v. Bowens, 108 N. J. 622 (1987). Zu beachten ist weiterhin, dass diese Verteidigungsmöglichkeit wie die der Provokation nur im Rahmen der Tötungsdelikte Anwendung finden kann. Zur Provokation siehe § 16.

[22] Siehe hierzu: Justification: The Impact of the Model Penal Code on Statutory Reform, 75 Colum. L. Rev. 914 (1975).

der Zweck – oder einer der Zwecke – der Rechtsordnung darin besteht, „Schäden und Übel" abzuwenden und dass das Strafrecht als eine Form des Rechts denselben Zweck verfolgt. Auf dieser Grundlage läuft ein bestimmtes Verhalten dann nicht der Rechtsordnung zuwider, wenn es zwar formal einen Straftatbestand erfüllt, aber gleichzeitig diesem übergeordneten Zweck dient. Wenn also jemand „Schäden und Übel" dadurch abwendet, indem er ein Strafgesetz verletzt, das seinerseits auch „Schäden und Übel" abwenden soll, so ist derjenige gerechtfertigt, wenn die verhinderten „Schäden und Übel" größer gewesen wären als die stattdessen eingetretenen. Wenn jemand also ein Dorf dadurch vor der Feuersbrunst retten kann, dass er den Bauernhof des Nachbarn niederbrennt, so handelt er nicht rechtswidrig.

Wie sein Name schon besagt ist der Notstand (*necessity*) auf Situationen beschränkt, die als Notstand oder sogar als „Notfall"[23] bezeichnet werden können. Normalerweise erfolgt die Abwägung potenzieller Schäden und Nutzen auf der Ebene der Gesetzgebung durch Repräsentanten der politischen Gemeinschaft. Diese Repräsentanten haben ein Strafgesetzbuch verabschiedet, das die verletzten Tatbestände enthält – in unserem Beispiel die Brandstiftung. Um diese Wertung im Einzelfall in Frage stellen und gegen das Strafgesetz zur Abwendung von „Schäden und Übel" verstoßen zu dürfen, müssen außergewöhnliche Zustände gegeben sein. Kurz gesagt: Es muss ein Notstand vorliegen. Ohne einen Notstand ist niemand befugt, das Recht in die eigenen Hände zu nehmen und gegen ein Gesetz zu verstoßen, um die Rechtsordnung zu retten oder das Recht um seiner Erhaltung willen zu verletzen.

Auf dieser Art der Abwägung im Hinblick auf die allgemeine Zielsetzung des Rechts beruht jeder Rechtfertigungsgrund. Beim Notstand, oder *choice of evils,* ist diese Ratio offensichtlich. Es ist daher kein Zufall, dass die Regelung des Notstands so viel kürzer gefasst ist als z.B. die der Notwehr. Denn die anderen Rechtfertigungsgründe konkretisieren den Notstand in besonderen, und besonders häufigen Situationen. Hier hat der Gesetzgeber versucht, außergewöhnliche Umstände vorauszusehen, unter denen die gewöhnlichen Strafnormen zu einem kontraproduktiven Ergebnis führen würden. Die Notwehrvorschrift regelt beispielsweise sehr detailliert die Fälle, in denen das Festhalten am Gewaltverbot mehr Schaden anrichten würde als seine Verletzung.

Die Vorschrift zum Notstand ist dagegen erfrischend schnörkellos:

> Ein Verhalten, das der Täter für notwendig hält, um einen Schaden oder ein Übel von sich oder einem anderen abzuwenden, ist gerechtfertigt, sofern (...) der Schaden oder das Übel, die er durch sein Ver-

[23] N. Y. Penal Law § 35.05(2).

halten abzuwenden sucht, größer sind als die, die durch das einschlägige Strafgesetz verhindert werden sollen, dessen Verletzung man dem Täter vorwirft.[24]

Der offizielle Kommentar zum Code veranschaulicht den Sinn dieser Verteidigungsmöglichkeit in einer häufig zitierten Passage:

> Das Prinzip des Notstands leistet eine allgemeine Rechtfertigung für Verhalten, das an sich strafbar ist. Es beruht auf der Einsicht, dass eine solche Einschränkung des Strafrechts ... wesentlich für die Rationalität und Gerechtigkeit des Strafrechts ist und in einem Strafgesetzbuch geregelt werden sollte. Nach dieser Vorschrift darf ... die Geschwindigkeitsbegrenzung zur Verfolgung eines Verdächtigen überschritten werden. Ein Krankenwagen darf über eine rote Ampel fahren. Bergsteiger in Not dürfen Zuflucht in einem Haus suchen oder sich dort Proviant verschaffen. Fracht darf über Bord geworfen werden oder ein Embargo verletzt werden, um ein Schiff zu retten. Der Ausländer darf gegen eine Ausgangssperre verstoßen, um einen Luftschutzbunker zu erreichen. Ein Apotheker darf ein Medikament auch ohne Rezept abgeben, wenn dadurch erhebliche Schmerzen in einem Notfall gelindert werden können.[25]

Die Kodifizierung einer allgemeinen Notstandsregel stellt eine Neuerung des MPC dar. Sogar im deutschen Strafrecht, einem Rechtssystem also, das eine lange Kodifizierungstradition aufweist, war der Notstand schließlich lange Zeit nicht gesetzlich geregelt. Deutsche Gerichte redeten deshalb jahrzehntelang vom „übergesetzlichen Notstand", da die Anerkennung dieser Verteidigungsmöglichkeit nicht ohne weiteres mit dem Strafgesetz in Einklang zu bringen war. In diesem Sinne war der Notstand nicht nur gesetzlich nicht geregelt, sondern nicht zu regeln.[26]

Darüber hinaus ist zu beachten, dass der Kommentar hier Grundsätze wie „Rationalität" und „Gerechtigkeit" einfordert, die eigentlich nicht zur sonstigen Ausrichtung des MPC an der Gefährlichkeit des Täters passen. Überhaupt stellt der Kommentar zu den Rechtfertigungsgründen häufig auf ähnliche Prinzipien ab, wenn beispielsweise festgestellt wird, dass bestimmte Regelungen „ungerecht"[27] seien oder „keinen Platz im System des Strafrechts" hätten.[28] Die Diskussion um Rechtfer-

---

[24] § 3.02(1) („[c]onduct which the actor believes to be necessary to avoid a harm or evil to himself or to another is justifiable, provided that ... the harm or evil sought to be avoided by such conduct is greater than that sought to be prevented by the law defining the offense charged").

[25] Komm. § 3.02, S. 9–10.

[26] In Deutschland wurde der Notstand als Rechtfertigungsgrund zuerst in einer Entscheidung des Reichsgerichts anerkannt, in der es um die Abtreibung eines Kindes durch einen Arzt ging, der dadurch versuchte, das Leben der Mutter zu retten. RGSt 61, 242. Eine gesetzliche Regelung des Notstands wurde erst 1969 im Laufe der Reform des StGB eingeführt. Siehe § 34 StGB.

[27] Siehe Komm. § 3.04, S. 36; siehe ebenso Komm. § 2.09, S. 373, 375 (Nötigung).

[28] Siehe z.B. Komm. § 3.04, S. 39. Weiterhin beschäftigt sich der Kommentar eingehend mit dem Deliktsrecht, dessen Regeln an einigen Stellen übernommen werden.

tigungsgründe wird von Begriffen wie Gerechtigkeit, Rechtswidrigkeit (*unlawfulness*),[29] Unrechtmäßigkeit (*wrongfulness*),[30] Recht (*right*),[31] und Schaden und Übel (*harm and evil*)[32] beherrscht.[33] Nähere Ausführungen dazu, was die Verfasser des MPC unter „Gerechtigkeit" oder „Strafrecht" (oder bei Notstand „Recht") verstehen, sucht man allerdings vergeblich.

Die Vorschrift zum Notstand ist verhältnismäßig großzügig gefasst. Im Gegensatz zu anderen amerikanischen Gesetzen – zu erwähnen ist hier das N.Y. Penal Law – verlangt der Code keine „Gegenwärtigkeit"[34] des bevorstehenden Schadens. Das bedeutet allerdings nicht, dass Gegenwärtigkeit oder Not im Code nicht relevant wären, sondern nur, dass diesem Faktor bei der nachträglichen Beurteilung der Notwendigkeit und Richtigkeit der Abwägung der einschlägigen Interessen kein besonderes Gewicht zukommt. Der Kommentar zitiert als Beispiel zum Problem der Gegenwärtigkeit einmal mehr den berühmten *Mignonette*-Fall, *Regina v. Dudley & Stephens*,[35] in dem drei schiffbrüchige Seeleute einen vierten töteten und dann verzehrten. Sie wurden innerhalb von vier Tagen gerettet und überlebten.[36] Der Kommentar streicht heraus, dass sie vermutlich in der Lage gewesen wären, noch einige Zeit zu überleben, ohne den anderen Seemann zu töten und dass der geopferte Seemann darüber hinaus ohnehin schon so schwach war, dass er wahr-

---

Beim Deliktsrecht handelt es sich um Regelungen des Schadensausgleichs. Die Bekämpfung von Gefährlichkeit steht dabei nicht zur Debatte. Eine Rechtfertigungsvorschrift im Code verweist sogar schlicht auf das Deliktsrecht. Siehe § 3.10 (Rechtfertigung bei Eigentumsdelikten).

[29] Siehe z.B. Komm. § 3.04(1) (unlawful force) (rechtswidrige Gewalt); siehe ebenso §§ 2.09, 2.10 (unlawful order) (rechtswidriger Befehl), 3.04(2)(a)(i) & 3.07(4) (unlawful arrest) (rechtswidrige Festnahme), 3.04(2)(a)(ii)(2) (unlawful dispossession) (rechtswidrige Besitzentziehung), 3.06(1)(a) (unlawful entry and carrying away) (rechtswidriges Betreten und Wegtragen, 5.01(2)(d) (unlawful entry) (rechtswidriges Betreten), 5.01(2)(e) (unlawful use) (rechtswidriger Gebrauch).

[30] Siehe z.B. § 3.06(6) (wrongful obstructor) (unrechtmäßige Blockade); siehe ebenso §§ 2.08(4) & 4.01(1) (wrongfulness of conduct) (Unrechtmäßigkeit des Verhaltens).

[31] Siehe z.B. §§ 3.04(2)(a)(ii) & (b)(ii), 3.06(1)(b)(ii), (2)(c), (3)(d)(i), & (6)(a).

[32] Siehe z.B. § 3.02(1); ebenso §§ 1.09(1)(c), 1.10(1), 1.13(10), 2.02(6), 2.11(1), 2.12(2).

[33] Das soll nicht heißen, dass die Rechtfertigungsproblematik nicht auch vom Behandlungsgrundsatz aus angegangen werden könnte. Schließlich zeigt jemand, der ein Haus niederbrennt, um das Dorf zu retten, nicht annährend so viel Gefährlichkeit wie jemand, der das Haus des Nachbarn niederbrennt, ohne sich dabei auf einen Rechtfertigungsgrund berufen zu können.

[34] Es wird im Unterschied zu anderen Rechtfertigungsgründen nicht vorausgesetzt, dass das in Rede stehende Verhalten „unverzüglich erforderlich" ist. Siehe z.B. §§ 3.04(1) (Notwehr); 3.06(1) (Rechtfertigung bei Eigentumsdelikten); 3.07(1) (Gewaltsame Vollstreckung).

[35] 14 Q. B. 273 (1884).

[36] Komm. § 3.02, S. 16 Fn. 20.

scheinlich auch ohne den Mord bald gestorben wäre. Dieser mögliche Mangel an Gegenwärtigkeit würde im Code aber nicht automatisch eine Rechtfertigung wegen Notstand ausschließen. Der Notstand kann folglich auch die Abwendung eines zukünftigen Schadens rechtfertigen, wenn er wahrscheinlich und schwer genug ist.

Darüber hinaus ist sogar der schlichte Glaube an die Erforderlichkeit – Gegenwärtigkeit mit eingeschlossen – ausreichend. Die allgemeinen Irrtumsregeln für Verteidigungsmöglichkeiten finden auch hier Anwendung, so dass eine korrekte Einschätzung der gegebenen Umstände nicht unbedingt erforderlich ist.[37] Der Glaube an die Erforderlichkeit reicht aus und wird nur durch die schon bekannten *imperfect defenses* im Falle eines rücksichtslosen und fahrlässigen Irrtum eingeschränkt. Hätten Dudley und Stephens also die Erforderlichkeit der Tötung des vierten Mannes und der Gefahr ihres eigenen Todes falsch eingeschätzt, so wären sie laut MPC nicht wegen Mordes verantwortlich, der im Code Absicht oder Wissen voraussetzt. Je nach Art des Irrtums wären sie aber eventuell wegen Totschlags oder einer fahrlässigen Tötung strafbar. In New York hingegen kommt ein Notstand nur für Verhalten in Betracht, das „als Notmaßnahme erforderlich **ist.**“[38] Fehler bei der Einschätzung der Erforderlichkeit fallen also zu Lasten des Täters.

Zu beachten ist, dass der Code eine arithmetische Abwägung Leben gegen Leben wie im *Mignonette*-Fall durchaus zulässt.[39] Ohne ein solches „numerisches Übergewicht der Geretteten im Verhältnis zu den geopferten Leben“ wäre keine **Rechtfertigung** möglich. Rechtfertigender Notstand fände also keine Anwendung auf den anderen klassischen Fall, in dem zwei Schiffbrüchige an einer Planke hängen, die nur eine Person tragen kann. In diesem Fall wäre man keineswegs gerechtfertigt, sein Gegenüber einfach von der Planke zu stoßen, denn schließlich wollte man nur sein eigenes Leben retten, wobei ein Leben nie mehr wert sein kann als ein anderes.[40] (Laut dem MPC käme übrigens für dieses Verhalten noch nicht einmal ein **Entschuldigungsgrund** in Frage).[41]

Die Notstandsvorschrift des MPC enthält aber auch eine objektive Komponente. Eine irrtümliche **Abwägung** der beteiligten Interessen schließt die Rechtfertigung aus.[42] Diese Eingrenzung soll verhindern,

---

[37] N. Y. Penal Law § 35.05(2); Komm. § 3.02, S. 19–22.

[38] Siehe People v. Craig, 78 N. Y.2d 616 (1991) (objektiver Test) (Hervorhebung durch den Verf.).

[39] Komm. § 3.02, S. 15.

[40] Komm. § 3.02, S. 17.

[41] Siehe unten § 13.

[42] Siehe Komm. § 3.02, S. 12; § 3.02(1)(a) ("harm or evil sought to be avoided by such conduct *is* greater than that sought to be prevented by the law defining the offense") (Der Schaden, der durch ein solches Verhalten verhindert werden sollte, *ist* größer als der, der durch den Straftatbestand verhindert werden sollte).

dass der Notstand demjenigen zur Verfügung steht, der „ernsthaft glaubt, das Leben anderer sei weniger wert als seine eigene finanzielle Sicherheit."[43] Der Kommentar unterscheidet Abwägungsirrtümer von Erforderlichkeitsirrtümern, indem er erstere als Rechtsirrtümer und letztere als Tatsachenirrtümer einstuft.

> Es handelt sich hier [bei der Abwägung der einschlägigen Interessen] um eine Auslegung des Delikts angesichts der Behauptung, der besondere Fall erfordere eine Ausnahme vom strafbewährten Verbot, die die Gesetzgebung vernünftigerweise bei der Abwägung der beteiligten Interessen nicht hätte ausschließen wollen.[44]

Der Code lässt auch dann die Möglichkeit einer Rechtfertigung wegen Notstands offen, wenn den Verteidiger ein Mitverschulden an der Situation trifft, die die Notstandshandlung erforderlich gemacht hat.[45] Analog zu seiner Behandlung von Irrtümern im Hinblick auf Verteidigungsmöglichkeiten differenziert der Code hier zwischen rücksichtsloser oder fahrlässiger Verursachung.[46] Während das absichtliche oder wissentliche Provozieren einer Rechtfertigungslage einen Notstand nicht begründen kann, wird beim rücksichtslosen oder fahrlässigen Hervorrufen die Strafbarkeit auf rücksichtslos begehbare oder fahrlässige Delikte beschränkt.

§ 9. Verteidigung von Person und Eigentum[47]

Das Notwehrrecht im MPC, wie auch im amerikanischen Strafrecht allgemein, unterscheidet grundsätzlich zwischen zwei Fallgruppen: Notwehr mit „tödlicher Gewalt" (*deadly force*) und mit nicht tödlicher Gewalt. Für beide Gruppen gilt zunächst folgende Grundregel:

---

[43] Komm. § 3.02, S. 12.

[44] Komm. § 3.02, S. 12; vgl. § 2.12(3) *(de minimis)*.

[45] Im Gegensatz hierzu begrenzt das N. Y. Penal Law eine Rechtfertigung auf Situationen „die ohne Schuld des Täters verursacht oder entwickelt wurden," so dass auch bei rücksichtslos oder bloß fahrlässig herbeigeführten Notstandsfällen jegliche Verteidigungsmöglichkeit entfällt. N. Y. Penal Law § 35.05(2). Hinsichtlich des Verlustes des Notwehrrechts in analogen Fällen, siehe unten § 9.3.

[46] Vgl. § 3.09(2).

[47] Diese Verteidigungsmöglichkeiten (Verteidigung von Personen und von Eigentum) sind streng genommen die einzig wahren Verteidigungsmöglichkeiten, wenn man der eigentlichen Bedeutung des Wortes folgt. Während im prozessualen Sinne jeder Rechtfertigungsgrund und jeder Entschuldigungsgrund als Verteidigungsmöglichkeit zählt, so sind die Notwehr, Nothilfe und die Verteidigung von eigenem und fremden Eigentum die Verteidigungsmöglichkeiten im engeren Sinne. Genauer gesagt handelt es sich um das klassische Recht, die eigenen Rechte gegen rechtswidrige Angriffe zu verteidigen.

> Gewaltanwendung gegen eine andere Person ist dann gerechtfertigt, wenn der Handelnde glaubt, diese Gewalt sei unverzüglich erforderlich, um sich gegen die gegenwärtige und unrechtmäßige Gewaltanwendung eines anderen zu schützen.[48]

Bis hierhin sieht die Notwehr dem Notstand sehr ähnlich. Schließlich stellt die Notwehr eine besondere Form des Notstands dar. Die Vorschrift macht deutlich, dass die Gewaltanwendung nur dann durch Notwehr gerechtfertigt ist, wenn sie (1) erforderlich ist und (2) in einer Situation erfolgt, in der „der Schaden oder das Übel" einer strafbaren Handlung den Schaden oder das Übel einer anderen strafbaren Handlung überwiegt, und zwar dann wenn die letztgenannte Handlung zum Schutz gegen den rechtswidrigen Angriff in Form der erstgenannten begangen wird.

Die Verfasser des MPC haben es jedoch nicht bei dieser allgemeinen Regelung belassen. Ein Notwehrrecht **für eine Tötung** kann nur dann zu einer Rechtfertigung führen, wenn weitere Voraussetzungen erfüllt sind.

1. Notwehr (*self-defense*)[49]

An dieser Stelle sollen zunächst die grundlegenden Voraussetzungen der Notwehr erörtert werden. Danach wenden wir uns den Sonderbestimmungen für Notwehr mit tödlicher Gewalt zu.

a) Gewaltanwendung gegenüber einer anderen Person

Zunächst ist zu beachten, dass diese Vorschrift – wie jede andere Rechtsfertigung abgesehen von zwei Ausnahmen – nur Delikte betrifft, bei denen es um eine Gewaltanwendung gegenüber einer anderen Person geht (kodifiziert in Art. 210–213 des besonderen Teils des MPC). Die beiden Ausnahmen sind der soeben behandelte Notstand (§ 3.02) und die Notwehr bei Eigentumsdelikten (§ 3.10).[50] § 3.10 behandelt eine Verteidigungsmöglichkeit bei Delikten, die statt der Person das Eigentum schädigen (geregelt in den Art. 220–224). Die Verfasser des MPC beließen es hier bei einem Verweis auf das Deliktsrecht, welches folgende Definition des „Privilegs, absichtlich die Interessen am gegenwärtigen und zukünftigen Besitz von beweglichen Gütern zu beeinträchti-

---

[48] § 3.04(1) („the use of force upon or toward another person is justifiable when the actor believes that such force is immediately necessary for the purpose of protecting himself against the use of unlawful force by such other person on the present occasion").

[49] Eine historische Übersicht des Notwehrbegriffs bietet *Beale*, Retreat from a Murderous Assault, 16 Harv. L. Rev. 567 (1903).

[50] Siehe Boget v. State, 74 S. W.3 d 23 (Tex. Crim. App. 2002).

gen" bietet: „A ist im Haus des B zu Besuch. B will den A angreifen, indem er nach einer kostbaren Vase greift und zum Wurf ansetzt. Um sich zu schützen, greift A nach B's Schirm und schlägt ihm damit die Vase aus der Hand. Dabei gehen Vase und Schirm zu Bruch. A haftet dem B weder für den Wert der Vase noch für den Wert des Schirms."[51] Gemäß § 3.10 MPC hätte sich A auch nicht wegen Sachbeschädigung strafbar gemacht.[52] Die Rechtfertigung im Hinblick auf alle anderen Delikte, die weder die Beschädigung von Sachen noch die Verletzung von Personen zum Gegenstand haben, wären vermutlich über den allgemeinen Notstand gerechtfertigt, der nicht nur auf einzelne Delikte beschränkt ist.

b) Glaube

Auch bei der Notwehr wird vorausgesetzt, dass der Täter im Glauben an die Erforderlichkeit seines Verhaltens handelt. Irrtümer wirken sich in der bereits behandelten Weise aus; ist der Irrtum rücksichtslos oder fahrlässig – und somit unvernünftig –, so kommt nur eine Strafbarkeit wegen rücksichtslos oder fahrlässig begehbarer Delikte in Betracht. Ist der Irrtum jedoch weder rücksichtslos noch fahrlässig – und somit vernünftig –, so steht er einer Rechtfertigung der Gewaltanwendung nicht im Wege.[53]

Bei der Beurteilung der Rechtmäßigkeit des Angriffs spielt ein Irrtum allerdings keine Rolle, wenn er „auf Unkenntnis oder unrichtiger Auslegung der Vorschriften des Strafgesetzbuchs oder einer anderen strafrechtlichen Bestimmung beruht."[54] Wenn der Täter sich also gegen den Versuch eines anderen zur Wehr setzt, sich mit Gewalt ein Portemonnaie wieder anzueignen, das ihm der Täter soeben entwendet hat, dann wäre er auch dann strafbar, wenn er fest[55] daran glaubt, dass es unrecht-

[51] Restatement (Second) of Torts § 261.

[52] § 220.3; siehe ebenso N. Y. Penal Law § 145.00.

[53] An dieser Stelle, wo es um den Glauben des Angeklagten hinsichtlich seiner Rechtfertigungslage geht, würden im Einzelfall Indizien des in der amerikanischen Literatur vielbesprochenen sog. Misshandlungssyndroms bei Frauen (*battered woman syndrome*) zum Zuge kommen. Siehe State v. Leidholm, 334 N. W.2d 811 (N. D. 1983); State v. Kelly, 97 N. J. 178 (1984). Im *Leidholm*-Fall erstach die Beschuldigte ihren Ehemann im Schlaf. Das Gericht entschied, dass sie möglicherweise im vernünftigen – oder zumindest unvernünftigen, aber bloß rücksichtlosen oder fahrlässigen – Irrtum über ihr Notwehrrecht gehandelt haben könnte, da sie auf Grund des *battered woman syndrome* die Notwendigkeit der Notwehrhandlung falsch einschätzte. Die Vernünftigkeit dieser Fehleinschätzung sollte vom Standpunkt einer Frau in der Situation der unter *battered woman syndrome* leidenden Angeklagten beurteilt werden.

[54] § 3.09(1).

[55] Wenn auch fälschlich, s. § 3.06(1); Commonwealth v. Donahue, 148 Mass. 529 (1889) (Körperverletzung zur Wiedererlangung von Eigentum).

mäßig ist, sich gestohlenes Eigentum mit Gewalt wiederzubeschaffen. Im Gegensatz dazu sind Irrtümer über Regelungen anderer Rechtsgebiete beachtlich, in Analogie zu den allgemeinen Irrtumsregel des MPC, die nicht zwischen Tatsachenirrtümern und (nicht-strafrechtlichen) Rechtsirrtümern unterscheiden.[56]

c) Erforderlichkeit

Ähnlich wie beim Notstand ist die „Erforderlichkeit" auch bei der Notwehr eine wichtige Voraussetzung. Was die subjektive Seite der Notwehr angeht, muss der Täter hinsichtlich der Handlung in der „Absicht" (*purpose*) handeln „sich ... zu schützen," so wie auch der Notstand erfordert, dass der Täter durch seine strafbare Handlung größeren Schaden „abzuwenden sucht." Wie bereits erwähnt, ist der Glaube im Hinblick auf begleitende Umstände („unverzüglich erforderlich"; „ungerechtfertigt") ausreichend – was abermals die Nähe zum Notstand markiert.[57] Wenn sich bei einem Verhalten erst nachträglich herausstellt, dass die Voraussetzungen der Notwehr tatsächlich gegeben waren (beispielsweise weil der Angreifer unbemerkt vom vermeintlichen Verteidiger ein Bowie-Messer in seiner Manteltasche versteckt hatte), kann es nicht durch Notwehr gerechtfertigt werden.[58] Umgekehrt kann aber ein Verhalten durch Notwehr gerechtfertigt werden, wenn sich erst nachträglich herausstellt, dass die Voraussetzungen zum Tatzeitpunkt nur in den Augen des Täters vorlagen, tatsächlich aber *nicht* gegeben waren – unter Beachtung der allgemeinen Regeln über rücksichtslose und fahrlässige Irrtümer.[59]

Im Unterschied zum Notstand ist bei der Notwehr keine Güterabwägung nötig. Die Abwägung wurde stattdessen vom Gesetzgeber bereits in den detaillierten gesetzlichen Bestimmungen der Notwehrvorschrift vorgenommen. Im Fall eines Tötungsdelikts z.B. würde beim Notstand eine ausdrückliche Abwägung zwischen dem geretteten und dem geopferten Leben im Einzelfall stattfinden. Die Tötung zweier Personen zur Rettung einer dritten könnte folglich nie als Notstand gerechtfertigt werden. Demgegenüber könnte jedoch die Tötung zweier Menschen zur

---

[56] §§ 2.04(1)(a); 2.04(3).

[57] Wiederum abgesehen von der rein objektiv gehaltenen Güterabwägung, dass „der Schaden, der durch die Straftat verhindert werden sollte, wesentlich größer gewesen wäre als der Schaden, der durch die Normierung des Straftatbestandes verhindert werden sollte." Komm. § 3.02, S. 12.

[58] Diese Zurückweisung der rein objektiven Notwehr ist nicht unumstritten. Siehe z.B. *Robinson*, The Bomb Thief and the Theory of Justification, 8 Crim. L. Forum 387 (1998).

[59] Auch die Anerkennung einer rein subjektiven *Rechtfertigung* hat nicht nur Beifall gefunden. Siehe z.B. *Fletcher*, Dogmas of the Model Penal Code, 2 Buff. Crim. L. Rev. 3 (1998).

Rettung einer dritten durchaus als berechtigte Notwehr gelten. Im Ergebnis wiegt also das Leben derer, die „unrechtmäßige" Handlungen begehen, nicht so schwer wie das Leben derer, die sich rechtstreu verhalten.

Das Recht auf Verteidigung mittels Gewalt besteht nur gegen Angreifer, die selbst rechtswidrige Gewalt einsetzen. Eine solche Voraussetzung gibt es beim Notstand nicht. Um bei unserem Tötungsbeispiel zu bleiben, dürfte A aufgrund von Notstand über Bord geworfen werden, um das Leben von B und C zu retten, obwohl A niemanden rechtswidrig angegriffen hat. B dürfte jedoch den A nicht aus Notstand von der gemeinsamen Planke schubsen, da ein Leben genauso viel zählt wie jedes andere.[60] Allerdings dürfte B den A durchaus aus **Notwehr** von der gemeinsamen Planke schubsen, vorausgesetzt, A drohte ihm mit unrechtmäßiger Gewalt, z.B. indem A von sich aus ansetzte, B über Bord zu werfen.

d) *Unrechtmäßigkeit*

Da bei der Notwehr – und wie wir später sehen werden auch bei der Nötigung[61] – so viel von der „Unrechtmäßigkeit" des Verhaltens des Aggressors abhängt, bieten die Verfasser des MPC eine detaillierte Definition unrechtmäßigen Verhaltens. Leider fehlt es dieser Definition an Klarheit:

> „Unrechtmäßige Gewalt" meint jegliche Gewaltanwendung, einschließlich Einsperrung, ohne die Einwilligung des Betroffenen, die eine Straftat oder Delikt darstellt oder darstellen würde, wenn dem Angreifenden nicht selbst eine Verteidigung zur Seite stünde (wie Mangel an Vorsatz, Fahrlässigkeit, oder geistigen Fähigkeiten, Nötigung, Schuldunfähigkeit Minderjähriger oder Diplomatenrang), die allerdings keine Befugnis zur Gewaltanwendung darstellt.[62]

Der MPC setzt also unrechtmäßige Gewalt nicht mit ungerechtfertigter Gewalt gleich, obwohl ein Verhalten immer dann gerechtfertigt zu

---

[60] *Blackstone*, der sich nicht am Konzept der Unrechtmäßigkeit orientierte, würde hier tatsächlich Notwehr annehmen, da „der gleichzeitige Verbleib beider auf der selben Planke ein gegenseitiger, wenn auch unbeabsichtigter, Versuch ist, das Leben des anderen zu gefährden." *Blackstone*, Commentaries on the Laws of England, 4. Bd., S. 186 (1769). Dudley und Stephens argumentierten ein Jahrhundert später im Mignonette-Fall ähnlich, jedoch ohne Erfolg. Regina v. Dudley & Stephens, 14 Q. B. 273 (1884).

[61] Siehe unten § 13.

[62] § 3.11(1) („[U]nlawful force" means force, including confinement, which is employed without the consent of the person against whom it is directed and the employment of which constitutes an offense or actionable tort or would constitute such offense or tort except for a defense (such as the absence of intent, negligence, or mental capacity; duress; youth; or diplomatic status) not amounting to a privilege to use the force.").

sein scheint, wenn die Rechtsordnung insgesamt dadurch nicht verletzt wird, selbst wenn es auf den ersten Blick kriminell erscheint, weil es die Definition eines Straftatbestands erfüllt. Anstatt auf den allgemeinen Begriff der Rechtfertigung abzustellen, nehmen die Verfasser nur Bezug auf einen einzelnen strafrechtlichen Rechtfertigungsgrund („Einwilligung")[63] sowie auf eine grobe Analogie zur Rechtfertigung im Deliktsrecht („Befugnis"), so dass unrechtmäßige Gewalt letztlich als Gewalt definiert ist, die nicht durch Einwilligung oder eine andere Befugnis gedeckt ist.[64]

Während Notwehr gegen gerechtfertigtes Handeln nicht zulässig ist, so stellt der Code klar, dass Notwehr gegen bloß entschuldigtes Handeln durchaus denkbar ist. Einmal mehr haben die Verfasser hier einzelne Entschuldigungsgründe aufgezählt, anstatt einfach von einer Entschuldigung im Allgemeinen zu sprechen. Unrechtmäßige Gewalt beinhaltet also auch eine Gewaltanwendung unter Umständen, die auf „Mangel an ... geistigen Fähigkeiten, Nötigung, [oder] Schuldunfähigkeit Minderjähriger" schließen lassen.[65]

Die unterschiedliche Behandlung von gerechtfertigtem und entschuldigtem Verhalten macht durchaus Sinn. Gerechtfertigtes Verhalten ist nicht rechtswidriges Verhalten. Ein Entschuldigungsgrund gewährt zwar Straffreiheit für ein Verhalten, ändert aber an dessen Rechtswidrigkeit nichts. Tötet B den A aufgrund einer Nötigung (*duress*), so kann dieses Verhalten nur entschuldigt, nicht aber gerechtfertigt, sein. Aus diesem Grunde dürfte sich der A gegen B im Wege der Notwehr verteidigen. Selbst gegen eine geisteskranke Person (also eine Person, die wegen Geisteskrankheit oder Geistesstörung entschuldigt ist[66]) oder ein Kind (also eine Person, die mangels Reife entschuldigt handelt[67]) dürfte sich A mit einer Tötung gegen deren Angriff zur Wehr setzen.

Beachtlich ist hier, dass der Code die Gewaltanwendung erlaubt, sogar rechtfertigt, die gegen ein strafloses Verhalten gerichtet ist. Man darf

---

[63] Ursprünglich war vorgesehen, die Vorschrift zur Einwilligung im 3. Artikel des MPC unterzubringen, in dem es um „allgemeine Grundsätze der Rechtfertigung" geht. Siehe Tentative Draft No. 8, § 3.11 (1958). Letztlich fand die Einwilligung jedoch ihren Platz in Artikel 2. Mehr dazu unten in § 11.

[64] Den Verfassern zu Folge stimmen die Termini Rechtfertigungsgründe und Befugnisse nicht gänzlich überein. Manchmal sind sie breiter, manchmal enger. Komm. Art. 3, Einleitung, S. 2. Eine weitere Schwierigkeit ergibt sich daraus, dass eine Einwilligung, anhand derer die Unrechtmäßigkeit eines Verteidigungshandelns festgestellt werden soll, sich von einer Einwilligung als Rechtfertigungsgrund unterscheidet. Komm., § 3.11, S. 157–59.

[65] Zur Erläuterung der Entschuldigungsgründe Schuldunfähigkeit, Nötigung und Schuldunfähigkeit Minderjähriger siehe unten §§ 13 & 17.

[66] § 4.01.

[67] § 4.10.

also eine Person töten, der der Staat keine Strafe, nicht einmal eine geringfügige, auferlegen darf. Tatsächlich rechtfertigt der Code sogar eine Verteidigung im Wege der Notwehr gegen ein Verhalten, das nicht einmal tatbestandlich ist (im Gegensatz zu tatbestandlichem, aber entschuldigtem Verhalten). Denn unrechtmäßige Gewalt – also Gewalt, gegen die ein Notwehrrecht besteht – beinhaltet nicht nur Gewalt, die eine Straftat darstellt, sondern auch Gewalt, die eine Straftat „darstellen würde, wenn dem Angreifenden nicht selbst eine Verteidigung wie mangelnder Vorsatz zur Seite stünde." Man darf Notwehr also auch gegen Personen üben, denen der für eine Straftat erforderliche Vorsatz fehlt. Solange der Angreifer die im Tatbestand beschriebene *Handlung* begeht, auch ohne den erforderlichen Vorsatz oder Fahrlässigkeit, ist man gleichwohl berechtigt, Notwehr bis hin zu einer Tötung auszuüben. Man dürfte also den Fahrer eines Autos erschießen, das mit Höchstgeschwindigkeit auf einen zurast, selbst wenn man weiß, dass der Fahrer keinesfalls fahrlässig gehandelt und alle Verkehrsregeln beachtet hat. „Was auch immer im Deliktsrecht gelten mag, der Schutz der unschuldigen Person eines Täters oder eines Dritten gegen drohenden Tod oder Verletzung kann keine Straftat darstellen, auch wenn die Quelle der Drohung selbst **ohne Schuld** ist."[68] In diesem Fall wird also nicht unrechtmäßiges Verhalten als unrechtmäßiges Verhalten behandelt. Die Verfasser kommentierten dieses Ergebnis mit dem gewohnten Pragmatismus: „Auch wenn der entstandene Begriff ungeschickt ist, wird diese Schwierigkeit durch die aus ihm resultierenden Vorteile in der Formulierung gesetzlicher Bestimmungen wieder wettgemacht."[69]

Der Code gestattet außerdem Notwehr gegen deliktisches, aber nicht strafbares Handeln. Gewalt ist unrechtmäßig, wenn sie eine unerlaubte Handlung im Sinne des Deliktsrechts darstellt, oder – zum wiederholten Male: „ein Delikt darstellt oder darstellen würde, wenn dem Angreifenden nicht selbst eine Verteidigung zur Seite stünde." Die Einbeziehung von deliktischem Verhalten in die Definition von unrechtmäßigem Verhalten macht dann Sinn, wenn man Unrechtmäßigkeit gleichsetzt mit einem allgemeinen Rechtsverstoß, der nicht notwendig strafrechtlicher Natur sein muss. Gemäß dieser Sicht von Rechtswidrigkeit und Rechtfertigung wäre die Frage der Tatbestandsmäßigkeit Sache des Strafrechts. Gerechtfertigtes Verhalten wäre dann ein Verhalten, das

---

[68] Komm. § 3.11, S. 159 (Hervorhebung vom Verf.).

[69] Komm. § 3.11, S. 159. Die Alternative, dieses Verhalten im Wege des Notstands zu rechtfertigen, besteht hier nicht, da die Güterabwägung in diesem Fall nicht vorteilhaft ausgehen würde: Ich würde das Leben des Fahrers für mein eigenes opfern. Entschuldigender Notstand würde auch nicht in Frage kommen, da der Code einen solchen nur im Falle einer personellen Nötigung, nicht aber im Falle einer aus den Umständen resultierenden Nötigung zulässt. Siehe unten § 13.

zwar einen Straftatbestand im Sinne des Strafrechts erfüllt, aber andererseits nicht dem Zweck der Rechtsordnung zuwider läuft, d.h. dem Schutz vor bestimmten strafbewährten oder sonstigen Schäden. Ein solches Verständnis von Rechtfertigung und Unrechtmäßigkeit würde allerdings die Auseinandersetzung mit einer allgemeinen Theorie des Rechts und damit einer Theorie des Strafrechts voraussetzen, an der die pragmatischen Verfasser des MPC kein besonderes Interesse zeigten.

Indem die Verfasser als Voraussetzung der Notwehr „unrechtmäßiges" und nicht „ungerechtfertigtes" Verhalten wählten, konnten sie einer klaren Differenzierung von Rechtfertigungs- und Entschuldigungsgründen ausweichen. Die Schwierigkeit, die Grenzen der Notwehr klar zu bestimmen, wird dadurch aber nur vom Begriff der Rechtfertigung auf den der Unrechtmäßigkeit verlagert. Die Definition dieses Begriffs ist so weit und so unbestimmt, einschließlich nicht näher entwickelter Bezüge zum Deliktsrecht und sogar zum ansonsten tabuisierten Begriff des *intent*, dass sie die dogmatischen Erwartungen nicht oder zumindest nicht besser erfüllen kann, als der bekanntlich schwammige Begriff der Rechtfertigung.

Das Bedürfnis nach einem klaren Begriff von Unrechtmäßigkeit wird noch dringender, wenn es um die Frage geht, ob man Notwehr gegen jemanden verüben darf, der irrtümlich glaubt, er habe ein Notwehrrecht gegen den Betroffenen oder eine andere Person, also jemand, der in Putativnotwehr handelt. Wenn die Gewaltanwendung im Rahmen der Putativnotwehr nach dem Code nicht unrechtmäßig wäre, so wäre der Betroffene in seiner Verteidigung nicht gerechtfertigt. Wenn also beispielsweise A eine Begrüßungsumarmung fälschlich für einen tätlichen Angriff hält und deswegen zum Angriff auf B übergeht, darf sich B dann wiederum dagegen wehren?

Grundsätzlich fragt die Definition von unrechtmäßiger Gewalt danach, ob der Angriff durch eine „Befugnis zur Gewaltanwendung" gedeckt ist. Im Strafrecht beruht eine solche Befugnis regelmäßig auf einem Rechtfertigungsgrund. War A, der vermeintlich Angegriffene, also gerechtfertigt? Das ist im vorliegenden Fall schwer zu entscheiden. Während der Code einerseits „in seinem Abschnitt zu den **Rechtfertigungsgründen** solche Fälle behandelt, in denen der Handelnde irrtümlich Umstände oder die Erforderlichkeit einer Gewaltanwendung annimmt," so stellt der Kommentar andererseits fest, dass in bestimmten Fällen der Putativnotwehr „dem Handelnden eher ein **Entschuldigungsgrund** als ein echter Rechtfertigungsgrund zur Verfügung steht."[70]

[70] Komm., Art. 3, Einleitung, S. 2–3 (Hervorhebungen vom Verf.). Die Verfasser eines neuen Musterstrafgesetzbuchs für den Bund, welches sich stark am Model Penal Code orientiert, haben den Fall der Putativnotwehr als Entschuldigungsgrund

Die Regelung der Rechtfertigungsgründe im MPC ist daher nicht sehr hilfreich. Da „Befugnis" ein Begriff des Deliktsrechts ist, findet sich die Lösung vielleicht in diesem Rechtsgebiet. Das Deliktsrecht verleiht tatsächlich bei Putativnotwehr eine Befugnis zur Gegenwehr, vorausgesetzt der Irrtum über die objektiven Gegebenheiten der Verteidigungslage war ein „vernünftiger."[71] Was bedeutet „vernünftig" in diesem Zusammenhang? Soll dies auch nach dem Deliktsrecht geklärt werden, oder kann man sich zur Klärung dieser Frage wieder dem Strafrecht zuwenden? Im Deliktsrecht wird eine vernünftige Annahme wie folgt definiert: „der Handelnde geht von bestimmten Umständen aus, die seine Einschätzung der Situation vernünftig erscheinen lassen."[72] Im Model Penal Code ist eine Annahme dagegen vernünftig, „wenn sie nicht auf Rücksichtslosigkeit oder Fahrlässigkeit des Handelnden beruht."[73]

Selbst wenn man sich nicht ganz sicher wäre, ob die Putativnotwehr nun einen Rechtfertigungsgrund nach dem Model Code darstellt, erscheint es daher so, als wären die Abwehrmaßnahmen gegen den Angriff in unserem Beispiel nicht gerechtfertigt. Denn A, der vermeintlich Angegriffene, könnte sich auf eine Befugnis aus dem Deliktsrecht berufen und hätte folglich keine „unrechtmäßige Gewalt" gegen B verübt. Ob dieser lotsenlose Ausflug ins Deliktsrecht allerdings den erhöhten Ansprüchen an die Bestimmtheit im Strafrecht entspricht, muss bezweifelt werden.

Bevor wir nun die weiteren Voraussetzungen der Notwehr erörtern, soll noch auf eine wichtige Ausnahme zu der Grundregel hingewiesen werden, dass eine Abwehrhandlung im Rahmen der Notwehr gegen „unrechtmäßige Gewalt" zulässig ist: Wenn die Rechtfertigung der Notwehr mit der Rechtfertigung der **Strafvollstreckung** kollidiert, so hat letztere den Vorrang. Im Gegensatz zum Deliktsrecht kennt der Code keinen Rechtfertigungsgrund für die Gewaltanwendung gegen eine rechtswidrige Festnahme.[74] Die Annahme eines Verdächtigen, dass seine Festnahme unrechtmäßig ist, ist folglich irrelevant, auch wenn sie sich im Nachhinein als richtig erweisen sollte. Seine Handlung kann unter keinen Umständen gerechtfertigt werden.[75]

---

eingestuft. Das gleiche gilt für alle anderen Fälle, bei denen sich der Handelnde über die äußeren Umstände einer Rechtfertigungs- oder Entschuldigungslage irrt. Proposed New Fed. Crim. Code § 608 (1971); siehe ebenso State v. Leidholm, 334 N. W.2d 811 (N. D. 1983) (unter Anwendung von N. D. Crim. Code § 12.1–05–08, auf Grundlage von Proposed New Fed. Crim. Code § 608).

[71] Restatement (Second) of Torts § 890, cmt. f.

[72] Restatement (Second) of Torts § 11.

[73] § 1.13(16).

[74] § 3.04(2)(a)(i); Komm. § 3.04, S. 42 (unter Bezugnahme auf Restatement (Second) of Torts § 67).

[75] Davon unabhängig ist die Frage, ob sich der Beamte selbst strafbar macht, wenn er entweder **nicht** annimmt, die Festnahme sei rechtmäßig oder aber irrtümlich an-

Gleichzeitig erlaubt der Code der Polizei auch bei einer tatsächlich unrechtmäßigen, aber vermeintlich rechtmäßigen, Festnahme tödliche Gewalt anzuwenden, anstatt wie sonst üblich einen Rückzug zu verlangen. Diese Befugnis ist im Deliktsrechts hingegen auf rechtmäßige Festnahmen beschränkt.[76]

e) *Unverzüglichkeit und Schutz*

Durch den Verzicht auf die Güterabwägung ist das Notwehrrecht weiter gefasst als der Notstand. Gleichzeitig wird es aber durch die Beschränkung auf die Verteidigung gegen unrechtmäßiges Verhalten begrenzt. Weiterhin ist die Notwehr im Gegensatz zum Notstand auf eine „unverzügliche" Reaktion beschränkt, so dass Präventivnotwehr im Gegensatz zum Präventivnotstand nicht in Frage kommt. Ein weiterer wichtiger Unterschied zwischen Notwehr und Notstand liegt in der Beschränkung der Notwehr auf eine defensive Schutzwehr, während beim Notstand ein offensives Handeln zulässig sein kann.[77]

Defensive Schutzwehr ist aber nicht mit rückblickender Gewaltanwendung zu verwechseln. Notwehr ist ihrer Natur nach präventiv und somit vorausblickend. Es geht darum, sich selbst, eine andere Person oder Eigentum gegen einen zukünftigen Schaden zu beschützen, nicht darum, sich für einen bereits erlittenen Schaden zu rächen. Der große Systematiker des *common law*, *Blackstone*, brachte dies bereits im 18. Jahrhundert in seinen *Commentaries on the Laws of England* klar zum Ausdruck: „Wenn der Angegriffene erst nach dem Handgemenge über den Angreifer herfällt, oder wenn der Angreifer davonläuft, ist das Rache und keine Verteidigung."[78] Furcht ist zu rechtfertigen, Zorn nicht.[79]

---

nimmt, sie sei rechtmäßig, sein Irrtum aber auf einem Rechtsirrtum beruht. §§ 3.07(1); 3.09(1)(a). Weiterhin setzt der eigenständige Straftatbestand des Widerstands gegen die Verhaftung (*resisting arrest*) voraus, dass die Festnahme rechtmäßig ist. § 242.2; vgl. People v. Peacock, 68 N. Y.2 d 675 (1986).

[76] § 3.04(2)(b)(ii)(B); Komm. § 3.04, S. 57 (unter Hinweis auf Restatement (Second) of Torts § 65(2)(c)).

[77] Zu beachten ist, dass der Code eine gewaltsame Verteidigung nicht auf Fälle unmittelbar bevorstehender Gefahr beschränkt. Stattdessen muss ein Angriff in der „gegenwärtigen Situation" (*present situation*) stattfinden oder kurz bevorstehen. Diese Formulierung ist bewusst allgemeiner gehalten als die strenge Gegenwärtigkeitsvoraussetzung des traditionellen anglo-amerikanischen Strafrechts. Beispielsweise ist die Anwendung von Gewalt auch dann gerechtfertigt, wenn es darum geht , „einen Angreifer daran zu hindern, Verstärkung zu holen, vorausgesetzt es ist anzunehmen, er müsse daran gehindert werden, um so einen Angriff mit überwältigender Stärke zu vermeiden." Komm. § 3.04, S. 39–40.

[78] *Blackstone*, Commentaries on the Laws of England, 4. Bd., S. 185 (1769).

[79] Siehe Weston v. State, 682 P.2 d 1119 (1984).

f) Notwehr und Nothilfe

Notwehr gem. § 3.04 umfasst nur die Verteidigung der eigenen Person. Das Recht, jemand anderen oder eine eigene oder fremde Sache zu verteidigen, wird getrennt behandelt. § 3.05 regelt die Nothilfe zugunsten Dritter analog zur Notwehr und bedarf daher keiner besonderen Erläuterung. Der Kommentar drückt dies kurz und prägnant aus: „Die Regeln sind die gleichen wie die zur Notwehr.“[80] Eine Person ist dann in der Verteidigung eines Dritten gerechtfertigt, wenn ihr an Stelle des Dritten ein eigenes Notwehrrecht zustehen würde. Fälle von guten – aber irrenden – Samaritern, die der falschen Partei in einem Streit zur Hilfe eilen, werden nach den schon bekannten Irrtumsregeln über das Vorliegen einer Rechtfertigungssituation gelöst. Ist der Irrtum vernünftig, so kann man sich auf einen Rechtfertigungsgrund berufen. Wenn nicht, hat man immer noch eine *incomplete defense* gegen all die Delikte, die mehr als Rücksichtslosigkeit oder Fahrlässigkeit erfordern.[81]

Bemerkenswert ist schließlich, dass der Code den Personenkreis, der durch Nothilfe rechtmäßig verteidigt werden darf, nicht eingrenzt. Dies ist ein wichtiger Unterschied zum *common law*, das traditionell eine Nothilfe nur zugunsten bestimmter Personen zulässt, die zum Täter in einem besonderen Verhältnis stehen – z.B. Verwandte, Vorgesetzte oder Untergebene.[82] Im MPC hingegen ist eine Rechtfertigung wegen stellvertretender Notwehr zugunsten jeder Person möglich.

2. Verteidigung von Eigentum

Die Regelung der gewaltsamen Verteidigung von Eigentum beruht auf dem Grundsatz, dass das Recht auf Eigentum niemals das Recht auf Leben überwiegt.[83] Der offizielle Kommentar zum Code erklärt das so:

> Das Grundprinzip dieses Paragraphen ist recht leicht zu ermitteln, obwohl sich seine Formulierung als schwierig erwies. Es spiegelt die

---

[80] Komm. § 3.05, S. 62–63.

[81] Komm. § 3.05, S. 65–66. Das *common law* war nicht immer so großzügig. Siehe z.B. Wood v. State, 128 Ala. 27 (1900) (Ein Nothelfer handelt auf eigene Gefahr).

[82] *Blackstone*, Commentaries on the Laws of England, 4. Bd., S. 186 (1769) ("the principal civil and natural relations"); siehe ebenso Restatement (Second) of Torts § 76, cmt. (e).

[83] Die Verteidigung von Eigentum ähnelt der Nothilfe in gewisser Weise. Genau so, wie sich Notwehr und Nothilfe nach denselben Regeln richten, so richten sich auch die Verteidigung von eigenem und die Verteidigung von Eigentum dritter Personen nach denselben Regeln. Es gibt allerdings keine eigenständige gesetzliche Regelung, die sich mit der Verteidigung des Eigentums eines Dritten beschäftigt. § 3.06 (1)(a); Komm. § 3.06, S. 79.

> grundlegende Entscheidung wider, dass die „Erhaltung von Leben ein solches moralisches und ethisches Ansehen in unserer Kultur und Gesellschaft genießt, dass das Recht die absichtliche Opferung eines Lebens nur zum Schutz von Eigentum nicht gestatten sollte."[84]

Die Normierung dieses Prinzips erwies sich daher als schwierig, weil es nicht auf die von den Verfassern des MPC erwartete, oder zumindest erhoffte, einhellige Unterstützung in der Mitgliedschaft des American Law Institute stieß.[85] Einige Mitglieder des ALI betonten auf der jährlichen Hauptversammlung das Bedürfnis nach einem Entwurf, der sich nicht allzu weit vom „allgemeinen Rechtsgefühl"[86] entfernt, das sie in vielen Präzedenzfällen zu erkennen glaubten, wonach das Recht eines „Hausherrn"[87] anerkannt wird, sich und die „Mitglieder seines Haushaltes"[88] gegen den paradigmatischen nächtlichen Einbrecher zu schützen. Das Strafrecht könne niemandem angesichts eines eklatanten Angriffs auf sein Heim das Recht auf „Beschützung seiner Person und seiner Familie"[89] entziehen.

Wechsler hatte dieser recht massiven Kritik nur entgegenzusetzen, dass es sich bei dem in Frage kommenden Grundsatz „um eine Art von These handelte, die nicht bewiesen werden kann und die letztendlich etwas mit gewissen Grundüberzeugungen zu tun hat."[90] Auf jeden Fall gäbe es nur zwei Alternativen; „entweder man hat diese Überzeugungen, oder man hat sie nicht."[91] Argumente für die Gegenposition waren allerdings nicht wesentlich aufschlussreicher, wenn man einmal von bestimmten Präzedenzfällen zumeist älteren Datums absieht.

Am Ende nahm Wechsler zwar einige Veränderungen an den gesetzlichen Regelungen vor, hielt aber am ursprünglichen Grundsatz fest. Der Kommentar zum Code fasst den dogmatischen Kern der Vorschrift zur Verteidigung von Eigentum folgendermaßen zusammen:

> Diese Vorschrift basiert auf dem Grundsatz, dass nur mäßige und keine tödliche Gewalt angewendet werden darf, um Eigentum gegen Wegnahme oder Hausfriedensbruch zu verteidigen, mit besonderen Ausnahmen für die Anwendung tödlicher Gewalt in bestimmten Fällen.[92]

[84] Komm. § 3.06, S. 72 (unter Bezugnahme auf ALI Proceedings 285–86 (1958)) (Stellungnahme von Wechsler).

[85] Siehe The Use of Deadly Force in the Protection of Property Under the Model Penal Code, 59 Colum. L. Rev. 1212 (1959).

[86] Ebenda S. 1223 („basic sentiments of the community"); ebenda S. 1224 Fn. 64 („popular sentiment").

[87] Ebenda S. 1223 Fn. 56 („householder").

[88] Ebenda S. 1216.

[89] Ebenda S. 1216 Fn. 19.

[90] Ebenda S. 1222 Fn. 54 (Bezug nehmend auf ALI Proceedings 285–86 (1958)).

[91] Ebenda.

[92] Komm. § 3.06, S. 72.

In seiner endgültigen Fassung enthält die Vorschrift darüber hinaus einen Abschnitt über die „Anwendung von tödlicher Gewalt" bei der Verteidigung von Eigentum, der zwei besondere Ausnahmen zu der allgemeinen Regel festlegt, dass Leben nicht für Eigentum geopfert werden darf:

> *Anwendung tödlicher Gewalt.* Die Anwendung tödlicher Gewalt kann nach dieser Vorschrift nicht gerechtfertigt werden, es sei denn, der Handelnde nimmt an, dass:
> (i) derjenige, gegen den er Gewalt anwendet, ihm seine Wohnstätte entziehen will, ohne sich hierbei auf einen rechtlichen Besitzanspruch zu berufen; oder
> (ii) derjenige, gegen den er Gewalt anwendet, versucht Brandstiftung, Einbruch, Raub oder einen anderes Verbrechen des Diebstahls oder der Eigentumszerstörung zu begehen oder zu vollenden und dieser
> (1) tödliche Gewalt gegen den Handelnden oder in dessen Gegenwart gegen einen anderen angewendet oder angedroht hat; oder
> (2) die Anwendung nicht tödlicher Gewalt, um die Begehung oder Vollendung der Straftat zu verhindern, den Handelnden oder einen anderen in seiner Gegenwart einer erheblichen Gefahr der schweren Körperverletzung aussetzen würde.[93]

Die erste Ausnahme (§ 3.06(3)(d)(i)) war bereits in der ursprünglichen Fassung der Vorschrift enthalten und befasst sich mit dem Fall, dass das Opfer nicht nur widerrechtlich, sondern ohne jeglichen Anschein einer rechtlichen Grundlage, aus seinem Heim vertrieben wird.[94] Dieser Fall mag im frühen *common law* eine nicht unwichtige Rolle gespielt haben, als einem Vertriebenen kaum Unterkunftsalternativen zur Verfügung standen und die „Heimlosigkeit" sich nicht von der Rechtlosigkeit unterschieden haben mag. Heutzutage ist er allerdings von eher geringerer Bedeutung.

Die zweite Ausnahme (§ 3.06(3)(d)(ii)) war in der Tat neu, machte aber an die Gegner von Wechsler keine nennenswerten Konzessionen. Obwohl hier das Recht auf Anwendung auch tödlicher Gewalt zum Schutz gegen Eigentumsdelikte einerseits zugelassen wird, so wird es

---

[93] § 3.06(3)(d). Use of Deadly Force. The use of deadly force is not justifiable under this Section unless the actor believes that:
(i) the person against whom the force is used is attempting to dispossess him of his dwelling otherwise than under a claim of right to its possession; or
(ii) the person against whom the force is used is attempting to commit or consummate arson, burglary, robbery or other felonious theft or property destruction and either:
(1) has employed or threatened deadly force against or in the presence of the actor; or
(2) the use of force other than deadly force to prevent the commission or the consummation of the crime would expose the actor or another in his presence to substantial danger of serious bodily harm.

[94] Siehe Tentative Draft No. 8, § 3.06(2)(b) (1958).

andererseits wieder auf Fälle beschränkt, in denen das Opfer persönlich bedroht wird.[95] Das Recht auf Anwendung tödlicher Gewalt zum Schutz der Person wurde aber nie bezweifelt und ist schließlich ausdrücklich in den zwei vorausgehenden Vorschriften, § 3.04 (Notwehr) und § 3.05 (Nothilfe)[96] geregelt. Diese Verknüpfung von Personen- und Eigentumsschutz unterlag bereits einer bekannten Entscheidung des *Mississippi Supreme Court* von 1883:

> Das Recht kann von niemandem verlangen, wegen des unrechtmäßigen Anspruchs eines anderen auf seinen Besitz zu verzichten. Er darf seinen Besitz verteidigen; und während er nicht töten darf, um einen Hausfriedensbruch zu verhindern, so darf er töten, um die eigene Person gegen tödliche Verletzungen durch den Eindringling zu schützen. Mit anderen Worten ist derjenige, der den Eindringling verletzt, um die angedrohte Verletzung abzuwenden, zwar der Handelnde, nicht aber der Aggressor in diesem Streit, und er verliert sein Recht auf Selbstverteidigung nicht deshalb, weil er zum Angriff übergeht.[97]

Die Haltung des MPC gegenüber der Anwendung von Gewalt, und besonders tödlicher Gewalt, bei der Verteidigung von Eigentum wird durch seine Behandlung von Selbstschussanlagen und ähnlichen Einrichtungen des Eigentumsschutzes veranschaulicht. Deren Verwendung ist im Code nur dann gerechtfertigt, wenn sie nicht zur Anwendung von tödlicher Gewalt gegen den Eindringling führen.[98] Im Hinblick auf den Grundsatz, dass Leben für Eigentum grundsätzlich nicht geopfert werden darf, überrascht dies nicht. Die zweite Ausnahme (§ 3.06(3)(d)(ii)) stellt schließlich klar, dass die Anwendung tödlicher Gewalt nur gegen einen Eindringling gerechtfertigt ist, um den Tod oder eine schwere Körperverletzung einer oder mehrerer Personen abzuwenden. Eine Selbstschussanlage kann nun allerdings, anders als ein Mensch, nicht entscheiden, ob unter den gegebenen Umständen eine Person, die das Eigentumsrecht eines anderen verletzt oder zu verletzen droht, auch eine Gefahr für eine oder mehrere **Personen** darstellt.[99]

---

[95] Siehe allgemein: Komm. § 3.06, S. 91–97.

[96] Unterschiedlich: N. Y. Penal Law § 35.20 (hier besteht das Recht der tödlichen Gewaltanwendung zur Verhinderung von Brandstiftung oder Einbruch auch ohne das Erfordernis einer Drohung gegen die Person); siehe N. Y. Penal Law § 35.25 (kein Recht zur tödlichen Gewaltanwendung bei einfachem Diebstahl und geringeren Eigentumsdelikten (z. B. *criminal mischief*)).

[97] Ayers v. State, 60 Miss. 709 (1883).

[98] Vgl. § 3.06(5)(a) mit § 3.11(2).

[99] Vgl. People v. Ceballos, 12 Cal. 3 d 470 (1974).

3. Tödliche Gewalt (*deadly force*)

Tödliche Gewalt zum eigenen Schutz oder zur Verteidigung anderer Personen kann dann gerechtfertigt sein, wenn bestimmte Voraussetzungen vorliegen, die über die allgemeinen Grundvoraussetzungen der Notwehr hinausreichen. Tödliche Gewalt darf nicht nur gegen tödliche Angriffe benutzt werden, sondern auch gegen solche, die als „schwere Körperverletzung, Entführung oder Vergewaltigung"[100] einzustufen sind.

Der Gebrauch tödlicher Gewalt ist seit geraumer Zeit ein, wenn nicht gar das, Hauptproblem des amerikanischen Notwehrrechts. Ursprünglich war die Notwehr kein auf alle Tatbestände anzuwendender allgemeiner Rechtfertigungsgrund. Stattdessen war sie im besonderen Teil des anglo-amerikanischen Strafrechts, und zwar in der Dogmatik der Tötungsdelikte angesiedelt.[101] Notwehr galt also nur als eine Verteidigungsmöglichkeit in Fällen der Anwendung tödlicher Gewalt. Auch heute noch beschäftigen sich die meisten einschlägigen Gerichtsentscheidungen mit Notwehr als einer Verteidigungsmöglichkeit bei Tötungsdelikten, insbesondere bei Mord, also dem absichtlichen oder wissentlichen Gebrauch tödlicher Gewalt.

In diesem Zusammenhang sollte darauf hingewiesen werden, dass der Model Penal Code tödliche Gewalt (*deadly force*) weiter definiert als todbringende Gewalt (*homicidal force*). „Tödliche Gewalt" im Code beinhaltet auch die absichtliche, wissentliche, rücksichtslose oder fahrlässige Anwendung von Gewalt, die nicht zum Tode des Opfers, sondern nur zu einer schweren Körperverletzung führt, und insofern nur eine Verantwortung nach den Körperverletzungsdelikten[102] auslöst.[103]

Zusammenfassend darf tödliche Gewalt dann angewendet werden, wenn die allgemeinen Voraussetzungen der Notwehr gegeben sind, und der Handelnde zusätzlich „davon ausgeht, dass solch eine Gewaltanwendung erforderlich ist, um ihn vor Tod, schwerer Körperverletzung, Entführung oder Vergewaltigung zu schützen." Die Art der Bedrohung bestimmt somit die Art der Verteidigung. Die Verteidigung muss der Bedrohung **angemessen** sein, muss ihr aber nicht **äquivalent** sein. Wie bereits erwähnt, kann tödliche Gewalt auch zulässig sein, um sich gegen schwere, wenn auch nicht tödliche Angriffe zur Wehr zu setzen.

---

[100] § 3.04(2)(b).

[101] Der Entschuldigungsgrund der Provokation ist dort bis heute geblieben. Siehe unten § 16.

[102] Insbesondere § 211.1(2) (*aggravated assault*).

[103] § 3.11(2). Einfache Körperverletzung würde jedoch nicht ausreichen.

Die Grundvoraussetzung der Angemessenheit zwischen Bedrohung und Verteidigung bei Notwehr durch Anwendung tödlicher Gewalt ist uns bereits aus dem *common law* vertraut. Dort war sie allerdings etwas flexibler gefasst als im Model Penal Code. Im *common law* war eine Drohung mit jeglicher Gewalt ausreichend, während der Model Code eine Drohung mit tödlicher Gewalt erfordert. So betonte schon *Blackstone,* dass eine Tötung – also die erfolgreiche Anwendung von tödlicher Gewalt – gerechtfertigt ist, „wenn sie zur **Verhinderung** einer gewaltsamen und schrecklichen [*forcible and atrocious*] Straftat eingesetzt wird," nicht aber zur Verhinderung „jeglicher Straftat ohne Gewaltanwendung."[104] In der Tat stellte Blackstone allgemein fest, dass „das eine einheitliche Prinzip, welches sich durch unsere, und jede andere, Rechtsordnung hindurch zieht folgendes zu sein scheint: wenn jemand ein Kapitalverbrechen mit Gewalt zu begehen versucht, so ist es rechtmäßig, diese Gewalt durch seinen Tod zurückzuweisen."[105]

An einer anderen Stelle schlägt Blackstone allerdings ein ganz anderes Abwägungsprinzip vor, nämlich zwischen der Bestrafung – nicht der Bedrohung – und der Notwehr, so dass die Notwehr in die Nähe der Rechtfertigungsmöglichkeit der **Strafverfolgung** (s. u.) gerückt wird: „Das englische Recht – wie das jeder anderen wohlgeordneten Gemeinschaft – ist zu sehr besorgt um den öffentlichen Frieden [und] das Leben der Untertanen, um die **Verhinderung** eines Verbrechens durch Tötung zu gestatten, es sei denn, dessen Begehung würde mit dem **Tod** bestraft."[106] Danach wäre Notwehr eine Art vorgezogener privater Strafvollstreckung.[107] Dieser Ansatz entspringt allerdings einer Rechtskultur, in der sich das staatliche Gewaltmonopol noch nicht völlig durchgesetzt hat. Im modernen amerikanischen Strafrecht muss er also als veraltet gelten.

Zusätzlich zu der allgemeinen Voraussetzung eines angemessenen Verhältnisses zwischen Drohung und tödlicher Reaktion enthält der Code noch weitere Sonderbeschränkungen für die Notwehr mit tödlicher Gewalt. Eine erste Regelung verbietet die Notwehr mit tödlicher Gewalt gegen die Gewaltanwendung eines anderen, falls „der Handelnde die Gewaltanwendung provoziert hat, um den anderen zu töten oder schwer zu verletzen."[108] Diese Vorschrift unterscheidet sich wesentlich

---

[104] *Blackstone*, Commentaries on the Laws of England, Bd. 4, S. 180 (1769). Zu den *forcible and atrocious crimes* zählten Raub, Mord, nächtlicher Einbruch, Brandstiftung und Vergewaltigung. Ebenda 180–81. Andere Fälle der Notwehr, die nicht „auf die Verhinderung eines Kapitalverbrechens gerichtet" sind, konnten nicht gerechtfertigt, sondern höchstens entschuldigt werden.

[105] Ebenda S. 181.

[106] Ebenda S. 181–82.

[107] § 3.07.

[108] § 3.04(2)(b)(i) („the actor, with the purpose of causing death or serious bodily harm, provoked the use of force against himself in the same encounter").

von der des *common law,* die einem jeden, der eine Auseinandersetzung anfängt, das Recht auf Notwehr mit tödlicher Gewalt absprach. Wie im Fall des Notstands verwirft der Code auch bei der Notwehr die Regel, dass jemand eine Rechtfertigung verspielt, wenn er irgendeine auch noch so geringe Mitschuld an der Situation trägt, die ihn zu seiner zu rechtfertigenden Handlung verleitet hat.[109] Wenn A z.B. nach einem Verkehrsunfall Streit mit einem beteiligten Autofahrer B anfängt, verliert er nicht automatisch die Möglichkeit, später ein Notwehrrecht gegen B geltend zu machen. Wenn also B plötzlich eine Waffe zieht und auf A schießt, so kann die nachfolgende Anwendung tödlicher Gewalt durch A durchaus gerechtfertigt sein, es sei denn, er hätte die ursprüngliche Auseinandersetzung mit der Absicht angezettelt, den B „zu töten oder schwer zu verletzen.“

Wenn A zwar den Streit anfängt, das Opfer den Streit aber bis zur tödlichen Gewaltanwendung eskalieren lässt, so ist A nach dem Code befugt, tödliche Gewalt in Notwehr anzuwenden. Denn dann ist die Gewaltanwendung des B „unrechtmäßig,“ weil er mit – übertriebener – tödlicher Gewalt auf nicht tödliche Gewalt reagiert hat. Er benutzt damit nicht nur unrechtmäßige Gewalt, sondern sogar unrechtmäßige tödliche Gewalt gegen A, was die Rechtfertigungssituation dahingehend verändert, dass jetzt A nun befugt ist, sich nicht nur mit Gewalt, sondern mit tödlicher Gewalt zu verteidigen.[110] Nun ist A das Opfer und nicht mehr der Angreifer; jetzt ist A im Recht und B im Unrecht.[111]

Die Ausnahme, dass jemand, der einen Streit anzettelt, zum Gebrauch tödlicher Gewalt aus Notwehr nicht berechtigt ist, ergänzt in gewisser Weise eine andere, wesentlich bedeutsamere Ausnahme, die Rückzugsregel.[112] Niemand darf gerechtfertigt tödliche Gewalt einsetzen, wenn er „weiß, dass er die Notwendigkeit für den Einsatz dieser Gewalt durch

---

[109] Siehe oben § 8. Vgl. *Blackstone*, Commentaries on the Laws of England, 4. Bd., S. 186 (1769).

[110] Er war ohnehin befugt, sich mit nicht tödlicher Gewalt zu verteidigen, da die Beschränkung des Notwehrrechts auf Personen, die die Auseinandersetzung nicht provoziert haben, § 3.04(2)(b)(i), nur bei der Anwendung tödlicher Gewalt zur Anwendung kommt.

[111] Siehe dazu den Fall Rowe v. United States, 164 U. S. 546 (1896). Das spätere Tötungsopfer, ein weißer Mann namens Bozeman, provozierte den Beschuldigten, einen Cherokee Indianer, durch eine rassistische Beleidigung zu einem leichten körperlichen Angriff (der rechtswidrig, wenn auch verständlich war), auf den Bozeman mit tödlicher Gewalt antwortete. Der Beschuldigte setzte sich nun seinerseits mit tödlicher Gewalt zur Wehr, die zum Tod von Bozeman führte. Der *United States Supreme Court* befand, der Beschuldigte wäre zur Anwendung tödlicher Gewalt aus Notwehr berechtigt, obwohl er der anfängliche Aggressor war.

[112] Siehe allgemein *Beale*, Retreat from a Murderous Assault, 16 Harv. L. Rev. 567 (1903).

einen Rückzug in völliger Sicherheit vermeiden kann."[113] Wenn A also in unserem Autounfall-Beispiel die Anwendung tödlicher Gewalt gegen B hätte dadurch umgehen können, dass er mit seinem Auto einfach wegfährt, dann wäre er nicht gerechtfertigt, selbst wenn B auf ihn geschossen hat, vorausgesetzt, dass er sich ungefährdet zurückziehen konnte und wusste, dass diese Möglichkeit bestand. Wenn A sich aber schon so weit wie möglich zurückgezogen hat (also „mit dem Rücken an der Wand stand," wie es das *common law* ausdrückte), dann ist es ihm wiederum trotz der Rückzugsregel erlaubt, tödliche Gewalt anzuwenden. Zu diesem Ergebnis würde der Model Code auch dann kommen, wenn A der ursprüngliche Aggressor gewesen ist, wiederum in Abweichung von der Wertung im *common law*.[114]

Die Rückzugsregel findet auf jeden Anwendung, dessen tödliche Gewaltanwendung aus Notwehr gerechtfertigt werden soll und nicht nur auf den ursprünglichen Aggressor, der nun auf sein Recht auf Notwehr pocht. Das *common law* legt seit jeher fest, dass derjenige, der in Notwehr handelt „zeigen muss, dass er sich vor dem tödlichen Schlag von jedem weiteren Kampf ferngehalten und sich soweit, wie es seine Sicherheit zuließ, zurückgezogen hat."[115]

Es ist nicht abschließend geklärt, was die Rückzugsregel zum bereits besprochenen Erforderlichkeitsmerkmal hinzufügt (s.o. § 9.1(c)). Denn wenn man sich durch bloßen Rückzug gegen die unrechtmäßige Gewalt einer anderen Person verteidigen kann, dann ist eine Gewaltanwendung nicht „unverzüglich erforderlich." Und wenn keinerlei Gewalt erforderlich ist, dann ist tödliche Gewalt auch nicht erforderlich. Die Verfasser des MPC haben es nichtsdestotrotz bevorzugt, die Möglichkeit eines sicheren Rückzugs getrennt von dem Merkmal der Erforderlichkeit zu behandeln. Denn „alle waren sich einig," dass die Anwendung **nicht tödlicher** Gewalt sehr wohl erforderlich sein kann, obwohl ein sicherer Rückzug möglich ist, und dem Angegriffenen zugestanden werden kann, „seinen Standpunkt zu behaupten und die Erforderlichkeit von dieser Warte aus einzuschätzen."[116] Das gilt jedoch nicht für den Fall einer Selbstverteidigung mit tödlicher Gewalt. Im Grunde setze das Merkmal der Erforderlichkeit das Fehlen einer Rückzugsmöglichkeit nicht „logisch" voraus, so die Verfasser des MPC. Das Rückzugsgebot

---

[113] § 3.04(2)(b)(ii) („the actor knows that he can avoid the necessity of using such force with complete safety by retreating").

[114] Vgl. Stoffer v. State, 15 Ohio St. 47 (1864); Rowe v. United States, 164 U. S. 546 (1896).

[115] General Summary of Crimes, and Their Punishments, in Laws of the Commonwealth of Pennsylvania, 2. Bd., S. 558, 571 (1810).

[116] Komm. § 3.04, S. 53. Nichtsdestotrotz gilt in einigen Staaten die Rückzugsregel auch in Fällen der Notwehr mit nicht tödlicher Gewalt. Siehe z.B. Commonwealth v. Toon, 773 N. E.2d 993 (Mass. App. 2002).

ergäbe sich vielmehr aus der Tatsache, dass der Code „der Erhaltung menschlichen Lebens einen hohen Stellenwert" zukommen lässt.[117] Im Jahre 1903 brachte *Beale* die Einstellung zum Ausdruck, auf der die Rückzugspflicht beruht:

> Ein wirklich ehrenhafter Mann mit wahrhaft verfeinerten und erhabenen Gefühlen, würde vielleicht immer die anscheinende Schmach eines Rückzugs bedauern, aber er würde noch zehnmal mehr das Blut eines Mitmenschen an seinen Händen bedauern, wenn die Aufregung des Kampfes vorüber ist. Ein Rückzug ist ohne Zweifel widerlich, aber eine Tötung ist es noch zehnmal mehr.[118]

Trotzdem gilt die Rückzugsregel nicht ausnahmslos. Man muss sich nicht zurückzuziehen, wenn man zu Hause[119] oder am Arbeitsplatz angegriffen wird. Diese Ausnahme hat wiederum ihre eigenen Rückausnahmen: erstens muss man sich auch zu Hause oder am Arbeitsplatz zurückziehen, wenn man den Streit angefangen hat[120] und, zweitens muss man sich am Arbeitsplatz zurückziehen, wenn man von einem Arbeitskollegen angegriffen wird (nicht aber wenn man zu Hause von einem Mitbewohner angegriffen wird[121]).

Neben der Haus- oder Arbeitsplatzausnahme mit all ihren Rückausnahmen zur generellen Rücktrittsregel gibt es zusätzlich noch eine Polizeiausnahme. Ein Polizist dürfte beispielsweise tödliche Gewalt gegen jemanden anwenden, der sich einer Festnahme mit tödlicher Gewalt widersetzt (also indem er z. B. eine Waffe zückt) und müsste sich nicht zurückziehen oder sein Vorhaben aufgeben, um auf eine bessere Gelegenheit zu warten, obwohl ein sicherer Rückzug möglich wäre.[122] Alle anderen Regelungen und Eingrenzungen für den Einsatz tödlicher Gewalt bleiben jedoch bestehen; die Polizei-Ausnahme ist lediglich eine Ausnahme zu der Rückzugsregel im Hinblick auf die Anwendung tödlicher Gewalt. Auch ein Polizist und eventuelle private Helfer sind an die allgemeine Regelung gebunden, dass die Anwendung tödlicher Gewalt gegen jemand,

---

[117] Komm. § 3.04, S. 55.

[118] *Beale*, Retreat from a Murderous Assault, 16 Harv. L. Rev. 567, 581 (1903). Beale unterscheidet dieses Ideal amerikanischer Ehrenhaftigkeit von der „Moral des Duellanten, des deutschen Offiziers und des Piraten." Ebenda S. 571.

[119] Präzise ausgedrückt in seinem „Wohnsitz" (*dwelling*), also „jedem Gebäude oder jeder Struktur, selbst wenn beweglich oder nur vorübergehend errichtet, oder einem Teil davon, in dem der Handelnde zur Zeit eine Wohnung oder Unterkunft bezieht." § 3.11(3).

[120] Die oben behandelte Ausnahmeregelung zur Provokation befasst sich nur mit Fällen, in denen der Handelnde den Streit mit der Absicht anzettelte, den anderen „zu töten oder schwer zu verletzen." § 3.04(2)(b)(i).

[121] Anders: N. D. Crim. Code § 12.1–05–07(2)(b) (diskutiert in State v. Leidholm, 334 N. W.2d 811 (N. D. 1983)).

[122] Dies gilt sogar dann, wenn die Festnahme rechtwidrig ist.

der sich der Festnahme widersetzt, nur dann zulässig ist, wenn er „glaubt, solche Gewalt sei erforderlich, um sich gegen Tod, schwere Körperverletzung, Entführung oder Vergewaltigung zu schützen.“[123]

§ 10. Strafverfolgung (*law enforcement*)

Der allgemeine Rechtfertigungsgrund für eine Gewaltanwendung bei Festnahmen ist in § 3.07 geregelt. Festnahmen bringen regelmäßig immer eine Gewaltanwendung gegen die betroffene Person mit sich, auch wenn sie keinen Widerstand leistet. Im Falle des Widerstands hat der Festnehmende selbstverständlich das Recht auf Gewaltanwendung aus Notwehr gem. § 3.04.[124] So gesehen ähnelt die Vorschrift zur Strafverfolgung all jenen Rechtfertigungsgründen, die sich mit alltäglichem, aber dennoch tatbestandlichem Verhalten beschäftigen: „Vollziehung von Amtshandlungen“[125] und „Gewaltanwendung durch Personen, denen eine besondere Verantwortung für die Obhut, Disziplin oder Sicherheit anderer obliegt.“[126]

Als erstes erklärt die Vorschrift über Strafverfolgung, warum Festnahmen gerechtfertigt und somit nicht strafbar sind, obwohl sie objektiv betrachtet eine Körperverletzung darstellen mögen.[127] Hier ist wiederum zu beachten, dass eine Festnahme auch dann gem. § 3.07 gerechtfertigt

---

[123] Ein schöner Anschauungsfall ist hier United States v. Peterson, 483 F. 2d 1222 (D. C. Cir. 1973).

[124] Die Festnahme als solche stellt neben der Gewaltanwendung faktisch eine strafbare Handlung dar, selbst wenn sie ohne die Anwendung von Gewalt vollzogen wird (z. B. Entführung (§ 212.1), Freiheitsberaubung (§ 212.3)). Diese ist gem. § 3.03 gerechtfertigt (Vollziehung von Amtshandlungen).

[125] § 3.03. Hierdurch werden folgende Fallkonstellationen gerechtfertigt: „Ein Polizeibeamter, der die zulässige Höchstgeschwindigkeit wegen einer Verfolgung überschreitet, ein Marshall, der einen Hausfriedensbruch begeht, um einen Durchsuchungsbefehl zu vollstrecken, und ein Sheriff, der Eigentum anderer Personen an sich nimmt, um der Beschlagnahmeverfügung eines Gerichts nachzukommen.“ Komm., § 3.03, S. 23. Der typische Fall aus dem *common law* befasste sich mit der Rechtfertigung des „Scharfrichters, der in der Vollstreckung der öffentlichen Gerechtigkeit den Übeltäter tötet, welcher sein Leben auf Grund des Rechts und Urteils seines Landes eingebüßt hatte.“ *Blackstone*, Commentaries on the Laws of England, 4. Bd., S. 178 (1769).

[126] Hierdurch werden u. a. Eltern gerechtfertigt, die ihre Kinder züchtigen; der Gefängnisdirektor, der seine Gefangenen bestraft; sowie der Chirurg, der seine Patienten aufschneidet. Alle diese Handlungen stellen objektiv betrachtet eine Körperverletzung dar. § 3.08.

[127] Bei einigen, besonders älteren, Definitionen der Körperverletzung (*assault*) des amerikanischen Strafrechts stellt bereits jede Berührung eine solche dar, so dass eine Festnahme unproblematisch darunter zu subsumieren ist. Die Definition des MPC ist jedoch enger. Siehe § 211.1.

ist, wenn sie ungesetzlich ist.[128] Man ist also berechtigt, Gewalt im Rahmen einer Festnahme anzuwenden, auch wenn sich später herausstellt, dass die Festnahme ungesetzlich war (weil ein genügender Anlass fehlte, kein Haftbefehl vorlag oder der Haftbefehl fehlerhaft war). Es kommt lediglich darauf an, dass der Festnehmende auf die Rechtmäßigkeit der Festnahme vertraut. Diese Annahme der Rechtmäßigkeit, die den bereits bekannten Irrtumsregeln[129] unterliegt, kann eine Gewaltanwendung rechtfertigen, die man für „unverzüglich erforderlich" hält, um die Festnahme durchzuführen. Die Rechtfertigung der Gewaltanwendung ist vollständig, wenn neben (der Annahme) der unverzüglichen Erforderlichkeit und (der Annahme) der Rechtmäßigkeit der Festnahme dem Betroffenen der Grund der Festnahme zumindest erkennbar war. Diese Voraussetzung der Erkennbarkeit ist ebenfalls weit gefasst und erfordert nur, den Verdächtigen über den Grund der Festnahme zu informieren, es sei denn man glaubt, dass dies dem Betroffenen „bereits auf andere Weise bekannt ist" oder dass es die Umstände nicht zulassen, es ihm mitzuteilen.[130]

Bemerkenswert ist die Tatsache, dass sich § 3.07 mit Strafverfolgung als Tätigkeit und nicht als Institution befasst. Somit kann dieser Rechtfertigungsgrund auf jeden Handelnden Anwendung finden, auch wenn er kein Organ der Strafverfolgung ist. Die eigentliche Rechtfertigung der Gewaltanwendung ergibt sich nicht aus dem Amt dessen, der die Gewalt anwendet, sondern aus dem Zweck, zu dessen Gunsten sie angewendet wird.

Darüber hinaus beschäftigt sich § 3.07 fast ausschließlich mit Festnahmen.[131] Die Vorschrift definiert also die Grenzen einer Rechtfertigung von Gewaltanwendung, die in einem besonderen, und einem besonders wichtigen, Fall der Strafverfolgung erfolgt, der *per definitionem* einen Gewalteinsatz voraussetzt und, wie die Erfahrung uns lehrt, auch oftmals zusätzliche Gewalt erfordert, weil viele Verdächtige dazu neigen, sich einer Festnahme zu widersetzen, was regelmäßig eine Eskalation des Gewalteinsatzes zur Folge hat.

---

[128] Komm. § 3.07, S. 107–09.

[129] § 3.09(1); aber siehe auch § 2.04(3).

[130] § 3.07(2)(a)(i).

[131] Anderes strafrechtlich relevantes Verhalten von Amtsträgern – dies schließt die Anwendung von Gewalt losgelöst von einer Festnahme oder Verhalten losgelöst von einer Gewaltanwendung (wie z.B. Durchsuchungen und die Beschlagnahme von Eigentum) mit ein – ist gerechtfertigt im Rahmen der Gewaltanwendung zur Verbrechensverhütung gem. § 3.07(5). Amtsträger sind natürlich auch berechtigt, alle Rechtfertigungsgründe, die Privatpersonen zur Verfügung stehen, für sich geltend zu machen. Als wichtigstes Beispiel hierfür ist die Notwehr (und die Nothilfe) zu nennen. Zusätzlich enthält die Notwehrvorschrift einige spezielle – und recht freizügige – Abschnitte, auf die sich Amtsträger berufen können. Siehe z.B. § 3.04(2)(a)(ii)(1) & (2)(b)(ii)(2).

Wie die Notwehr setzt auch die Strafverfolgung dem Einsatz tödlicher Gewalt besondere Grenzen, die die allgemeinen Beschränkungen des Einsatzes nicht tödlicher Gewalt ergänzen. Danach ist der Handelnde grundsätzlich nur gerechtfertigt, wenn er annimmt, dass Gewalt „unverzüglich erforderlich ist, um eine gesetzlich zulässige Festnahme durchzuführen," und ein Hinweis an den Betroffenen vorliegt. Die Anwendung **tödlicher** Gewalt ist gerechtfertigt, wenn darüber hinaus

(i) die Festnahme wegen eines Verbrechens erfolgt; und
(ii) derjenige, der die Festnahme vollzieht, als Beamter hierzu befugt ist oder denjenigen unterstützt, von dem er glaubt, dass er befugt ist, als Beamter zu handeln; und
(iii) der Handelnde glaubt, dass die angewandte Gewalt Unbeteiligte nicht einer erheblichen Gefahr der Körperverletzung aussetzt; und
(iv) der Handelnde glaubt, dass:
  (1) die Straftat, wegen der die Festnahme vorgenommen wird, eine Handlung beinhaltet, bei der es um die Anwendung oder die Androhung von tödlicher Gewalt geht; oder
  (2) eine erhebliche Gefahr besteht, dass der Verdächtige eine Tötung oder schwere Körperverletzung begeht, wenn sich seine Ergreifung verzögert.[132]

Diese im MPC festgelegten Grenzen eines Einsatzes tödlicher Gewalt im Zuge der Strafverfolgung wurden vom *United States Supreme Court* im Fall *Tennessee v. Garner*[133] verfassungsrechtlich abgesichert. Damit machen der Model Code und *Garner* der alten *common law* Regel ein Ende, die den Einsatz tödlicher Gewalt bei der Festnahme wegen jeden Verbrechens gestattete, wobei auf alle Verbrechen die Todesstrafe stand.[134] Eine Tötung als Festnahme war dementsprechend gerechtfertigt, weil sie das Strafverfahren abkürzte.[135]

Der Code beschränkt die Anwendung tödlicher Gewalt bei der Strafverfolgung auch heute noch auf Verbrechen. Die (vermutete) Begehung

[132] § 3.07(2)(b). Der Kommentar betont jedoch, dass der Einsatz tödlicher Gewalt auch wegen anderer Gründe, wie z.B. Notwehr oder Nothilfe gerechtfertigt sein kann. Die gesetzliche Regelung betrifft nur Fälle, für die keine anderen Rechtfertigungsgründe als die gewaltsame Vollstreckung ersichtlich sind. Die Frage, um die es geht, ist also die, wann genau ein Polizist tödliche Gewalt anwenden darf, um eine Festnahme durchzuführen.

[133] 471 U. S. 1 (1985).

[134] *Blackstone* vertrat hier eine abweichende Meinung. Er definierte ein Verbrechen über eine andere Strafe, die Enteignung, und schuf so den Raum für Verbrechen, die nicht mit der Todesstrafe bedroht waren.

[135] Dies setzte voraus, dass der Verbrecher auch in der Tat ein Verbrecher war. Im *common law* gab es zwar eine breitere Befugnis, einen fliehenden Verbrecher zu töten. Gleichzeitig gab es aber auch eine weite strafrechtliche Verantwortlichkeit für die Tötung eines fälschlich Verdächtigten. Siehe z.B. Petrie v. Cartwright, 70 S. W. 297 (Ky. App. 1902) (Ein Polizeibeamter, der tödliche Gewalt einsetzt, um einen vermeintlichen Verbrecher zu verhaften „tut dies auf eigene Gefahr" und „muss sehr vorsichtig vorgehen.").

eines Verbrechens ist jedoch keine hinreichende, sondern nur eine notwendige Bedingung für die Anwendung tödlicher Gewalt. Im Code stellt die Begehung eines Verbrechens zwar einen unzureichenden, aber doch einen wichtigen Indikator für eine kriminelle Neigung oder Gefährlichkeit des mutmaßlichen Täters dar:

> Der Charakter des Straftäters, insofern man auf ihn aus den verfügbaren Informationen statt aus den abstrakten Merkmalen eines Tatbestands, den er verwirklicht haben soll, schließen kann, sollte die Grundlage für die Verwendung tödlicher Gewalt bilden. Im Einzelnen sollte die Verwendung tödlicher Gewalt nur in Fällen erlaubt sein, in denen angenommen wird, der Straftäter stelle eine derartige Gefahr für Leib oder Leben dar, dass seine sofortige Überwältigung andere Überlegungen aussticht.[136]

Der Code beschränkt die Anwendung von tödlicher Gewalt demgemäß auf solche Verbrechen, bei denen „es um die Anwendung oder die Androhung von tödlicher Gewalt geht." So erhält der Code, ähnlich wie bei der Notwehr, eine gewisse Proportionalität zwischen dem zu rechtfertigenden Akt und der begangenen Straftat. Die Strafandrohung für die begangene Straftat spielt somit keine Rolle mehr. Gleichzeitig erlaubt der Code auch in Fällen, bei denen (noch) kein Verbrechen mit Todesfolge oder Todesdrohung begangen wurde, dass tödliche Gewalt als Sicherheitsmaßnahme angewandt wird, soweit „eine erhebliche Gefahr besteht, dass der Verdächtige eine Tötung oder schwere Körperverletzung begeht, wenn sich seine Ergreifung verzögert."[137]

Zu beachten ist, dass beim Gebrauch tödlicher Gewalt bei der Festnahme die Unterscheidung zwischen Polizeibeamten und anderen von entscheidender Bedeutung ist. Nur ein *peace officer*[138] oder jemand, der ihm zur Hilfe eilt, darf tödliche Gewalt bei einer Festnahme anwenden.

Schließlich darf selbst ein Beamter bei der Festnehme keine tödliche Gewalt anwenden, wenn er nicht glaubt, dass dadurch kein erhebliches Verletzungsrisiko für unbeteiligte Dritte entsteht. Anders ausgedrückt greift in Bezug auf den Gebrauch tödlicher Gewalt **gegenüber dem Festzunehmenden** kein Rechtfertigungsgrund ein, wenn der Beamte sich eines Risikos in Bezug auf die Auswirkungen des Gebrauchs dieser tödlichen Gewalt **auf Dritte** bewusst war (also rücksichtslos handelte) oder er sich über dieses Risiko keinerlei Gedanken gemacht hat (also fahrlässig handelte). Diese Regelung soll „verdeutlichen und hervorheben, dass bei der Strafverfolgung die Sicherheit unschuldiger Dritter Vorrang vor der Tötung eines flüchtenden Verdächtigen hat."[139]

---

[136] Komm. § 3.07, S. 119–20.

[137] § 3.07(2)(b).

[138] Der Code definiert nicht, was unter einem *peace officer* zu verstehen ist. Siehe aber People v. Marrero, 69 N. Y.2 d 382 (1987) (Polizisten und Beamte des Vollzugs).

[139] Komm. § 3.07, S. 118.

§ 11. Einwilligung *(consent)*

Vor den Entschuldigungsgründen soll als letztes noch die Einwilligung als Rechtfertigungsgrund behandelt werden. Im Gegensatz zu den anderen Rechtfertigungsgründen wird die Einwilligung im MPC nicht in Artikel 3 („Allgemeine Prinzipien der Rechtfertigung") geregelt. Stattdessen taucht sie in Artikel 2 auf, der den „allgemeinen Prinzipien der Strafbarkeit" gewidmet ist. Artikel 2 enthält vor allem Regeln, die die erste Ebene einer Strafbarkeitsanalyse betreffen (Tatbestandsmäßigkeit), so wie z.B. *actus reus, mens rea*, Kausalität, Teilnahme usw. Gleichzeitig findet man dort aber auch einige Verteidigungsmöglichkeiten der dritten Ebene (Entschuldigungsgründe), wie z.B. Nötigung, militärische Befehle und amtliche Verleitung zu einer Straftat. Weiterhin enthält Artikel 2 Verteidigungsmöglichkeiten, die auf zwei Ebenen der Strafbarkeitsanalyse relevant werden können, wie z.B. Irrtümer und Trunkenheit, bei denen wir bereits gesehen haben, dass sie sowohl als tatbestandsausschließend als auch entschuldigend wirken können (s.o. § 5.3).

Die Einwilligung hat ihren Platz in Artikel 2 gefunden, weil sie – genau wie Irrtum und Trunkenheit – mit einem Bein auf der ersten Ebene, der Tatbestandsmäßigkeit, steht. Anders als beim Irrtum und bei der Trunkenheit steht das andere Bein der Einwilligung allerdings auf der zweiten, statt auf der dritten Ebene der Strafbarkeitslehre. Gem. § 2.11 MPC bedeutet das: Einwilligung kann entweder „ein Tatbestandsmerkmal beseitigen" oder „die Zufügung des Schadens oder Übels ausschließen, die durch die Schaffung des Straftatbestands verhindert werden sollten." Im Hinblick auf diese Doppelfunktion der Einwilligung als Tatbestandsausschließungs- und Rechtfertigungsgrund wurde sie schließlich im Artikel über allgemeine Prinzipien der Strafbarkeit (in § 2.11) eingeordnet, anstatt wie ursprünglich geplant bei den Rechtfertigungsgründen (in § 3.11).[140]

Die Einwilligungsvorschrift ähnelt auch in formeller Hinsicht den Vorschriften über Irrtum und Trunkenheit. Auch sie stellt zunächst fest, was eigentlich selbstverständlich sein sollte, und zwar dass eine Einwilligung die Strafbarkeit des Handelnden ausschließt, wenn deswegen ein Tatbestandsmerkmal nicht gegeben ist, insbesondere wenn der Straftatbestand bestimmt, dass die Handlung gegen oder ohne den Willen des Opfers erfolgen muss. Das Vorliegen einer Einwilligung würde in diesem Fall automatisch bedeuten, dass die Straftat überhaupt nicht begangen wurde. So definiert der Code z.B. eine Gebrauchsanmaßung als

---

[140] Siehe Tentative Draft No. 8, § 3.11 (1958).

„das Führen eines Automobils, eines Flugzeugs, eines Motorrads, eines Motorboots oder eines anderen, durch einen Motor angetriebenen Fahrzeugs **ohne die Einwilligung** des Eigentümers,“[141] die Tierquälerei als das „Töten oder das Verletzen eines Tieres **ohne die Einwilligung** des Eigentümers“[142] und die Verletzung der Privatsphäre als „Installation von Geräten zur Beobachtung, zum Fotografieren, Filmen, Empfangen oder Senden von Geräuschen oder Ereignissen an einem privaten Ort **ohne die Einwilligung** der Person oder Personen, deren Privatsphäre dadurch betroffen ist.“[143] Ein weiteres Beispiel bietet die Vergewaltigung, die traditionell die Voraussetzung enthält, dass der Beischlaf „ohne die Einwilligung“ des Opfers vollzogen werden muss.[144]

Darüber hinaus kommt die Einwilligung in gewissen Fällen als Rechtfertigungsgrund in Betracht und zwar immer dann, wenn sie „die Zufügung des Schadens oder Übels ausschließt, die durch die Schaffung des Straftatbestands verhindert werden sollten.“[145] Damit wird die Nähe zum Notstand ersichtlich, der als Rechtfertigung in Betracht kommt, wenn „der Schaden oder das Übel,“ die durch die Handlung verhindert werden sollen, „größer sind als die, die durch das Strafgesetz verhindert werden sollen.“[146]

Andere Spuren der Einwilligung als Rechtfertigungsgrund sind über den gesamten Code verstreut.[147] Die Einwilligung spielt beispielsweise eine entscheidende Rolle bei der Rechtfertigung von tatbestandlichen Körperverletzungen als ärztliche Heileingriffe. Hier wird unter anderem vorausgesetzt, dass „die Behandlung mit Einwilligung des Patienten vorgenommen wird oder, falls der Patient minderjährig oder nicht kompetent ist, mit der Einwilligung eines Elternteils oder Vormunds oder eines anderen, der rechtlich zur Einwilligung befugt ist.“ Wenn es sich um einen Notfall handelt, genügt es auch, dass der Handelnde davon ausgeht,

---

[141] § 223.9 (Hervorhebung vom Verf.).

[142] § 250.11(3) (Hervorhebung vom Verf.).

[143] § 250.12(1)(b) (Hervorhebung vom Verf.).

[144] Md. Crim. Code § 463(a)(1). Der Code definiert Vergewaltigung allerdings als den Beischlaf eines Mannes mit „einer Frau, die nicht seine Ehefrau ist, sofern er sie mit Gewalt oder durch Drohung mit unmittelbar bevorstehendem Tod, schwerer Körperverletzung, extremen Schmerzen oder Entführung gegen irgend jemanden zur Gestattung zwingt.“ Somit enthält der Code noch die sog. *marriage exemption* für Vergewaltigung in der Ehe, die seitdem im amerikanischen Strafrecht als überholt gilt. S. z.B. People v. Liberta, 64 N. Y.2d 152 (1984).

[145] Ein gutes Beispiel dafür ist die Vergewaltigung, wie sie im Code definiert ist. Obwohl im Tatbestand nicht erwähnt wird, dass die Tat ohne die Einwilligung des Opfers begangen werden muss, stellt der Kommentar fest, es sei „eine wesentliche Voraussetzung für die Begehung der Straftat, dass es ein Opfer gibt, welches mit dem Verhalten des Täters nicht einverstanden ist.“ Komm. § 2.11, S. 394.

[146] § 3.02(1)(a).

[147] So verhindert Einwilligung z.B., dass man „Unrechtmäßigkeit“ unterstellen kan n. Siehe oben § 9.1(d).

„dass niemand erreichbar ist, der die Einwilligung erteilen könnte, aber eine vernünftige und auf das Wohl des Patienten bedachte Person einwilligen würde.“[148]

Wann eine Einwilligung „die Zufügung des Schadens oder Übels ausschließt, die durch die Schaffung des Straftatbestands verhindert werden sollten“ hängt selbstverständlich davon ab, welche Aufgabe das Strafrecht zu erfüllen hat. Zielt das Strafrecht darauf ab, den einzelnen vor Schaden zu schützen, dann sollte jede Einwilligung rechtfertigend wirken. Denn wenn Personen durch das Strafrecht geschützt werden, müssen diese auch dazu befugt sein, auf diesen Schutz zu verzichten.

Das amerikanische Strafrecht geht allerdings davon aus, dass das Strafrecht nicht dem Schutz einzelner Personen dient, oder – wenn der Schutzversuch fehlschlägt – der Bestrafung derer, die den Schaden verursacht haben. Erinnern wir uns, dass der Model Code eine Straftat als eine Handlung bezeichnet, die „ungerechtfertigt und unentschuldbar persönlichen oder öffentlichen Interessen erheblichen Schaden zufügt oder androht.“ Die Betonung liegt dabei eindeutig auf den **öffentlichen** Interessen.[149] Unter den im MPC geschützten Interessen befindet sich nur ein unbestreitbar individuelles Rechtsgut: „die Person.“ Sogar Eigentum wird vom Code als ein öffentliches Interesse oder als „System“[150] eingestuft. Die sonstigen schützenswerten Interessen des Codes sind eindeutig öffentliche Interessen oder Interessen der Allgemeinheit:

„Bestand und Stabilität des Staates“[151], „Familie“, „öffentliche Verwaltung“, „öffentliche Ordnung und Anstand“ und schließlich die Interessen, die durch die „sonstigen Delikte“[152] geschützt werden, wie z.B. das Drogen- und Alkoholstrafrecht, das strafrechtliche Verbot des Glücksspiels sowie die Delikte gegen „Steuer- und Handelsgesetze.“[153]

---

[148] § 3.08(4)(b).

[149] Diese Betonung bringt allerdings nichts Neues. Bereits *Blackstones* Darstellungen zum Strafrecht, dem Rechtsgebiet der *public wrongs*, beschäftigten sich bereits im 18. Jahrhundert zum Großteil mit Delikten gegen öffentliche Interessen: *Offences against God and Religion; Offences against the Law of Nations; High Treason; Felonies, injurious to the King's Prerogative; Praemunire („maintaining the papal power“); Misprisions and Contempts, affecting the King and Government; Offences against Public Justice; Offences against the Public Peace; Offences against Public Trade; Offences against the Public Health, and the Public Police or Oeconomy; Homicide; Offences against the Persons of Individuals; Offences against Private Property. Blackstone*, Commentaries on the Laws of England, 4. Bd. (1769).

[150] Komm. § 223.1, S. 157.

[151] Model Penal Code 241 (Proposed Official Draft 1962).

[152] Ebenda.

[153] Vgl. *Dubber*, Policing Possession: The War on Crime and the End of Criminal Law, 91 J. Crim. L. & Criminology 829 (2002); *Dubber*, Victims in the War on Crime: The Use and Abuse of Victims' Rights (New York 2002).

Die Verteidigungsmöglichkeit der Einwilligung ist daher eigentlich weder im amerikanischen Strafrecht noch im Model Code ein wirklich allgemeiner Rechtfertigungsgrund. So nimmt der Code die Fälle einer schweren Körperverletzung gleich wieder von der Einwilligung als Rechtfertigungsgrund aus.[154] Das führende Lehrbuch zum amerikanischen Strafrecht geht sogar noch weiter und behauptet, dass die Einwilligung des Opfers kein strafrechtlicher Rechtfertigungsgrund sein kann.[155] Als Grund für diese Ablehnung – oder zumindest Beschränkung – der Einwilligung als Rechtfertigungsgrund wird meistens angeführt, es gehe im Strafrecht im Gegensatz zum Deliktsrecht nicht um *private wrongs*, sondern um *public wrongs*. Mit dieser Unterscheidung ist man spätestens seit Blackstone vertraut, der erklärte, „Straftaten, oder Verbrechen und Vergehen, stellen einen Bruch und Verletzung der öffentlichen Rechte und Pflichten dar, die man der ganzen Gemeinschaft, als Gemeinschaft betracht, in seiner sozialaggregaten Eigenschaft schuldet."[156]

Geht man aber einmal davon aus, dass Einwilligung entweder als Tatbestandsausschließungs- oder Rechtfertigungsgrund möglich ist, dann ist die nächste Frage, ob eine Einwilligung im konkreten Fall vorliegt. Die Dogmatik zu dieser Tatsachenfrage – war es *wirklich* eine Einwilligung oder nur eine Zustimmung, oder alternativ, wenn es eine Einwilligung war, war diese auch „wirksam"? – ist recht unergiebig. Der Code fasst sie in ihren Grundzügen zusammen. Zunächst ist die Einwilligung einer nichtautorisierten Person unwirksam; die Einwilligung eines Dritten ist daher grundsätzlich belanglos, es sei denn es handelt sich um bestimmte Ausnahmesituationen – so z.B. in einem medizinischen Notfall. Weiterhin überrascht es nicht, dass eine Einwilligung von Personen unwirksam ist, die grundsätzlich nicht in der Lage sind, wirksam einzuwilligen. Interessanterweise nennt der Code nicht nur „Minderjährigkeit und Geisteskrankheit" als Gründe für die Unwirksamkeit, also Bedingungen, die

[154] Die wichtigste Rückausnahme zu dieser Ausnahme ist die Box-Regel – „Teilnahme an einem rechtmäßigen athletischen Wettkampf oder Sportart." § 2.11(2)(b). Einige Staaten haben eine weitreichendere Bestimmung hinzugefügt, die „vernünftigerweise vorherzusehende Gefahren einer Beschäftigung oder Berufsausübung des Opfers" als Einwilligung einstuft. Rev. Stat. Mo. § 565080 (1986); siehe State v. George, 937 S. W.2d 251 (Mo. App. 1996).

[155] *LaFave/Scott*, Criminal Law, 2. Aufl., S. 477 (1986).

[156] *Blackstone*, Commentaries on the Laws of England, 4. Bd., S. 5 (1769) („[P]ublic wrongs, or crimes and misdemeanors, are a breach and violation of the public rights and duties, due to the whole community, considered as a community, in its social aggregate capacity."); vgl. *LaFave/Scott*, Criminal Law, 2. Ausg., S. 477 (1986) (Eine Straftat ist "[a] wrong affecting the general public, at least indirectly, and consequently cannot be licensed by the individual directly harmed."); ebenda S. 481 ("The interest of the state is paramount and controls prosecutions ... [f]or it is the public, not a complainant, that is injured by the commission of a crime.").

eine Entschuldigung wegen Minderjährigkeit oder Schuldunfähigkeit[157] darstellen, sondern daneben auch Trunkenheit.[158] Trunkenheit ist allerdings dann kein Entschuldigungsgrund, wenn sie selbstverursacht (*self-induced*) ist.[159] Eine selbstverursachte Trunkenheit kann also dazu führen, dass der Betroffene nicht mehr fähig ist, eine rechtfertigende Einwilligung zu einer Straftat gegen ihn abzugeben, aber er selbst kann eine Straftat noch begehen.

Erwartungsgemäß ist auch eine Einwilligung unwirksam, die durch Gewalt oder Nötigung erlangt wurde. Eine Einwilligung durch Täuschung ist nur dann unwirksam, wenn es sich um „eine Täuschung handelt, die der Straftatbestand verhindern will." Durch diese Regelung versucht der Code, die althergebrachte Unterscheidung des *common law* zwischen *fraud in the factum* und *fraud in the inducement* zu übernehmen. Eine durch Täuschung erlangte Einwilligung ist nur dann wirksam, wenn der Täter einen *fraud in the inducement* benutzte, aber unwirksam, wenn sie durch *fraud in the factum* erreicht wurde.[160] Wenn es dem Täter z.B. gelingt, mit Einwilligung des Opfer in dessen Haus einen Rauchmelder zu installieren, das Opfer aber nicht weiß, dass es sich in Wirklichkeit um eine Überwachungskamera handelt, so macht er sich strafbar wegen einer „Verletzung der Privatsphäre," die im Code definiert ist als „Installieren von Geräten zur Beobachtung, zum Fotografieren, Filmen, Empfangen oder Senden von Geräuschen oder Ereignissen an einem privaten Ort ohne die Einwilligung der Person, deren Privatsphäre dadurch betroffen ist."[161] Grund dafür ist, dass der Täter einen *fraud in the factum* begangen hat – er hat das Opfer über eine Tatsache getäuscht, die im Hinblick auf ein Merkmal des Tatbestands wichtig ist, von dem der Täter behauptet, er habe eine Einwilligung bekommen. Die Einwilligung bezog sich nicht auf eine Vorrichtung zum Ausspionieren, sondern auf einen Rauchmelder. Nehmen wir dagegen an, der Täter hätte – fälschlicherweise – behauptet, die Installierung der Überwachungskamera erfolge im Rahmen eines wissenschaftlichen Experiments. Durch diese Täuschung erhielte er dann eine Einwilligung zu dem, was er tatsächlich

[157] Siehe unten § 17.

[158] Eine „unvorsichtige" Einwilligung ist ebenfalls unwirksam. Hier dachten die Verfasser wohl an den Tatbestand der „gesetzlichen Vergewaltigung" (*statutory rape*), also des Geschlechtsverkehrs mit Minderjährigen. Komm., § 2.11, S. 398.

[159] Siehe oben, § 4.3(a).

[160] Der Unterschied zwischen diesen beiden Arten der Täuschung erläuterte das *common law* anhand zweier Vergewaltigungsfälle. In dem einem Fall erwirkt ein Arzt die Einwilligung seiner Patientin zum Geschlechtsverkehr, in dem er ihr vortäuscht, sein Geschlechtsteil sei ein medizinisches Instrument. Im anderen Fall überzeugt er sie stattdessen, die Einführung seines Geschlechtsteils stelle eine Art der Behandlung dar. Im ersten Fall handelt es sich um *fraud in the factum*, im zweiten dagegen um *fraud in the inducement*. Nur im zweiten Fall ist die Einwilligung trotz Täuschung wirksam.

[161] § 250.12(1)(b).

vorhat. Im ersten Fall täuscht er darüber, *was* er tut. Im zweiten Fall dagegen täuscht er darüber, *warum* er es tut. Anders ausgedrückt ist der Grund für die Installierung im Gegensatz zur Eigenschaft der installierten Geräts kein Merkmal des einschlägigen Tatbestands. Täuschungen hierüber sind daher für die Einwilligungsfrage belanglos.

4. Teil. Entschuldigung

Wir sind nun bei der dritten und letzten Stufe der Analyse strafrechtlicher Verantwortlichkeit im amerikanischen Strafrecht angekommen. Um auf diese Stufe zu gelangen, muss ein Fall bereits zwei Hürden genommen haben – die Tatbestandsmäßigkeit und die Rechtswidrigkeit. In der Sprache des MPC müsste es sich um ein Verhalten handeln, das „persönlichen oder öffentlichen Interessen erheblichen Schaden zufügt oder androht" (§ 1.02). Eine Handlung müsste also unter die gesetzlichen Voraussetzungen eines Tatbestands subsumierbar sein (Tatbestandsmäßigkeit). Darüber hinaus müsste festgestellt worden sein, dass dieses *prima facie* strafrechtlich relevante Verhalten auch im Hinblick auf die Rechtsordnung – Strafrecht, Zivilrecht, öffentliches Recht – als unrechtmäßig zu bezeichnen ist (Rechtswidrigkeit).

§ 12. Entschuldigungsgründe im Model Penal Code

Bevor eine Person strafrechtlich für eine tatbestandliche und rechtswidrige Handlung verantwortlich gemacht werden kann, muss noch einer weiteren Frage nachgegangen werden. Man muss überprüfen, ob der *Täter* seine Tat zu verantworten hat, d.h. ob er unter Berücksichtigung seiner Person und der konkreten Umstände des Falles schuldhaft handelte. Erst dann hätte der Täter eine Straftat begangen, eine Tat also die „ungerechtfertigt und **unentschuldbar** persönlichen oder öffentlichen Interessen erheblichen Schaden zufügt oder androht" (§ 1.02).

Wie schon bei den Rechtfertigungsgründen beruft sich der Model Penal Code auch bei den Entschuldigungsgründen weit häufiger auf Erwägungen der Gerechtigkeit und Moralität, als man erwarten würde, wenn man bedenkt, dass die Verfasser ansonsten bemüht waren, Strafrecht in ein System umzuwandeln, dass der Identifizierung, Diagnose und Behandlung von Menschen mit besonders ausgeprägten kriminellen Neigungen dienen soll. Als Beispiel mag nur der folgende Abschnitt des Kommentars zur Vorschrift über den Nötigungsnotstand (*duress*) gelten:

> Das Recht ist im tiefsten Sinne unwirksam, sogar scheinheilig, wenn es einem Handelnden, der das Unglück hat, sich mit einem Dilemma konfrontiert zu sehen, einen Entscheidungsmaßstab auferlegt, von dem seine Richter nicht bestätigen können, dass sie ihm genügen sollten oder könnten, falls sie einmal diesem Problem gegenüberstehen sollten.

> Verurteilung stellt in einem solchen Fall eine unwirksame Drohung dar; *viel entscheidender ist allerdings, dass sie jeder moralischen Grundlage entbehrt und ungerecht ist.*[1]

Trotz dieser Bezugnahme auf moralische Grundlagen und Gerechtigkeit haben die Verfasser keine allgemeine Theorie der Entschuldigungsgründe entwickelt. Insbesondere die Unterscheidung von Rechtsfertigungs- und Entschuldigungsgründen bleibt daher wieder einmal ungeklärt. Und doch beruft sich der offizielle Kommentar gelegentlich auf diesen Unterschied. So wird z. B. das Strafgesetzbuch von Westaustralien u. a. deshalb kritisiert, weil es rechtfertigenden Notstand dann anerkennt, wenn „Umstände eines plötzlichen und außergewöhnlichen Notfalls vorliegen, in denen von einer durchschnittlichen Person mit durchschnittlicher Kraft zur Selbstkontrolle nicht vernünftigerweise erwartet werden kann, anders zu handeln." Laut dem Kommentar handele es sich hier bestenfalls um einen Entschuldigungs- aber keinen Rechtfertigungsgrund.[2]

Zum Unterschied von Rechtfertigung und Entschuldigung führt der Kommentar vorsichtig und recht unverbindlich aus, dass „eine Handlung als ‚gerechtfertigt' zu bezeichnen normalerweise bedeutet, sie für rechtens oder zumindest für nicht unerwünscht zu halten," während „die Bezeichnung einer Handlung als ‚entschuldigt' normalerweise bedeutet, dass man sie für unerwünscht hält, sie dem Täter aber aus irgendeinem Grund nicht vorgeworfen (*blamed*) werden soll."[3] Der Code behandelt in seinen Vorschriften über Entschuldigungsgründe diese Gründe, ohne sie allerdings je auf ein allgemeines Prinzip der Entschuldigung zu reduzieren, abgesehen von einer gelegentlichen Bezugnahme auf die nicht weiter erörterten Begriffe der Vorwerfbarkeit (*blameworthiness*), Fairness, Verantwortlichkeit (*responsibility*) und Vermeidbarkeit (*avoidability*).

Wie die Rechtfertigungsgründe haben auch die Entschuldigungsgründe ihren eigenen Artikel im Code, Art. 4, der die Überschrift „Verantwortlichkeit" trägt. Dieser Artikel ist allerdings nicht so umfassend wie Artikel 3, der alle Rechtfertigungsgründe mit Ausnahme der Einwilligung behandelt. Artikel 4 befasst sich nur mit den Entschuldigungsgründen der Schuldunfähigkeit und der Minderjährigkeit. Andere Entschuldigungsgründe wie z. B. Verbotsirrtum, Trunkenheit, Nötigung, militärische Befehle, und amtliche Verleitung zur Straftat finden sich in Artikel 2.[4] Ein weiterer Entschuldigungsgrund, die Provokation

---

[1] Komm. § 2.09, S. 374–75 (Hervorhebung vom Verf.).

[2] Komm. § 3.02, S. 11 Fn. 2.

[3] Komm., Art. 3, Einleitung, S. 3.

[4] Von den drei letztgenannten Gründen ist streng genommen nur die Nötigung ein eindeutiger Entschuldigungsgrund. Militärische Befehle können entweder einen Ent-

(oder „extreme geistige oder gefühlsmäßige Verwirrung," in der Terminologie des MPC), taucht überhaupt nicht im allgemeinen Teil des MPC auf. Da er auf Tötungsdelikte beschränkt ist, wird er stattdessen im besonderen Teil behandelt. Letztlich bestätigt der Kommentar, dass die Putativnotwehr – bzw. die irrtümliche Einschätzung einer Rechtfertigungslage allgemein – „genauer als Entschuldigung bezeichnet werden könnte," da „man zumindest in einigen Fällen sagen könnte, der Täter bringt eigentlich eine Entschuldigung statt einer voll ausgereiften Rechtfertigung vor."[5]

§ 13. Nötigung (*duress*)

Die Nötigung entspricht auf der Entschuldigungsebene dem Rechtfertigungsgrund des Notstands. Trotzdem trennt der MPC die Nötigung sorgfältig vom Notstand, sowohl strukturell (die Notstandsvorschrift befindet sich im 3. Artikel, die Nötigungsvorschrift im 2.) als auch materiell. Eine Bezeichnung der Nötigung als „entschuldigender Notstand" oder „Nötigungsnotstand" wäre daher missverständlich.

Vereinfacht ausgedrückt handelt es sich bei der Nötigung um einen Notstand ohne Güterabwägung. Die Nötigung ist reiner Notstand, wenn man sich den Notstand als aus zwei Komponenten zusammengesetzt vorstellt – Notstand und Güterabwägung zugunsten des Täters. Der Genötigte behauptet, weder rechtens noch rechtmäßig zu handeln. Beim Notstand als Rechtfertigungsgrund handelt die Person dagegen richtig – oder zumindest nicht falsch. Sie hat die richtige Wahl getroffen. Bei der Nötigung wird eine Person dazu gedrängt, kriminellen Schaden zu verursachen, ohne dadurch einen anderen Schaden zu verhindern. Obwohl die genötigte Person tatsächlich unrichtig gehandelt hat, kann sie trotzdem dafür nicht belangt werden. Sie wurde dazu gezwungen, eine falsche Wahl zu treffen. Die im Notstand handelnde Person ist also

schuldigungsgrund oder einen Rechtfertigungsgrund darstellen. Betrachtet man diesen Verteidigungsgrund als ein Mittel, die Funktionstüchtigkeit des Militärs zu fördern, so würde es sich um einen Rechtfertigungsgrund handeln. Sieht man ihn dagegen unter dem Gesichtspunkt des Zwangs, den ein Befehl auf seinen Empfänger ausübt, so erscheint er eher als ein Entschuldigungsgrund. Vgl. § 2.10 und Rules for Courts-Martial 916(d) (Rechtfertigungsgrund); United States v. Calley, 22 U.S.C.M.A. 534 (1973) (ebenso). Den Einsatz von Lockspitzeln wird niemand für einen Rechtfertigungsgrund halten. Einige amerikanische Gerichte interpretieren ihn dagegen als Tatbestandsausschließungsgrund, da der Einfluss des Lockspitzels den Vorsatz verneinen soll. Siehe z.B. Jacobson v. United States, 503 U. S. 540 (1992). Der Model Code behandelt den Lockspitzeleinsatz ausschließlich in objektiver Hinsicht, ohne dabei einen Bezug zur Schuld des Täters oder zur Vorwerfbarkeit herzustellen. S. u. § 14.

[5] Komm., Art. 3, Einleitung, S. 2–3.

wegen ihrer richtigen Wahl **gerechtfertigt**; die genötigte Person ist dagegen **entschuldigt**, weil überhaupt keine Wahl bestand. Einer traf die richtige Wahl – der andere hatte keine.

Die Nötigung hat aber auch viel mit Notwehr und Nothilfe gemeinsam (jedoch nicht mit der Verteidigung des Eigentums, da eine Gefährdung von Eigentum zur Nötigung nicht ausreicht[6]). Die Anwendung von Gewalt im Rahmen der Nötigung ähnelt der Notwehr, obwohl hier die Gewalt nicht gegen die Bedrohung selbst gerichtet ist, sondern gegen einen unschuldigen Dritten. Um sich selbst zu schützen, verletzt der Täter unter Nötigung nicht denjenigen, von dem die Drohung ausgeht, sondern einen Unbeteiligten.[7] Eine weitere Ähnlichkeit zur Notwehr besteht darin, dass eine Handlung unter Nötigung auch stellvertretend für einen anderen begangen werden kann. Jemand ist durch Nötigung entschuldigt, wenn er Gewalt anwendet, um Schaden von sich oder „einer anderen Person abzuwenden," genau so wie er im Wege der Notwehr gerechtfertigt ist, sich oder „eine andere Person" gegen den Angreifer zu schützen. Wie bei der Notwehr wurde die im *common law* übliche Begrenzung der stellvertretenden Nötigung auf die Bedrohung Familienangehöriger und anderer Haushaltsmitglieder des Täters beseitigt.[8]

Weiterhin erfordert die Nötigung (ähnlich wie bei der Notwehr aber anders als beim Notstand) „den Einsatz oder die Androhung von **unrechtmäßiger Gewalt.**" Diese Voraussetzung unrechtmäßiger Gewalt ist auf den ersten Blick verwirrend, zumal eine Tat unter Nötigung keinen Anspruch auf Rechtmäßigkeit stellt. Im Gegensatz hierzu muss die angedrohte Gewalt bei der **Notwehr** unrechtmäßig sein, so dass eine Gewaltanwendung auf Seiten des Täters als Notwehr rechtmäßig sein

---

[6] Komm. § 2.09, S. 375.

[7] Das soll nicht heißen, Nötigung käme nur dann in Frage, wenn der Täter einen anderen verletzt hat. So erkennt der Code z. B. die Nötigung auch in Fällen des Gefängnisausbruchs (*escape*) an. In der Tat stellt der Gefängnisausbruch so etwas wie das Paradebeispiel einer Nötigung im amerikanischen Strafrecht dar. Bei diesen Fällen taucht regelmäßig das Problem auf, dass niemand den Täter gezwungen hat, das Delikt zu begehen, das ihm zur Last gelegt wird – die Flucht aus dem Gefängnis. Stattdessen behauptet der Täter, er wäre geflüchtet, um einen anderen Schaden zu vermeiden. Meist geht es um körperliche und insbesondere sexuelle Misshandlung, denen der Täter im Gefängnis durch seine Mithäftlinge oder durch Wärter ausgesetzt ist. Der Code stellt klar, dass für den Fall, dass ein Notstand nicht zur Verfügung steht – weil die Güterabwägung nicht zu Gunsten des Täters ausgeht – eine Nötigung nicht automatisch deshalb entfällt, „weil das unter Nötigung begangene Delikt nicht das ist, welches der Nötigende forderte." Komm. § 2.09, S. 377 (unter Bezugnahme auf People v. Lovercamp, 43 Cal. App. 3 d 823 (1974)).

[8] Das deutsche Strafrecht behält diese Beschränkung auch für den entschuldigenden Notstand bei; nicht jedoch im Falle von Notwehr oder Notstand. § 35 StGB (ein Angehöriger oder eine andere ihm nahestehende Person); §§ 32, 34 StGB (Gefahr von sich oder einem anderen abwenden).

kann. Der Täter kann keine rechtmäßige Gewalt gegen jemanden anwenden, der seinerseits rechtmäßig handelt. Diese Voraussetzung hat die Nötigung als Entschuldigungsgrund gerade nicht. Die Grundlage der Nötigung ist nicht das Recht, sich gegen unrechtmäßige Gewalt zur Wehr zu setzen. Es ist vielmehr die Unvermeidbarkeit der Gewaltanwendung, ob diese nun rechtmäßig ist oder nicht.

Die Bezugnahme auf „unrechtmäßige Gewalt" hat laut dem Kommentar zum MPC die Funktion, die Nötigung auf Zwänge zu beschränken, die von einer anderen Person ausgeübt werden. Damit werden Fälle ausgeschlossen, in denen der Zwang auf Naturereignissen oder äußeren Umständen beruht. Hier liegt tatsächlich der wichtigste materielle Unterschied zwischen Nötigung und Notstand im MPC (und zwischen Nötigung und entschuldigendem Notstand im deutschen Strafrecht), wenn man einmal von der Tatsache absieht, dass es sich bei der einen Verteidigungsmöglichkeit um einen Entschuldigungsgrund, bei der anderen um einen Rechtfertigungsgrund handelt.

Die Begrenzung der Nötigung auf von anderen Personen ausgehende Zwänge hätte man allerdings auch ohne die Bezugnahme auf Unrechtmäßigkeit dadurch erreichen können, dass man in der Nötigungsvorschrift die Bedrohung durch eine Person ausdrücklich voraussetzt.[9] Der auf Naturereignissen oder äußeren Umständen beruhende Zwang wurde offensichtlich deshalb ausgegrenzt, weil im Falle einer Bedrohung durch eine Person die Interessen der Rechtsordnung dadurch befriedigt werden können, dass derjenige bestraft werden kann, der die unrechtmäßige Gewalt einsetzt. Naturereignisse können jedoch nicht bestraft werden, so dass „niemand zur Rechenschaft gezogen werden kann, wenn der Handelnde entschuldigt wird."[10]

Da der Code eine Nötigung nicht zulässt, die von äußeren Umständen ausgeht, müssen Fälle wie *Dudley & Stephens*[11] (Mignonette-Fall) weiterhin über den Notfall gelöst werden. Dies hat zur Folge, dass sogar im Fall einer extremen Notfallsituation, bei der es um Leben oder Tod geht, eine Verteidigungsmöglichkeit durch den Code nur dann gestattet wird, wenn der Handelnde eine Abwägung aller möglichen Handlungsalternativen vorgenommen hat und diejenige aussucht, die am wenigsten Schaden anrichtet. Im Fall der schwimmenden Holzplanke, an die sich zwei Schiffbrüchige klammern, die aber nur einen über Wasser halten kann, so dass einer das Leben des anderen opfern muss, um sich zu retten, würde der Code keine Verteidigungsmöglichkeit erlauben, da ein Leben genau so viel wert ist wie ein anderes. Der Ernst der Lage reicht niemals aus; nur ein geringeres Übel kann helfen, aus-

---

[9] Siehe z.B. die Alternativformulierung in Komm. § 2.09, S. 383 Fn. 59.
[10] Komm. § 2.09, S. 379.
[11] Siehe oben § 8.

genommen natürlich der Fall, in dem die Notlage von einer anderen **Person** hervorgerufen wird.

Die Quelle der Bedrohung kann sich in zweierlei Hinsicht strafbar machen. Zunächst kann derjenige für ein Verhalten verantwortlich gemacht werden, zu dem er eine andere Person gezwungen hat. Der Code legt in der Vorschrift zur Teilnahme ausdrücklich fest, dass jemand für das Verhalten eines anderen rechtlich verantwortlich ist, wenn er „eine unschuldige oder unverantwortliche Person zu einer Handlung veranlasst und dabei selbst mit der für die Begehung der Straftat erforderlichen Vorsatzform handelt."[12]

In diesem Zusammenhang sollte man die Verteidigungsmöglichkeit der Nötigung einem Tatbestandsausschließungsgrund, insbesondere der Verneinung des *actus reus*, gegenüberstellen. In den Augen der Verfasser des MPC steht die Nötigung zur Unwillkürlichkeit (*involuntariness*) wie eine „psychische Unfähigkeit" zur „physischen Unfähigkeit."[13] So wie Irrtum und Trunkenheit die *mens rea* eines Delikts verneinen können, so können gewisse Formen des Zwangs den *actus reus* eines Delikts ausschließen. Wenn beispielsweise A den B gewaltsam über den Zaun des nachbarlichen Grundstücks katapultiert, so erscheint es zunächst möglich, dass B einen Hausfriedensbruch begangen hat.[14] Beim genaueren Hinsehen ergibt sich allerdings, dass die Person den erforderlichen willkürlichen Akt nicht begangen hat. Im Ergebnis wäre das Eindringen des B in den Garten also eine „Körperbewegung, die weder bewusstes noch gewohnheitsmäßiges Produkt der Willensbetätigung des Handelnden ist."[15]

Ohne willkürlichen Akt kann es keine strafbare Handlung geben. Somit ist noch nicht einmal Tatbestandsmäßigkeit gegeben. Nur A hätte einen willkürlichen Akt begangen, zu dessen Ausführung er sich des B als bloßes Mittel zum Zweck bediente.

Wenn A dagegen den B nur mit einer Mistgabel verfolgt hätte, und ihn dadurch gezwungen hätte, über den Zaun zu springen, so hätte B tatsächlich einen willkürlichen Akt begangen. Um sich gegen strafrechtliche Vorwürfe zu verteidigen, müsste sich B auf Nötigung berufen. Da es B war, der den strafrechtlich relevanten Akt begangen hat, kann A nicht ohne weiteres als der einzige „wirklich" Handelnde dafür verantwortlich gemacht werden. Deswegen müsste ihm der Akt des B mit Hilfe der allgemeinen Teilnahmeregeln **zugerechnet** werden.

Bemerkenswert ist weiterhin, dass auch ein fehlgeschlagener Nötigungsversuch noch als „krimineller Zwang" (*criminal coercion*) bestraft

---

[12] § 2.06(2)(a).

[13] Komm. § 2.09, S. 373–74.

[14] § 221.2 („enter[ing] … any place as to which notice against trespass is given by … fencing").

[15] § 2.01(2)(d).

werden kann.[16] Bildlich gesprochen kann man sich diesen Tatbestand auf der offensiven Seite einer Münze vorstellen, auf deren defensiven Seite sich die Nötigung befindet. Nötigung setzt voraus, dass man von einer anderen Person genötigt wird, ein Delikt zu begehen; krimineller Zwang stellt hierzu die passende Tathandlung dar. Es besteht allerdings keine völlige Kongruenz, da krimineller Zwang jede Drohung, „**irgendeine** Straftat zu begehen," ausreichen lässt, während Nötigung sich nur auf „die Anwendung oder Androhung von unrechtmäßiger **Gewalt**" bezieht. Im *common law* war die Nötigung gar auf Drohungen gegen das Leben, die körperliche Unversehrtheit oder aufgrund anderer Gewaltdelikte beschränkt. Weniger eklatante Drohungen galten als unbeachtlich. Diese noch engere Fassung der Nötigung lehnten die Verfasser des MPC jedoch ab.[17]

Die Vorschrift zur Nötigung stellt keine weiteren Anforderungen im Hinblick auf die Schwere oder die Dringlichkeit der Drohung auf, selbst wenn es um die Entschuldigung von tödlicher Gewalt geht.[18] Im Gegensatz zum *common law* wollten die Bearbeiter die Tötungsdelikte nicht von den Delikten ausnehmen, gegen die eine Nötigung als Entschuldigungsgrund geltend gemacht werden kann.[19]

Anders ausgedrückt enthält die Vorschrift des MPC zur Nötigung keine zusätzlichen Schranken für die Anwendung von tödlicher Gewalt. Im Unterschied zur Notwehr gibt es also beispielsweise keine Voraussetzungen, die eine Anwendung von tödlicher Gewalt nur dann gestatten, wenn angedrohte und verwendete Gewalt gleich intensiv sind, so dass man mit tödlicher Gewalt nur auf eine Drohung mit tödlicher Gewalt reagieren darf. Es gibt hier auch keine Rückzugsausnahme.

Ohne einzelne Regeln aufzustellen, beruft sich die Vorschrift zur Nötigung nur auf einen flexiblen Standard, oder besser gesagt auf ein Gedankenexperiment: Hätte eine „Person von durchschnittlicher Standhaftigkeit" in der „Situation" des Angeklagten der Drohung widerstehen können? Die Verfasser waren hier bemüht, der Verteidigungsmöglichkeit der Nötigung ein gewisses Maß an Objektivität zu injizieren, ohne aber Proportionalität, Äquivalenz, oder ein anderes Prinzip aufzustellen. Es ist nicht genug, dass eine bestimmte Person von einer Drohung überwältigt wurde. Stattdessen soll ein höheres Maß angelegt werden: Es geht nicht um tatsächliche, sondern um durchschnittliche

---

[16] § 212.5.

[17] Komm. § 2.09, S. 369.

[18] Die Verfasser betonten ausdrücklich, dass „langer und zermürbender Druck den Widerstand effektiver brechen kann als die Drohung mit sofortiger Zerstörung." Sie dachten hier vor allem an die Gehirnwäsche amerikanischer Kriegsgefangener während des Koreakriegs. Komm. § 2.09, S. 376.

[19] Komm. § 2.09, S. 371; aber siehe State v. Toscano, 74 N. J. 421 (1977) (N. J. Code Crim. Just. § 2C:2–9).

Standhaftigkeit. Was genau unter durchschnittlicher Standhaftigkeit zu verstehen ist und ob sich ein Täter in einer konkreten Situation nach diesem Maßstab verhalten hat, bleibt der Jury überlassen.

Nachdem sich ein Geschworener eine „Person von durchschnittlicher Standhaftigkeit" vorgestellt hat, muss er dieses Konstrukt – nicht aber sich selbst – auf die konkrete Situation des Angeklagten projizieren um herauszufinden, wie es ihm ergangen wäre. Der Kommentar, nicht aber der Code selbst, teilt uns mit, dass diese „Situation" gewisse Umstände mit einschließt:

> Wahrnehmbare, greifbare Umstände, die einen Handelnden von einem anderen unterscheiden, wie Größe, Stärke, Alter oder Gesundheitszustand sollten bei den Überlegungen zur Entschuldigung beachtet werden. Fragen des Temperaments allerdings nicht.[20]

Bestimmte Drohungen werden darüber hinaus kategorisch als unbeachtlich ausgegrenzt: „Wenn die behauptete Entschuldigung darin besteht, dass die Nötigung überwältigend war, können Bedrohungen des Eigentums oder des Rufs keinen ausreichenden Druck auf eine Person von ‚vernünftiger Standhaftigkeit' ausüben, um in dieser Hinsicht Beachtung zu verdienen."[21] Der Entschuldigungsgrund der Nötigung weicht also von den Rechtfertigungsgründen der §§ 3.04-3.06 ab, indem eine Drohung gegen eine Person vorausgesetzt wird und die Bedrohung des Eigentums keine Rolle spielt.[22]

Die Verfasser des MPC nahmen eine weitere Eingrenzung der Nötigung gegenüber dem Notstand vor. So kommt für jemanden, der sich rücksichtslos „in eine Situation versetzt, bei der es wahrscheinlich ist, dass er Opfer einer Nötigung wird," diese Verteidigungsmöglichkeit nicht in Frage.[23] Der Rechtfertigungsgrund des Notstands entfällt dagegen bei rücksichtslosem Handeln nicht völlig. Stattdessen wird die strafrechtliche Verantwortlichkeit nur auf ein rücksichtsloses Delikt oder im Falle der Fahrlässigkeit auf ein fahrlässiges Delikt beschränkt. Im Falle der Nötigung greift diese allgemeine Regel der Herabstufung nur bei fahrlässigem Handeln; handelt der Täter rücksichtslos dahingehend, dass er eine Wahrscheinlichkeit der eigenen Nötigung schafft, wie z. B. „wenn er sich mit kriminellen Aktivitäten in Verbindung bringt," so kann er diese Nötigung nicht für sich geltend machen. Dies schließt

---

[20] Komm. § 2.09, S. 375.

[21] Komm. § 2.09, S. 375. Der Kommentar legt nahe, dass die Irrelevanz von Drohungen gegen das Eigentum oder die Ehre durch die Formulierung Drohung „gegen die Person des Täters selbst oder eines Dritten" deutlich wird. § 2.09(1) („the use of, or a threat to use, unlawful force *against his person or the person of another*, which a person of reasonable firmness in his situation would have been unable to resist") (Hervorhebung vom Verf.).

[22] Ein Angriff auf die Ehre ist niemals ein Grund für eine Notwehr.

[23] § 2.09(2).

wissentliche und absichtliche Delikte mit ein.[24] Der Kommentar erklärt diese offensichtliche Abweichung von dem Prinzip, dass strafrechtliche Verantwortlichkeit stets der Vorsatzform des Täters entsprechen soll mit einem nicht weiter vertieften Hinweis auf die „außerordentliche Natur dieser Verteidigungsmöglichkeit."[25]

§ 14. Amtliche Verleitung zu einer Straftat (*entrapment*)

Der Entschuldigungsgrund der amtlichen Verleitung zu einer Straftat (*entrapment*) stellt eine Art sanfter amtlicher Nötigung dar.[26] Bei der Nötigung wird der Täter durch eine Privatperson durch „die Anwendung oder die Androhung von unrechtmäßiger Gewalt" dazu „gezwungen," eine Straftat zu begehen. Im Falle der amtlichen Verleitung zu einer Straftat „verleitet oder ermutigt ein öffentlicher Strafverfolgungsbeamter" den Täter mit ungebührlichen, aber nicht unbedingt „unrechtmäßigen" Mitteln, eine Straftat zu begehen. Die Verleitung zur Straftat kann geschehen, in dem der Beamte

(a) wissentlich falsche Angaben macht, die dazu bestimmt sind, den Glauben zu erwecken, dass ein solches Verhalten nicht verboten ist; oder
(b) Mittel der Überredung oder Verleitung anwendet, die ein erhebliches Risiko schaffen, dass eine Straftat von Personen begangen wird, die nicht bereit waren, sie zu begehen.[27]

Die erste Form der amtlichen Verleitung zur Straftat stellt einen Versuch dar, einen Verbotsirrtum zu provozieren. Sollte dieser Erfolg haben, so mag sich der getäuschte Täter auf einen unvermeidbaren Verbotsirrtum berufen können.[28] Für den Entschuldigungsgrund der amtlichen Verleitung zu einer Straftat ist allerdings bereits der Versuch ausreichend, zumal der Code eine objektive Variante dieser Verteidigungsmöglichkeit wählte. Die objektive Version hat eigentlich nichts mit dem Angeklagten zu tun. Sie hat vielmehr die Strafverfolgungsbe-

---

[24] Komm. § 2.09, S. 379 & Fn. 48.

[25] Ebenda.

[26] Vgl. People v. Calvano, 30 N.Y.2d 199, 205 (1972) (Verleiten zu einer Straftat und Nötigung „unterscheiden sich nur hinsichtlich des ausgeübten Drucks").

[27] § 2.13(1).

[28] Nämlich dann, wenn der Täter in „vernünftigem Vertrauen auf eine öffentliche Aussage zur Rechtslage" gehandelt hat, „die in einer offiziellen Auslegung eines öffentlichen Angestellten oder einer mit der ... Vollstreckung des einschlägigen Delikts beauftragten Behörde enthalten ist." § 2.04(3)(b). Zu beachten ist hierbei die potentielle strafrechtliche Verantwortlichkeit des „Verleiters" im Wege der Teilnahme. Vgl. § 2.06.

hörden im Auge. Sie zielt ausschließlich darauf ab, „den Staat von unrechtmäßigem Verhalten abzuschrecken."[29] Die Schuld des Täters ist völlig irrelevant: „Der Beschuldigte ist genauso schuldig, ob mit oder ohne amtliche Verleitung zur Straftat."[30]

Im Gegensatz hierzu stellt die subjektive Version des Entschuldigungsgrunds der amtlichen Verleitung durchaus auf die Schuld des Angeklagten ab. In dieser Version ist das Verleiten zu einer Straftat nur als Verteidigungsmöglichkeit verfügbar, wenn man unschuldig war, oder besser gesagt, ohne staatlichen Einfluss nicht „geneigt" war, eine Straftat zu begehen.[31] Genau diese Beschränkung auf Unschuldige führte dazu, dass sich die Verfasser des MPC für die objektive Version dieses Entschuldigungsgrunds entschieden haben. Laut einer Entscheidung des *United States Supreme Court* „hängt das, was im Rahmen der polizeilichen Aktivität erlaubt ist, nicht von einem konkreten Täter ab; wenn zwei Verdächtige zur selben Zeit in der selben Art und Weise angeworben wurden, so sollte einer sicherlich nicht ins Gefängnis gehen, nur weil er vorbestraft ist und daher eine kriminelle Neigung haben soll."[32]

Die Entscheidung der Verfasser für die objektive Version der amtlichen Verleitung macht auch klar, warum es bereits ausreicht, wenn Methoden angewendet werden, die ein „erhebliches Risiko" schaffen, dass eine Straftat von jemandem begangen wird, der diese nicht von sich aus begangen hätte. Der Entschuldigungsgrund der Verleitung zu einer Straftat versucht, „anstößige Polizeitaktiken" zu verhindern.[33] Und dieses Verhalten ist anstößig unabhängig davon, ob es Erfolg hatte oder nicht.

Somit schafft der Code die traditionelle Untersuchung der „Geneigtheit" (*predisposition*) des Täters zur Straftatbegehung ab. Die Verteidigungsmöglichkeit des Verleitens zur Straftat steht für alle Angeklagten zur Verfügung, selbst wenn sie bereits zur Begehung der Straftat neigten.[34]

---

[29] Komm. § 2.13, S. 406.

[30] Komm. § 2.13, S. 412.

[31] In dieser Version wirkt die amtliche Verleitung dann häufig tatbestandsausschließend, weil sie den Vorsatz verneint. Siehe z.B. Jacobson v. United States, 503 U. S. 540 (1992).

[32] Komm. § 2.13, S. 412 (unter Bezugnahme auf Sherman v. United States, 356 U. S. 369, 383 (1958) (Frankfurter, J.)). Die objektive Variante des Verleitens zu einer Straftat hängt im Bundesstrafrecht nur an einem dünnen verfassungsrechtlichen Faden, nämlich als die von der *due process* Garantie abgeleiteten Verteidigungsmöglichkeit des *outrageous governmental misconduct* (empörendes staatliches Fehlverhalten). Vgl. United States v. Mosley, 965 F. 2d 906 (10th Cir. 1992) mit United States v. Boyd, 55 F. 3d 239, 241 (7th Cir. 1995).

[33] Komm. § 2.13, S. 412.

[34] Dies gilt nur so lange, wie der Angeklagte nicht beschuldigt wird, ein Delikt begangen zu haben, das u.a. ein „Verursachen oder Androhen von körperlichen Verletzungen" im Tatbestand voraussetzt. Denn jemanden zu bestrafen, der dazu verleitet

Aus diesem Grund kann man das im Code favorisierte **objektive** Verleiten allerdings auch nur schwerlich als Entschuldigungsgrund bezeichnen. Es mag sein, dass „es unfair ist, eine Person zu bestrafen, die vom Staat überredet bzw. getäuscht wurde und deshalb eine Straftat begangen hat,“[35] aber dies würde voraussetzen, dass der Täter **tatsächlich** derart überredet oder getäuscht wurde und nicht nur die Gefahr bestand, dass dies hätte geschehen können.

§ 15. Verbotsirrtum (*ignorance of law*)

Die erfolgreiche Verleitung zu einer Straftat durch fälschliche Rechtsauskunft (*entrapment by estoppel* oder *executive estoppel*) wird im Code als ein Verbotsirrtum behandelt. Wie wir bereits in unserer Diskussion zu tatbestandsausschließenden Irrtümern festgestellt haben, lässt der Code auch einen eingeschränkten Entschuldigungsgrund wegen Verbotsirrtums zu, ohne dabei die altehrwürdige Maxime *ignorantia legis non excusat* in Frage zu stellen.[36] Dieser Entschuldigungsgrund hat zwei Varianten: Die erste bezieht sich auf „vernünftiges Vertrauen auf eine öffentliche Aussage zur Rechtslage, von der sich nachher herausgestellt hat, dass sie ungültig oder falsch war.“[37] Die Nichtveröffentlichung eines Gesetzes ist die zweite, weit weniger wichtige Variante.[38]

Zu beachten ist, dass der Verbotsirrtum im Model Penal Code keine wissentliche Falschangabe zur Rechtslage voraussetzt. Ebenso wenig muss eine Falschangabe darauf abzielen, „den Glauben zu erwecken, dass ein Verhalten nicht verboten ist,“ wie es beim Verleiten zu einer Straftat vorausgesetzt ist. Allerdings schränkt der Code die Verteidigungsmöglichkeit auf „öffentliche“ Falschangaben bzgl. der Rechtslage ein. Damit wird ein noch so vernünftiges Verlassen auf eine sich im Nachhinein als falsch herausstellende Rechtsauskunft eines Rechtsanwalts ausgeschlossen.[39] Auch eine Berufung auf die eigenen Rechts-

---

wurde, eine Körperverletzung zu begehen, erscheint nach Maßgabe des Kommentars zum Code als „nicht schlechthin unfair.“ Komm. § 2.12, S. 420.

[35] Komm. § 2.12, S. 420.

[36] Siehe oben § 5.3(b).

[37] Eine ungültige Aussage zur Rechtslage würde ein Gesetz mit einschließen, das später für verfassungswidrig erklärt wird. Siehe State v. Godwin, 123 N. C. 697 (1898) (zitiert in Komm. § 2.04, S. 278 Fn. 28). Für eine Entscheidung, in der eine auf dem Model Penal Code basierende Irrtumsvorschrift interpretiert wird, siehe People v. Studifin, 132 Misc. 2d 326 (N. Y. Sup. Ct. 1986).

[38] Das Problem der effektiven Bekanntmachung neuer Gesetze war nicht immer von so geringer Bedeutung wie heute. Siehe z.B. The Cotton Planter, 6 F. Cas. 620 (Cir. Ct. D. N. Y. 1810).

[39] Komm. § 2.04, S. 279–80.

vorstellungen des Täters ist unzureichend für einen Verbotsirrtum.[40] „Öffentliche" Rechtsauskünfte umfassen jegliche Auskünfte, die von Mitgliedern des Staatsapparats, also der Legislativen ("a statute or other enactment"), der Judikativen ("a judicial decision, opinion or judgment") und der Exekutiven ("an administrative order or grant of permission"; "an official interpretation of the public officer or body charged by law with responsibility for the interpretation, administration or enforcement of the law defining the offense") gegeben werden.

Es handelt sich bei einem Verbotsirrtum um einen Entschuldigungsgrund und nicht um einen Tatbestandsausschließungsgrund.[41] Warum der Model Penal Code den Verbotsirrtum als Entschuldigungsgrund anerkennen sollte, ist allerdings nicht offensichtlich. Im Unterschied zur Nötigung, der Provokation, der verminderten Schuldfähigkeit, Minderjährigkeit und der absoluten Schuldunfähigkeit – wie auch zum amtlichen Verleiten zu einer Straftat, zumindest in ihrer subjektiven Variante – geht es beim Verbotsirrtum nicht darum, dass eine Person ganz oder teilweise die Selbstkontrolle verloren hat. Im Falle des Verbotsirrtums liegt der Grund dafür, dass dem Täter seine Handlung „nicht vorgeworfen werden soll"[42] eher in der **Unvermeidbarkeit** seines Tuns. Wenn der Täter überhaupt nicht von dem Strafgesetz wusste, dessen Übertretung man ihm vorwirft, so hatte er keine Möglichkeit, diese Übertretung zu verhindern. Ähnlich ist die Situation gelagert, in der der Täter alles das getan hat, was man vernünftigerweise von ihm verlangen könnte, um die Bedeutung eines ihm bekannten Gesetzes zu ergründen. Denn damit hat er sich bemüht, eine Verletzung dieses Strafgesetzes zu verhindern und es wäre unfair, ihn dafür zu bestrafen, dass sich nachträglich herausstellt, er hätte einen unvermeidbaren Fehler begangen.

Vielleicht könnte die Idee der Unvermeidbarkeit als eine Grundlage für alle Entschuldigungsgründe im MPC angesehen werden. Denn im Falle der Nötigung war die Nötigung wohl genauso unvermeidbar wie das Erliegen der Anwerbung beim amtlichen Verleiten zu einer Straftat. Die Provokation und die verminderte Schuldfähigkeit erscheinen auch als eine Art Verteidigungsmöglichkeit wegen Unvermeidbarkeit, denn die gewaltsame Reaktion auf die Provokation war unvermeidbar – oder zumindest nur schwer zu vermeiden, was erklären würde, warum Provokation und verminderte Schuldfähigkeit die Strafbarkeit nur vermindern, sie aber nicht gänzlich ausschließen.

[40] Siehe People v. Marrero, 69 N. Y.2d 382 (1987) (ein gutgläubiges Missverstehen eines mehrdeutigen Gesetzes ist nicht ausreichend).

[41] Vgl. § 2.02(9) (Wissen um die Illegalität ist kein Tatbestandsmerkmal).

[42] Komm., Art. 3, Einleitung, S. 3.

§ 16. Provokation und verminderte Schuldfähigkeit

Der Model Penal Code behandelt die Provokation und die verminderte Schuldfähigkeit in einer gemeinsamen Vorschrift, § 210.3(1)(b), die einen Entschuldigungsgrund für Fälle „extremer geistiger oder gefühlsmäßiger Verwirrung" bereitstellt.

1. Provokation (*extreme emotional disturbance*)

Die Provokation, oder „extreme … gefühlsmäßige Verwirrung" wie es der Model Penal Code ausdrückt, unterscheidet sich von der Nötigung und anderen Entschuldigungsgründen, da sie nicht eine allgemeine Verteidigungsmöglichkeit darstellt. Sie kann nur als Verteidigungsmöglichkeit in einem Mordfall geltend gemacht werden. Deswegen erscheint sie auch nicht im allgemeinen Teil des MPC (Teil I), sondern im besonderen Teil (Teil II), und dort im Abschnitt zu den Tötungsdelikten beim Tatbestand des Totschlags (§ 210.3(1)(b)).

Gleichwohl handelt es sich um einen Entschuldigungsgrund im Sinne des MPC. Das entschuldigende Moment bei der Provokation ist offensichtlich; betroffen sind Handlungen, die „unter dem Einfluss extremer geistiger oder gefühlsmäßiger Verwirrung begangen werden, und für die es eine vernünftige Erklärung oder **Entschuldigung** gibt." Aber bevor wir uns die Einzelheiten der Provokation als begrenzten Entschuldigungsgrund vergegenwärtigen, ist ein kurzer Blick auf die Tötungsdelikten des besonderen Teils erforderlich.

Was im *common law* „freiwilliger Totschlag" (*voluntary manslaughter*) genannt wurde, ist ein Mord unter Provokation oder, anders ausgedrückt, ein Mord der wegen einer Provokation altbekannter subjektiver Merkmale wie „malice aforethought" (böswillige Absicht) oder „premeditation" (Kaltblütigkeit) entbehrt. Freiwilliger Totschlag ist aber immer noch Mord in dem Sinne, dass die Tötung wissentlich begangen wurde und daher auch freiwillig geschah. Allein die Provokation vermag nichts an der Tatsache zu ändern, dass der Täter das Opfer mit einem Spaten auf den Kopf geschlagen und damit „mit zielgerichtetem Willen" seinen Tod herbeigeführt hat. Die Provokation kann nur erklären, warum er dieses Ziel verfolgte. „Unfreiwilliger Totschlag" (*involuntary manslaughter*) hingegen war eine nicht beabsichtigte Tötung, ein Totschlag also, bei dem sich der Täter weder den Tod seines Opfers wünschte, noch wusste, dass der Tod eintreten würde.

Die Verfasser des MPC distanzierten sich von der traditionellen Terminologie des freiwilligen oder unfreiwilligen Totschlags (genau so, wie sie den Begriff der Freiwilligkeit bei der Trunkenheit ablehnten[43]). Stattdessen unterscheidet der Code zwischen zwei Arten des Totschlags: Rücksichtslose Tötung (rücksichtslos den Tod eines anderen Menschen verursachen), der den Begriff des unfreiwilligen Totschlags ersetzt, und die moderne Version des freiwilligen Totschlages,

> die Tötung eines Menschen, die eigentlich einen Mord darstellen würde, aber unter dem Einfluss extremer geistiger oder gefühlsmäßiger Verwirrung begangen wurde, für die es eine vernünftige Erklärung oder Entschuldigung gibt. Die Vernünftigkeit der Erklärung oder Entschuldigung soll vom Standpunkt einer Person in der Situation des Handelnden unter den Umständen, wie er sie annimmt, beurteilt werden.[44]

Die Provokation unterscheidet sich von der Nötigung und anderen Entschuldigungsgründen in zweierlei Hinsicht. Sie findet nur im Rahmen eines einzigen Tatbestands Anwendung und ist darüber hinaus ein nur unvollständiger Entschuldigungsgrund. Eine Provokation kann nur einen Mordvorwurf in einen Totschlagsvorwurf umwandeln; zum Freispruch führt sie nicht.

Trotzdem ist die Provokation als Entschuldigungsgrund anzusehen. Sie ist kein Rechtfertigungsgrund, weil jemand, der unter extremer geistiger oder gefühlsmäßiger Verwirrung einen anderen tötet, dafür kein Recht in Anspruch nehmen kann, es sei denn es käme Notwehr in Betracht, was wiederum voraussetzen würde, dass es sich bei der „Provokation" um einen unrechtmäßigen Angriff handelte. Die einschlägige Verwirrung ist aber auch nicht tatbestandsausschließend.[45] Sie liefert lediglich eine „Erklärung oder Entschuldigung" für absichtliches oder wissentliches Verhalten, das den Merkmalen des Mords entspricht. Insbesondere geht es nicht darum abzustreiten, dass der Täter absichtlich oder wissentlich handelte. Die Provokation bezieht sich auf das **Warum**, nicht auf das **Ob** des Mordvorsatzes.

Die Provokation ist nur eine Teilentschuldigung, weil sie lediglich eine Minderung der strafrechtlichen Verantwortlichkeit des Täters zur Folge hat und sie nicht völlig ausschließt. Sie verdichtet sich nur zu einer „Verwirrung," wie „extrem" auch immer, aber nicht zu einer Unfähigkeit (so wie im Falle der Nötigung oder der absoluten Schuldunfähigkeit). Eine Verwirrung kann den Vorwurf der „moralischen Verdorbenheit"[46] wegen des *prima facie* kriminellen Verhaltens nicht ganz beseitigen. Vielmehr wird nur der Grad der „Verdorbenheit" herabgestuft: Von dem normalerweise in Verbindung mit einer absichtlichen

---

[43] Zur Trunkenheit siehe oben § 5.3(a).

[44] § 210.3(1)(b).

[45] Vgl. Mullaney v. Wilbur, 421 U. S. 684 (1975) (tatbestandsausschließend), Patterson v. New York, 432 U. S. 197 (1977) (nicht tatbestandsausschließend).

[46] Komm. § 210.3, S. 61.

bzw. wissentlichen Tötung (Mord) angezeigten Maß auf das einer rücksichtslosen Tötung (Totschlag). Vom Behandlungsgrundsatz des MPC aus betrachtet, erfordert eine Provokation somit eine Korrektur der strafrechtlichen Diagnose der Straftatgeneigtheit bzw. Gefährlichkeit des Täters, und der daraus resultierenden strafrechtlichen Behandlung.

Dogmatisch ist die Provokation irgendwo zwischen Notwehr, Nötigung und der absoluten Schuldunfähigkeit angesiedelt. Genau so wie man sich die Nötigung als entschuldigendes Pendant zum Rechtfertigungsgrund des Notstands denken kann, so erscheint die Provokation als entschuldigende Alternative zur rechtfertigenden Notwehr. Im Unterschied zur Notwehr besteht jedoch keine Beschränkung auf unrechtmäßige Angriffe. Weiterhin ist auch kein Nachweis erforderlich, dass die vom Täter angewandte Gewalt unverzüglich erforderlich war, oder auch nur zu sein schien. Die Einschränkungen bei der Anwendung tödlicher Gewalt im Rahmen der Notwehr für den Fall, dass man selbst den Streit angezettelt hat bzw. die Gelegenheit zum Rückzug hatte, bestehen ebenfalls nicht. Ebenso wie die Notwehr hat auch die Provokation eine stellvertretende Variante; so wie die Notwehr auch das Recht zur Nothilfe umfasst, ist auch die Provokation nicht auf Fälle beschränkt, in denen der Täter selbst provoziert wurde: „Der Code setzt nicht voraus, dass die emotionale Bedrängnis des Handelnden auf einer Verletzung, einem Affront oder einem anderen provozierenden Akt beruht, den der Verstorbene gegen ihn gerichtet hat."[47] Das bedeutet ebenfalls, dass der Täter – im Unterschied zur Notwehr oder Nothilfe – eine Provokation auch dann als Verteidigungsmöglichkeit geltend machen kann, wenn das Opfer nicht derjenige war, von dem die Provokation ausging, so wie wenn „jemand in blindem Zorn handelt und dabei einen unschuldigen Dritten tötet."[48]

Wie schon die Nötigung ist auch die Provokation durch das Kriterium der Vernünftigkeit definiert. Für die Nötigung ist es nicht ausreichend, dass der Handelnde unfähig war, den Drohungen zu widerstehen. Genau so wenig reicht es bei der Provokation aus, dass der Täter so sehr unter einer emotionalen Störung litt, dass er die Kontrolle verlor. Um ein gewisses Maß an Objektivität in der Prüfung dieser beiden Entschuldigungsgründe zu erhalten, beschränkt der Code sie auf Situationen, in denen es „vernünftig" für den Handelnden war, sich so zu benehmen. Diese objektive Betrachtungsweise, die danach fragt, wie sich „der hypothetisch vernünftige Mensch"[49] verhalten hätte, wird jeweils

---

[47] Komm. § 210.3, S. 60–61.

[48] Ebenda. Das Opfer muss also weder rechtswidrig, noch provokativ gehandelt haben. Das ist ein Grund, warum der Code auf „gefühlsmäßige Verwirrung" abstellt statt auf „Provokation." Ebenda, S. 61.

[49] Komm. § 210.3, S. 62.

auf die konkrete Situation projiziert. Das bedeutet wie bei der Nötigung, dass die Tatsachenfeststellung bestimmte persönliche Charakteristika oder „persönliche Handicaps," wie z.B. „Blindheit, Schock aufgrund traumatischer Verletzungen und extreme Trauer" zu beachten hat, nicht aber „eigentümliche moralische Werte" wie etwa „ein eindeutig eine moralische Abartigkeit anzeigender Glaube an die Richtigkeit des Tötens."[50]

Dieser flexible Standard von Vernünftigkeit im Code ersetzt eine Vielzahl von *common law* Regeln, die die Reichweite der Provokation als Verteidigungsmöglichkeit absteckten. So ließ das *common law* beispielsweise keine Provokation als Verteidigungsmöglichkeit für die Fälle zu, in denen nach dem Akt der Provokation eine ausreichende Möglichkeit bestand, „sich abzukühlen" und die Selbstkontrolle wieder zu erlangen. Weiterhin legten Gerichtsentscheidungen fest, dass Worte alleine nicht für eine Provokation ausreichen können. Der Code wirft all diese Erwägungen zusammen mit allen anderen Faktoren, die in der konkreten „Situation" des Täters relevant sein könnten, in den großen Topf der Vernünftigkeit. Folglich ist keine besondere zeitliche Verknüpfung zwischen dem provozierenden Akt und dem daraus resultierenden Effekt notwendig. Außerdem wird keine Form (oder Quelle oder Ziel) der Provokation ausgeschlossen. Noch nicht einmal Angriffe gegen das „Eigentum oder den Ruf"[51] werden ausgeschlossen, die sogar der MPC im Rahmen der Nötigung kategorisch für unbeachtlich erklärt hatte.

2. Verminderte Schuldfähigkeit (*extreme mental disturbance*)

Während der Begriff der „gefühlsmäßigen Verwirrung" eine moderne Fassung der Provokation des *common law* darstellt, zeigt sich beim Begriff der „geistigen Verwirrung" eine Verbindung zur Schuldunfähigkeit wegen seelischer Störung (*insanity*). Die Verbindung besteht in der Verteidigungsmöglichkeit der „verminderten Schuldfähigkeit" (*diminished capacity*) des *common law*, bzw. der „verminderten Verantwortlichkeit" (*diminished responsibility*) in der Terminologie des Model Penal Code.[52]

Die verminderte Verantwortlichkeit tritt wie so viele Verteidigungsmöglichkeiten in zwei Varianten auf: Erstens kann sie tatbestandsausschließend wirken. Jegliche geistige Unfähigkeit oder Abnormalität kann beim Vorsatz relevant werden, auch wenn sie nicht den Grad der

---

[50] Ebenda.
[51] Komm. § 2.09, S. 375.
[52] Siehe State v. Breakiron, 108 N. J. 591 (1987).

absoluten Schuldunfähigkeit erreichen sollte. Der Code bringt diese Tatsache in einer gesonderten Vorschrift zum Ausdruck (§ 4.02).

Zweitens kann die verminderte Verantwortlichkeit auch als Entschuldigungsgrund verwendet werden. Diese Variante wird vom Begriff der „geistigen Verwirrung" in § 210.3(1)(b) abgedeckt. Verminderte Verantwortlichkeit als Entschuldigungsgrund funktioniert also wie die Provokation als Entschuldigungsgrund. Anstatt als vollwertiger Entschuldigungsgrund zu wirken, wird die strafrechtliche Verantwortlichkeit des Täters nur von Mord auf Totschlag herabgesenkt. Somit kann verminderte Verantwortlichkeit nur im Rahmen der Tötungsdelikte Anwendung finden.

Zu beachten ist schließlich, dass die verminderte Verantwortlichkeit nur dann entschuldigend wirkt, wenn die „geistigen Abnormalitäten," durch die sie hervorgerufen wird, im Rahmen der Vernünftigkeitserwägungen der Jury sowohl im Allgemeinen als auch in der konkreten Situation des Täters beachtlich sind. Diese Frage lässt der offizielle Kommentar bewusst offen: „Geistige Störung schließt eindeutig nicht moralische Abartigkeit aus, und es gibt mit Sicherheit Fälle, in denen die geistige Verfassung des Handelnden gerechterweise keinen Einfluss auf seine Verantwortung für eine vorsätzliche Tötung haben sollte."[53]

§ 17. Absolute Schuldunfähigkeit (*insanity*) und Minderjährigkeit (*infancy*)

Die Verfasser des MPC schenkten der Verteidigungsmöglichkeit der absoluten Schuldunfähigkeit große Aufmerksamkeit. Nach ihrer Einschätzung „gibt es kein schwierigeres Problem bei dem Entwurf eines Strafgesetzbuchs als die Entscheidung, wann Menschen aufgrund geistiger Krankheit entschuldigt werden sollen, obwohl sie eine objektiv strafbare Handlung begangen haben."[54] Diese intensive Beschäftigung mit Fragen der absoluten Schuldunfähigkeit spiegelt jedoch nicht ihre praktische Relevanz wider; es ist allgemein bekannt, dass die absolute Schuldunfähigkeit im amerikanischen Strafrecht sehr selten geltend gemacht wird. Das Problem war stattdessen systematischer Art. Die absolute Schuldunfähigkeit passt nicht recht in ein Strafgesetzbuch, das das Strafrecht in ein modernes Behandlungssystem umzuwandeln sucht. Wenn sich das Strafrecht als ganzes bereits damit beschäftigt, kriminelle Abnormalitäten zu identifizieren, diagnostizieren und schließlich zu behandeln, bleibt kaum noch Raum für einen Entschuldigungsgrund, der

[53] Komm. § 210.3, S. 72.
[54] Komm. § 4.01, S. 164.

bestimmte Personen von Strafe ausschließt, die an einer geistigen Abnormalität leiden, und sie stattdessen einer medizinischen Behandlung unterstellt. Wenn alle Kriminellen geistig anomal sind, was unterscheidet sie dann von den Geisteskranken?

In einem System, das Strafrecht als Vergeltung ansieht und nicht als Behandlung des Täters, ist die Antwort auf diese Frage einfach. Die Geisteskranken und somit schuldunfähigen Personen sind die Personen, auf die die generelle Vermutung der geistigen Gesundheit – oder Normalität – nicht zutrifft. Weil ihnen die entsprechenden geistigen Fähigkeiten fehlen, die notwendig für die Verhaltenskontrolle und somit auch für die Entscheidung für falsches Verhalten sind, kann man ihnen die Tat nicht vorwerfen. Ohne diesen Vorwurf müssen sie straflos bleiben. Anstelle von Strafe benötigen sie Behandlung.

Legt man stattdessen dem Strafrecht die Behandlungsmaxime des MPC zugrunde, muss man das Problem der absoluten Schuldunfähigkeit anders angehen. Der Unterschied zwischen geistig gesunden und geisteskranken, normalen und anomalen Menschen ist nicht mehr der Unterschied zwischen Strafe und Behandlung, sondern zwischen verschiedenen Arten einer kriminellen Veranlagung, bzw. verschiedenen Arten der Behandlung. Die Verfasser drückten das Problem folgendermaßen aus: „Das Problem besteht darin, eine handhabbare Grenze zwischen den Zuständigkeitsbereichen der staatlichen Einrichtungen für die öffentliche Gesundheit und für die Behandlung von Straftätern herauszuarbeiten."[55]

Diese Bemühungen der Verfasser, sozusagen eine Behandlungsausnahme zu ihrem eigenen Behandlungsgrundsatz zu schaffen, brachten einen ausführlichen Artikel im Model Penal Code über „Verantwortlichkeit" hervor (Artikel 4). Trotz seines weitgefassten Titels widmet sich dieser Artikel fast ausschließlich der Schuldunfähigkeit wegen seelischer Störung. Einzige Ausnahme ist der traditionelle Entschuldigungsgrund der Minderjährigkeit (*infancy*) (bzw. Unreife – *immaturity* – in der Terminologie des MPC).

Im *common law* funktionierte eine Entschuldigung wegen Minderjährigkeit genauso wie die absolute Schuldunfähigkeit; es handelte sich um eine strafrechtliche Verteidigungsmöglichkeit in einem ordentlichen Strafverfahren. Wie der „Idiot" (*idiot*) oder der „Wahnsinnige" (*lunatic*), wurden Kinder kategorisch von jeglicher Strafbarkeit ausgeschlossen, da sie „nicht zu den Personen gehörten, die die Fähigkeit besitzen, Straftaten zu begehen."[56] Zur Zeit des MPC wurde Minderjährigkeit stattdessen als eine Verfahrens- bzw. Zuständigkeitsfrage behandelt. Der

---

[55] Komm. § 4.01, S. 165.

[56] *Blackstone*, Commentaries on the Laws of England, 4. Bd., 2. Kapitel (1769); s. auch S. 22–24.

minderjährige Delinquent wird nicht von einem ordentlichen Strafgericht verurteilt, sondern von einem Sondergericht (d.h. Familien- oder Jugendgericht). Der Code legt nicht dar, unter welchen Voraussetzungen von strafbefreiender Unreife auszugehen ist, sondern stellt stattdessen einige prozessuale Regeln auf, die sich mit „der Abgabe des Verfahrens an das Jugendgericht“ befassen.[57]

Trotzdem handelt es sich bei der Unreife aus den gleichen Gründen wie bei der absoluten Schuldunfähigkeit um einen Entschuldigungsgrund. Ein Kind ist nicht, oder zumindest nicht in ausreichendem Maße für sein Verhalten verantwortlich. Wie eine geisteskranke Person ist auch ein Kind nicht fähig, „die Strafwürdigkeit seines Verhaltens zu erkennen, oder sein Verhalten den Erfordernissen des Rechts anzupassen.“[58] Der Unterschied zwischen Unreife und Geisteskrankheit besteht darin, dass der Grund der Unfähigkeit im ersten Fall das Alter ist. Es handelt sich also um einen normalen Zustand, der üblicherweise nur von begrenzter Dauer ist und deswegen gerade keine „geistige Krankheit oder Störung darstellt.“

Das moderne amerikanische Strafrecht stellt bis zu einem bestimmten Alter eine unwiderlegbare Vermutung auf, dass die Person nicht verantwortlich ist. Daher erklärt der Model Code auch kategorisch, dass eine Person nicht wegen einer Straftat verurteilt werden darf, „wenn sie zur Zeit des ihr als Gesetzesverletzung zur Last gelegten Verhaltens noch nicht 16 Jahre alt war.“[59] In anderen Fällen ist diese Vermutung der Unverantwortlichkeit widerlegbar. Sie kann sogar in eine Vermutung von Verantwortlichkeit umschlagen, nämlich dann wenn der Täter sich in der Grauzone zwischen eindeutiger Kindheit und eindeutiger Volljährigkeit befindet (beim Model Penal Code liegt diese Zone beim Alter von 16 und 17 Jahren[60]) oder aber wenn die verwirklichte Straftat besonders schwerwiegend ist. Die meisten Reformen des Jugendstrafrechts seit der Bekanntmachung des MPC im Jahre 1962 führten zu einer Ausweitung dieser Grauzone nach unten. So müssen sich z.B. in New York Minderjährige im Alter von 13 Jahren wegen Mordes verantworten.[61] Darüber hinaus ist die Verhängung der Todesstrafe auf 16- und 17-Jährige (noch?) nicht verfassungswidrig.[62]

---

[57] § 4.10.

[58] § 4.01(1).

[59] § 4.10(1)(a).

[60] § 4.10(1)(b).

[61] N. Y. Penal Law § 10.00(18).

[62] Stanford v. Kentucky, 492 U. S. 361 (1989); siehe aber Simmons v. Roper, 112 S. W.3 d 397 (Mo. 2003), cert. granted, 124 S. Ct. 1171 (2004). Noch jüngere Täter dürfen allerdings nicht zu Tode verurteilt werden. Thompson v. Oklahoma, 487 U. S. 815 (1988). Über 20 Staaten sehen die Todesstrafe für Minderjährige vor. Etwa 80 Personen erwarten gegenwärtig die Vollstreckung eines Todesurteils wegen einer Tat, die sie als Minderjähriger begangen haben. Adam Liptak, 3 Justices Call for Reviewing Death Sentences for Juveniles, N. Y. Times, 30. 8. 2002.

Das amerikanische Strafrecht geht gleichzeitig von der widerlegbaren Vermutung aus, dass ein Beschuldigter nicht unter einer strafrechtlich relevanten Geisteskrankheit leidet. Es obliegt allerdings dem Angeklagten, diese Vermutung zu widerlegen. So ist auch die absolute Schuldunfähigkeit im Code als affirmative Verteidigungsmöglichkeit (*affirmative defense)* angelegt. Wie bei anderen Verteidigungsmöglichkeiten dieser Art erlegt der Code also dem Angeklagten die Pflicht auf, grundlegende Indizien seiner Geisteskrankheit vorzubringen. Die eigentliche Beweislast liegt dann beim Staatsanwalt.[63]

Laut § 4.01 ist „derjenige für strafbares Verhalten nicht verantwortlich, dem zur Zeit des in Rede stehenden Verhaltens aufgrund einer geistigen Krankheit oder Störung die wesentliche Fähigkeit fehlt, die Strafbarkeit [Falschheit] seines Verhaltens zu erkennen oder sein Verhalten den Erfordernissen des Rechts anzupassen."[64]

Die Hauptmerkmale der Schuldunfähigkeit sind schnell aufgezählt. Die Unfähigkeit, auf die es ankommt, muss „zur Zeit" der Straftat vorliegen. Eine geistige Krankheit oder ein geistiger Defekt zur Zeit der Verhandlung, d.h. die Verhandlungsunfähigkeit (*incompetence to stand trial*), wird nach einem anderen prozessualen Maßstab beurteilt („die Fähigkeit, das gegen sich gerichtete Verfahren zu verstehen und bei seiner eigenen Verteidigung mitzuwirken") und hat keine Auswirkungen auf die strafrechtliche Verantwortlichkeit.[65]

Bei der absoluten Schuldunfähigkeit unterscheidet der Code zwischen einer **kognitiven** Unfähigkeit, bei der es darum geht, „die Strafbarkeit seines Verhaltens zu erkennen" und einer **voluntativen** Unfähigkeit, bei der es darum geht „sein Verhalten den Erfordernissen des Rechts anzupassen."

Die Verfasser des MPC versuchten mit dieser zweigliedrigen Formulierung den Mängeln des damals im anglo-amerikanischen Strafrecht seit über einem Jahrhundert dominanten Schuldunfähigkeitstest abzuhelfen, der zum ersten Mal in *M'Naghten's Case*, einem englischen Fall aus dem

---

[63] § 4.03. Zu beachten ist, dass der *U. S. Supreme Court* bisher keine verfassungsrechtlichen Bedenken darin gesehen hat, die Beweislast völlig auf den Angeklagten zu übertragen. Dies kann sogar so weit gehen, dass dem Angeklagten abverlangt wird, seine Schuldunfähigkeit über jeden vernünftigen Zweifel hinweg (*beyond a reasonable doubt*) zu beweisen. Leland v. Oregon, 343 U. S. 790 (1952).

[64] § 4.01(1) („A person is not responsible for criminal conduct if at the time of such conduct as a result of mental disease or defect he lacks substantial capacity either to appreciate the criminality [wrongfulness] of his conduct or to conform his conduct to the requirements of law.").

[65] § 4.03. Zur zwangsweisen Verabreichung von Medikamenten zwecks Herstellung der Verfahrensfähigkeit, siehe Sell v. United States, 123 S. Ct. 2174 (2003). Vgl. Singleton v. Norris, 319 F. 3d 1018 (8th Cir. 2003) (zwangsweise Herstellung der Fähigkeit zur Vollstreckung der Todesstrafe an einem Gefängnisinsassen, der nach seiner Verurteilung geistig erkrankt war).

Jahre 1843 formuliert wurde.[66] *M'Naghten* bestimmte, dass absolute Schuldunfähigkeit dann gegeben ist, wenn „es eindeutig bewiesen ist, dass der Beschuldigte zur Zeit der Tatbegehung aufgrund einer Geisteskrankheit unter einer solchen Verstandesstörung litt, dass er das Wesen und die Eigenschaft seiner Tat nicht erkannte oder, falls er dies erkannte, nicht erkannte, dass er etwas falsches tat."[67]

Der Schotte M'Naghten war überzeugt davon gewesen, dass Spione der englischen Regierung ihn Tag und Nacht verfolgten und nahm sich daher vor, den damaligen englischen Premierminister Peel zu töten. Stattdessen erschoss er aber versehentlich nur dessen Privatsekretär, den er mit Peel verwechselte. Nachdem M'Naghten aufgrund von absoluter Schuldunfähigkeit freigesprochen wurde, verlangte das House of Lords eine richterliche Klarstellung bzgl. der Rechtslage bei absoluter Schuldunfähigkeit. Die Entscheidung in *M'Naghten* war die Antwort der Richter auf diese parlamentarische Anfrage.[68] Bemerkenswert an dieser Entscheidung ist u. a., dass die Richter gleich zu Beginn betonen, dass ihr keinerlei Präzedenzwirkung zukäme, da es sich nur um eine sog. *advisory opinion* (also eine unverbindliche Rechtsauskunft des Gerichts) handelte, die eigentlich dem Selbstverständnis anglo-amerikanischer Gerichte zuwiderläuft, deren Entscheidungsbefugnis streng auf tatsächlich anhängige juristische Streitsachen (*case or controversy*) begrenzt ist. Trotz alledem bestimmt *M'Naghten* die Dogmatik der absoluten Schuldunfähigkeit in den amerikanischen Staaten, die sich nicht am MPC gerichtet haben (wie z. B. New York), bis auf den heutigen Tag.

Bereits in den fünfziger Jahren des 20. Jahrhunderts hatte ein amerikanischer Bundesrichter, *Bazelon,* den Versuch unternommen, den damals schon über 100 Jahre alten *M'Naghten*-Test zu ersetzen. Der sog. Produkt-Test sah vor, dass „der Beschuldigte nicht strafrechtlich verantwortlich ist, wenn seine unrechtmäßige Tat das Produkt einer geistigen Krankheit oder Störung war."[69] Die Verfasser des MPC verwarfen diesen Test allerdings als „zu unbestimmt," da er den Geschworenen nicht genügend Anhaltspunkte für eine Entscheidung bzgl. der Schuldunfähigkeit des Beschuldigten bot.[70] Aus demselben Grund wurde auch

---

[66] 1 C. & K. 130, 4 St. Tr. N. S. 847 (1843).

[67] Ebenda ("[T]o establish a defence on the ground of insanity, it must be clearly proved that, at the time of the committing of the act, the party accused was labouring under such a defect of reason, from disease of the mind, as not to know the nature and quality of the act he was doing; or, if he did know it, that he did not know he was doing what was wrong.").

[68] Siehe hierzu *Moran*, Knowing Right from Wrong: The Insanity Defense of Daniel M'Naughtan (1981).

[69] Durham v. United States, 214 F. 2 d 862, 874–75 (D. C. Cir. 1954) ("accused is not criminally responsible if his unlawful act was the product of mental disease or mental defect").

[70] Komm. § 4.01, S. 173.

ein Vorschlag von *Wechsler* zurückgewiesen, dass „eine Person dann nicht für kriminelles Verhalten verantwortlich sein sollte, wenn ihre Fähigkeit, die Strafbarkeit ihres Verhaltens zu verstehen oder ihr Verhalten den Erfordernissen des Rechts anzupassen, zur Tatzeit aufgrund einer geistigen Krankheit oder Störung so wesentlich behindert war, dass sie gerechterweise nicht verantwortlich gemacht werden kann.“[71]

In seiner endgültigen Fassung dehnte der MPC-Test den *M'Naghten*-Test in verschiedener Hinsicht aus. Im Unterschied zu *M'Naghten* setzt der Code keine vollständige Unfähigkeit voraus. Es genügt bereits, wenn dem Täter die „wesentliche Fähigkeit“ fehlt.

Dann erfordert der Code auch nicht, dass man unfähig ist, die Strafbarkeit seiner Handlung zu „erkennen“ (*know*). Im Code kann der Täter auch dann schuldunfähig sein, wenn er zwar den Unterschied zwischen Recht und Unrecht erkennt, ihn aber nicht wirklich „verstehen“ (*appreciate*) kann. An dieser Stelle dachten die Verfasser des MPC an jemanden, der unter gewissen „gefühlsmäßigen Abnormalitäten“ leidet, die bewirken, dass das „weitgehend losgelöste und abstrakte Wissen“ um Strafbarkeit nicht bis auf „eine emotionale Ebene vordringen“ kann.[72] Der Täter kann also schuldunfähig sein, obwohl er um die Strafbarkeit seines Verhaltens wusste, aber nicht genau verstand, was das bedeutet.[73]

Im Zuge von *M'Naghten* blieb auch unklar, was genau der Täter verstehen muss und was nicht, d.h. ob er bereits schuldunfähig war, wenn er nicht verstand, dass sein Verhalten strafbar war, oder ob es ausreichend (bzw. vorausgesetzt) war, dass er nicht verstand, dass sein Verhalten „falsch“ (*wrong*) war.[74] Der Code löst diese Unklarheit bzgl. der Zweideutigkeit der „Strafbarkeit [Falschheit]“ der Handlung nicht. Wissen um die Strafbarkeit oder die Falschheit der Handlung laufen in der Tat meist auf dasselbe hinaus. Denn was strafbar ist, ist meistens auch falsch und umgekehrt. Die Formulierung würde allerdings dann bedeutsam werden, wenn man es mit einer strafbaren Handlung zu tun hat, die nicht falsch ist (oder die der Täter für nicht falsch hält). Wenn jemand nicht schuldunfähig ist, solange er die Strafbarkeit seines Verhaltens erkennt, dann würde dies bedeuten, dass ein geisteskranker und falscher

---

[71] Tentative Draft No. 4, § 4.01(1)(a) (1955) ("A person is not responsible for criminal conduct if at the time of such conduct as a result of mental disease or defect his capacity either to appreciate the criminality of his conduct or to conform his conduct to the requirements of law is so substantially impaired that he cannot justly be held responsible."); vgl. United States v. Brawner, 471 F. 2d 969 (D. C. Cir. 1972).

[72] Komm. § 4.01, S. 166.

[73] Komm. § 4.01, S. 169 („Verständnis in einem weiteren Sinn als Erkenntnis“).

[74] Siehe z. B. People v. Schmidt, 216 N. Y. 324 (1915).

Glaube an die **Richtigkeit** eines zweifellos **strafbaren** Verhaltens der Schuldfähigkeit nicht im Wege stehen würde.[75]

Die Unfähigkeit, die Strafbarkeit oder die Falschheit eines Verhaltens erkennen zu können, bedeutet, dass der Täter bzgl. der Strafbarkeit oder der Falschheit einem Irrtum unterliegt. Anders ausgedrückt unterliegt der **kognitiv** Schuldunfähige einem Verbotsirrtum und der **voluntativ** Schuldunfähige einem Erlaubnistatbestandsirrtum. Tatsächlich ist der Entschuldigungsgrund der absoluten Schuldunfähigkeit – besonders in Form der kognitiven Komponente – sehr eng mit dem Entschuldigungsgrund des Verbotsirrtums verwandt. Wie bereits erwähnt (§ 15), stellt der bloße – wenn auch unvermeidbare – Verbotsirrtum an sich noch keinen Entschuldigungsgrund dar. Es muss vielmehr das Versäumnis der Publikation oder ein vernünftiges Vertrauen auf eine öffentliche Rechtsauskunft hinzukommen. Der Verbotsirrtum stellt jedoch immer dann einen Entschuldigungsgrund dar, wenn er aus einer Unfähigkeit der Rechtsanwendung auf einer konkrete Situation besteht, die durch eine geistige Krankheit oder Störung verursacht wird.[76] In diesem Fall trägt der Irrtum die Bezeichnung absolute Schuldunfähigkeit.

Weder die einschlägige Unfähigkeit, noch die Geisteskrankheit reichen für sich genommen aus, um die absolute Schuldunfähigkeit zu begründen. Die Unfähigkeit, Richtig von Falsch zu unterscheiden – oder die mangelnde Selbstkontrolle, sich von falschem Tun zurückzuhalten – ist zwar bedauerlich, aber für sich noch kein Entschuldigungsgrund. Gleichermaßen kann eine geistige Krankheit oder Störung tatbestandsausschließend sein, indem sie z.B. den Vorsatz verneint (s. § 4.02), stellt aber auch keinen Entschuldigungsgrund dar.

Der größte Unterschied zwischen der Schuldunfähigkeit nach dem Model Code und der der *M'Naghten* Entscheidung liegt aber nicht in der kognitiven Komponente, sondern in der voluntativen. *M'Naghten* sah keine voluntative Schuldunfähigkeit vor; die Schuldunfähigkeit ist hier noch ausschließlich eine Unfähigkeit des Wissens. Amerikanische Gerichte ergänzten allmählich den kognitiven *M'Naghten*-Test mit dem sog. *irresistible impulse* Test (unwiderstehlicher Impuls), der den Entschuldigungsgrund der Schuldunfähigkeit auf Fälle ausdehnte, in denen der Täter sich nicht von einem von ihm als falsch (oder strafbar) erkannten Tun abhalten konnte.

Der Model Penal Code erhob diesen Zusatz zu einem eigenständigen Entschuldigungsgrund, die voluntative Schuldunfähigkeit. Der Täter

[75] So behauptete der Beschuldigte im oben zitierten Fall Schmidt, er hätte seine strafbare Tat nicht für falsch gehalten, weil Gott ihm befohlen hätte, das Opfer als Menschenopfer zu töten. Ebenda.

[76] Der Code definiert die Begriffe der „geistigen Krankheit oder Störung“ nicht und überlässt sie stattdessen „der Entwicklung des medizinischen Verständnisses.“

wird im Hinblick auf die voluntative Komponente trotz seines „unerwünschten“[77] Verhaltens nicht zur Verantwortung gezogen, weil seine Tat wegen seiner geistigen Krankheit oder Störung unvermeidbar war – die Geisteskrankheit trieb den Täter dazu, die Tat zu begehen. Nach anfänglichen Erfolgen im Zuge der Veröffentlichung des MPC befindet sich die voluntative Schuldunfähigkeit im amerikanischen Strafrecht allerdings seit einiger Zeit wieder auf dem Rückzug. Nachdem Hinckley, der Anfang der achtziger Jahre einen Attentatsversuch auf Präsident *Reagan* unternahm, wegen voluntativer Schuldunfähigkeit freigesprochen wurde, schraubten viele Staaten und das Bundesrecht die Schuldunfähigkeit auf den rein kognitiven *M'Naghten*-Test zurück.[78]

---

[77] Komm., Art. 3, Einleitung, S. 3.

[78] Siehe 18 U.S.C. § 17; Shannon v. United States, 512 U. S. 573 (1994).

Anhang: Prüfung der Strafbarkeit im amerikanischen Strafrecht

1. Handlung und Tatbestandsmäßigkeit (Art. 1–2, 5*): Ist das Verhalten *prima facie* strafbar?

A. Was sind die Merkmale des in Frage kommenden Straftatbestands (§ 1.13(9))?
  1. Objektive Merkmale
    a. Handlung (§ 1.13(5))
    b. Begleitende Umstände
    c. Erfolg
  2. Subjektive Merkmale
    a. Vorsatzformen (bzgl. jeden Tatbestandsmerkmals)
      (i) Absicht, Wissentlichkeit, Rücksichtslosigkeit, Fahrlässigkeit (§ 2.02)
      (ii) *strict liability* (§ 2.05)
    b. Auslegungsregeln (§§ 2.02(3), (4), 2.05)

B. Erfüllt das Verhalten des Täters jede Tatbestandsvoraussetzung?
  1. Handlung
    a. Akt (§ 2.01)
    b. Willkür (§ 2.01)
    c. Unterlassen (§ 2.01)
    d. Teilnahme (§ 2.06)
  2. Begleitende Umstände
    a. Erlaubnis (§ 2.11; z. B. § 223.9 (Unbefugter Gebrauch eines Fahrzeugs))
    b. Widerrechtlichkeit (z. B. § 223.2 (Diebstahl durch widerrechtliche Wegnahme))
  3. Erfolg
    a. Verhaltensdelikt oder Erfolgsdelikt?
    b. Kausalität (§ 2.03)
      (i) faktisch (conditio sine qua non) (§ 2.03(1)(a))
      (ii) rechtlich (unmittelbar) (§ 2.03(1)(b)–(4))
  4. Vorsatz
    a. Tatbestandsirrtum (§ 2.04(1))
    b. Trunkenheit (§ 2.08)
    c. verminderte Schuldfähigkeit (§ 4.02(1))
  5. Unvollständige Delikte (Art. 5)
    a. Versuch (§ 5.01)
    b. Anwerbung (§ 5.02)
    c. Verschwörung (§ 5.03)

2. Rechtswidrigkeit (Art. 3): Ist die tatbestandsmäßige Handlung rechtswidrig?

A. Notstand (§ 3.02)
B. Notwehr (§§ 3.04, 3.10); Nothilfe (§ 3.05); Verteidigung von Eigentum (§ 3.06)
C. Strafverfolgung (§ 3.07)
D. Vollziehung von Amtshandlungen (§ 3.03)
E. Besondere Verantwortung (§ 3.08)
F. Einwilligung (§ 2.11)

---

* Alle Zitate beziehen sich auf den Model Penal Code.

3. **Verantwortlichkeit (Art. 2, 4):** Hat der Täter seine tatbestandsmäßige und rechtswidrige Handlung zu verantworten?
   A. Nötigung (§ 2.09)
   B. Militärische Befehle (§ 2.10)
   C. Amtliches Verleiten zu einer Straftat (§ 2.13)
   D. Verbotsirrtum (§ 2.04(3))
   E. Provokation und verminderte Schuldfähigkeit (§ 210.3(1)(b))
   F. Schuldunfähigkeit und Minderjährigkeit (§§ 4.01, 4.10)
      1. tatbestandsausschließende Schuldunfähigkeit (§ 4.02)
      2. unfreiwillige Trunkenheit (§ 2.08(4))

Paragraphenverzeichnis

Model Penal Code

Entscheidungsverzeichnis

Stichwortverzeichnis

Camping Bielefeld, neuer Golf Plus
neuer Wohnwagen, neue Frau,